U0516360

RURAL CREDIT IN RURAL REVITALIZATION STRATEGY

THEORY AND PRACTICE

乡村振兴战略中的农村信用

理 论 与 实 践

田侃 ——— 著

社会科学文献出版社
SOCIAL SCIENCES ACADEMIC PRESS (CHINA)

第一章

乡村振兴战略中农村信用的
时代要求与研究概述

第一节　乡村振兴战略中农村信用的时代要求

在农业农村现代化进程中，农村信用具有关键的社会基础设施功能。首先，推进农业农村现代化要求建立更加健全的农村信用体系，以支持农业生产和农村经济的转型升级。其次，加快补齐农村金融短板对完善农村信用提出了更高的要求，特别是要为农村提供更加多元和高效的金融服务。再次，持续推进数字乡村建设对农村信用的要求日益提高，数字化手段不仅可以提升金融服务的普惠性，而且能够促进信用信息的共享和透明化。最后，农村信用是全面推进乡村振兴战略的坚实支撑，能够为农村经济发展、社会治理和公共服务提供有力保障。本节将从以上四个方面展开讨论，探讨不同背景与视域下对农村信用的要求。

一　推进农业农村现代化对农村信用的要求

中国式现代化是符合中国实际、具有中国特色的现代化模式，强调农业农村发展不能简单照搬西方工业化和城市化的路径，而是要兼顾中国农村的历史背景、人口规模和文化传统。为了实现这些目标，健全的农村信用体系极为重要，它不仅可以助力农业生产、农村建设，而且可以为农户生活提供金融支撑。

从内涵特征来看，一是中国式现代化强调共同富裕，要求农村信用必须覆盖所有群体，尤其是中低收入人群和欠发达地区农户。二是中国式现代化强调农业科技进步，现代农业需要先进技术投入，包括智慧农业设备、绿色生产技术和高效农业管理体系。这些投入往往需要大量资金，因此需要农村信用为农业科技创新和技术升级提供长期、低成本资金支持。三是中国式现代化强调城乡融合发展，要求农村信用在支持农业发展的同时，促进城乡间要素流通，推动资源、人才和资本在城乡间双向流动，激发农村发展活力。四是中国式现代化强调人与自然和谐共生，对农业农村现代化提出了绿色发展要求。因此，农村信用需要支持生态农业、绿色产业发展，促进农业可持续发展。

（一）农业产业体系现代化需要农村信用强化利益联结机制

农业产业体系现代化是推动农业高质量发展的关键路径之一。中国作为世界上的人口大国，农业不仅承担着保障国家粮食安全和生态环境保护的重要任务，而且是实现乡村振兴、推动城乡融合和促进经济可持续发展的基础。在这一背景下，农业产业体系现代化不仅意味着技术、管理、生产方式现代化，而且涉及产业链条、生产要素、资金流通等多方面的深度融合与创新。在农业产业体系现代化进程中，农村信用在降低交易成本方面的作用愈加突出。从农村信用对农业产业体系现代化的助推功能来看，良好的农村信用环境能够推动产业链各个主体通过不同形式的合作或契约关系，达到各方利益协调一致，形成共赢的局面。

第一，农村信用通过建立信任基础，降低了各方交易的信用风险，从而减少了交易成本，提升了农业产业链的整体效率。例如，在农业合作社与农户之间的合作关系中，通过建立信用记录，可以确保农民按时供货，合作社则能够及时支付报酬，降低了货款回收的不确定性。此外，金融机构基于农户的信用信息可以提供及时的贷款支持，避免了资金的短缺和流动性问题。第二，由于农村市场化程度较低，农产品往往与市场需求不完全对接，农产品过剩或短缺现象时有发生。农村信用的强化能够帮助产业链上的企业更好地对接市场需求，形成利益联结机制。此外，金融机构可以依据农户的信用记录，对其进行精准贷款支持，确保农业生产环节的资金充足，推动农民生产对接市场需求。第三，农业产业体系现代化依赖于各类新型农业经营主体的成长，包括家庭农场、龙头企业、农民专业合作社等。这些新型农业经营主体的成长不仅依赖于技术创新，而且依赖于外部金融支持、市场需求以及生产组织的有效整合。而农村信用正是构建这种利益联结机制的核心工具，其通过信用记录的积累与信用评价的完善，使得农业经营主体能够获得更加便捷的融资渠道，增强经营主体的稳定性和可持续性。同时，基于信用的合作协议也有助于减少农户与农业经营主体之间的矛盾，促进多方合作共赢。

（二）农村市场体系现代化需要农村信用提升要素配置效率

随着农业农村现代化的不断推进，农村市场体系现代化已经成为推动乡村振兴战略的重要组成部分。农村市场体系现代化不仅要求市场功能的完善、交易结构的优化，而且要求资源配置效率的提升，尤其是在农业生产要素的配置方面。其中，农村信用发展显得尤为重要。农村信用不仅能够为农业市场主体提供稳定的资金支持，而且能够有效提升市场运行的透明度和公平性，进而提高农村资源的配置效率，推动农业与农村经济高质量发展。

农村信用对农村市场体系现代化能够起到效率提升的作用。一方面，促进资本要素的高效配置。资本作为农业生产的核心要素之一，其配置效率直接影响农业生产的规模和效益。在传统农业模式中，农民缺乏稳定的信用记录，往往难以获得银行和其他金融机构的资金支持，导致农业生产的资金供给短缺，生产规模难以扩大。在现代农村信用体系下，农民的信用记录、农业合作社的信用评级以及农村企业的经营历史可以成为金融机构评估贷款风险的依据，从而更准确地为不同层次的农业经营主体提供资金支持。通过信用评价，农业经营主体更容易获得低成本的贷款，投资于先进的农业设备、现代化的生产设施以及科研项目。另一方面，优化土地要素的流转与配置。土地是农业生产中最重要的生产要素之一。在传统农业模式下，土地资源分散且利用效率低，往往存在土地"闲置"、低效利用的情况。现代农业要求土地资源高效配置，通过市场化手段推动土地流转，提高土地的生产效益。农村信用体系的完善，尤其是与土地流转相关的信用评估和担保机制，能够有效解决土地流转中的信息不对称问题，为土地流转提供更为安全和可靠的信用保障。通过建立农业信贷体系、土地交易信用平台等措施，土地流转市场的透明度得到提高，农民和农村企业之间的信任关系得以增强，从而促进了土地资源的合理流动和有效利用。

（三）农村治理体系与治理能力现代化需要培育农村信用共同体意识

农村治理体系与治理能力现代化成为实现乡村振兴战略的"软条件"。农村信用不仅是现代农业和农村经济发展中的关键支持工具，而且是强化农村社会治理、提高治理效率的基础设施。农村信用的培育和共同体意识的增强，能够有效推动农村治理体系建设，使农村治理更加民主、规范、高效，实现从传统的管理型治理向现代化的服务型治理转变。

一方面，农村信用可以助力形成村庄共同体意识。农村信用建立在信任和信息共享的基础上，通过信用记录的积累和信息的公开，促进不同主体之间的互信与合作。农村信用的持续建设能够帮助农民、企业和政府等不同主体之间形成基于规则和契约的信任关系。在此过程中，农村社区成员不仅能够相互了解和信任，而且能够通过共同的信用基础，增强集体责任感与集体参与感，进一步培育共同体意识。同时，信用体系不仅仅是一个金融工具，更是一种社会契约。农村信用将个人行为与社会利益紧密相连，通过个人的信用记录反映其社会责任感与集体合作精神。有记录的信用行为直接影响了农民在熟人社会中的地位与角色，从而引发个体对集体责任的认同，有助于农民从"自我中心"向"集体中心"转变，进而提升共同体意识。

另一方面，农村信用可以赋能基层治理体系现代化。农村治理体系现代化要求治理主体能够高效协同，充分利用现代信息技术手段进行资源配置、社会管理和公共服务。一是促进社会管理的规范化与透明化。通过信用评估，政府可以有效监管各类社会主体的行为，减少腐败和不规范行为，提高政府的公信力与执行力。同时，农村信用也能提高农民对政府政策的认同感和信任感，增强政策执行的有效性。二是推动多元主体共治。通过促进政府、农民、企业和金融机构等各方的信用建设，增强了相互之间的信任并夯实了合作基础。在这一基础上，各主体能够在更为平等和互利的框架下共同治理，提高了治理能力。三是促进社会公平。农村信用有助于减少传统农业生产中信息不对称和权力不平衡带来的不公平现象。信用信息的透明化，使得农民、合作社、金融机构等各方在合作时能够充分了解彼此的背景与信用状况，从而减少了权力不对称和利益争夺现象，有助于实现更加公平的资源分配和利益共享。

二　加快补齐农村金融短板对农村信用的要求

农村金融服务作为支撑农村经济增长和农业现代化的核心环节，其发展质量和覆盖范围直接影响着农村经济繁荣、农业生产力发展与农民持续增收。然而，在我国现有的农村金融体系中，仍然存在较为明显的短板，这些短板不仅制约了农村经济的发展，而且影响了农村社会的稳定与进步。在这一背景下，加快补齐农村金融短板成为推动农村经济持续发展的迫切任务。农村信用作为现代金融体系的重要组成部分，发挥着基础性作用，其建设的完善程度直接决定了金融服务的有效性和覆盖面。加速补齐农村金融短板，必须依托农村信用的强化，进一步提升农村金融服务的精准性和普及性。

（一）优化农村金融机构需要农村信用的基础设施功能

现有农村金融机构服务水平与农村经济需求之间还存在较大差距，尤其体现在金融服务的广度、深度和精准度上。一是覆盖面不足与金融资源配置不均。当前，许多农村金融机构的网点较少，服务覆盖面较窄，尤其是在偏远地区和贫困地区，金融服务的覆盖面严重不足。大多数金融机构集中在大中型农村企业和相对富裕的农民群体中，而忽视了贫困农民、小规模农户和边远地区的需求。由于缺乏有效的信用评估体系，许多金融机构难以为这些群体提供个性化的金融服务，资源配置效率低下。二是缺乏差异化的金融产品与创新能力。目前，农村金融产品大多较为单一，银行贷款、储蓄等传统产品占据主导地位，无法有效满足农民多样化、差异化的融资需求，尤其是在对中小农户、农业创新型企业以及新型农业经营主体的服务上，缺乏灵活多样的金融工具和金融创新。三是风险管理和信用评估体系不完善。农村金融机构在贷款、投资等业务中面临较高的信用风险和操作风险。由于农村金融市场信息不对称，农民的信用状况难以被准确评估，金融机构对贷款对象的风险评估往往依赖于传统的担保、抵押等形式，忽视了信用评估的科学性和系统性。这种粗放型的风险管理模式导致信贷资源的滥用与浪费，也提高了金融机构的不良贷款率。

造成以上现象的根本原因是农村信用尚未得到充分的发展和应用。具体而言，农村信用作为金融基础设施，具备以下功能。一是信用信息采集与共享功能。农村信用的首要功能是建立完整的信用信息采集与共享机制。通过广泛采集农民和农村企业的信用数据，形成统一的信用档案，金融机构能够全面、准确地了解借款人的信用状况，降低信息不对称风险。二是信贷产品创新与定制化功能。通过信用信息共享与评估，农村金融机构能够推出多元化产品，如农业保险、农场投资、农村小额贷款等，使得金融服务更加贴近农民和农村企业的实际需求。三是信用评估与风险管理功能。农村信用通过科学的信用评估机制，综合评估贷款对象的信用状况，基于借款人的历史信用行为、还款能力、财务状况等多维度信息，能够为金融机构提供更加精准的风险评估数据。

（二）完善农村金融监管需要农村信用的风险防控功能

农村金融市场的快速发展也带来了诸多风险，尤其是信用风险、操作风险和市场风险等，给农村金融监管带来了极大的挑战。为了有效应对这些挑战，确保农村金融市场稳定发展，完善农村金融监管体系成为当务之急。在这一过程中，农村信用作为风险防控的核心工具，在农村金融监管中的关键作用愈加突出。农村金融监管面临的挑战主要体现在以下几个方面。一是信用风险管理难度较大。农民和农村中小企业的信用状况往往较为复杂，且缺乏有效的信用评估工具，传统的担保方式难以覆盖所有信贷主体，信用评估的难度较大。二是金融产品单一，风险识别难度大。传统的担保和抵押方式无法有效评估农业经营主体的真实信用状况，尤其是在农业经营风险较大、市场不确定性较高的情况下，金融机构难以准确判断贷款风险。三是监管体制滞后，跨机构协调难度大。传统的金融监管手段大多依赖于直接监管和审计，难以实现对潜在金融风险的有效预警和动态监管，尤其是在新型农业经营主体和农民信贷领域，现有监管手段难以适应快速变化的金融环境。

从防范风险的角度来看，农村信用是现代金融体系风险防控的基础之一。农村信用发展不仅能够为农村金融机构提供更加精准的贷款决策依据，而且能够为金融监管部门提供科学的风险评估工具。通过优化农村信用的风险防控功能，可以有效提升农村金融监管的精准性和效率，从而确保农村金融市场的稳健运行。一是提供精准的信用评估工具。在金融机构进行贷款审批时，信用信息的全面采集和有效共享可以帮助金融机构更准确地评估贷款对象的信用状况，从而制定合理的信贷额度和还款条件，降低贷款违约风险。二是增强风险识别与预警能力。农村信用能够通过动态监测信贷主体的信用行为，使得金融机构和监管部门及时识别潜在的信用风险。通过对农民和农村企业的信用数据进行深度分析，监管部门可以发现金融市场中潜在的系统性风险，及时调整政策，避免金融风险蔓延。三是支持监管部门有效介入。金融监管部门通过对信用数据的分析，可以及时识别农村金融机构的风险暴露点，从而在风险积聚之前采取适当措施进行防范。

（三）发展农村数字普惠金融需要农村信用的数据整合功能

信用作为数字普惠金融的重要组成部分，其数据整合功能不仅关乎金融机构的风险评估和信贷决策，而且直接影响农村居民和小微企业在金融市场中的参与度。农村信用的有效整合，不仅有助于构建全面的信用评估体系，提升信贷资源的配置效率，而且能够促进农村金融生态的健康发展，推动金融服务的深度普及。从现状来看，当前数字普惠金融在农村地区的发展特征如下。第一，提升了金融服务的覆盖率。数字普惠金融通过互联网技术，能够实现远程服务，打破空间限制，使得农村居民和小微企业可以更加便捷地获得贷款、支付、理财等服务。第二，降低了金融服务的成本。数字普惠金融通过大数据、人工智能等技术手段，能够实现低成本、高效率的信贷服务，从而降低传统金融服务中高昂的运营成本，使得农村地区的金融服务变得更加经济和可持续。第三，促进了金融产品的创新。通过数字普惠金融平台，金融机构能够根据农村地区的实际需求，设计出灵活多样的金融产品，如农产品保险、农业贷款、农村小额信贷等。

随着数字普惠金融的兴起，农民和小微企业的信用评估不再仅仅依赖资产抵押，还更多地依赖信用数据的采集与分析，这要求农村信用具备更加强大的数据整合功能。一方面，多维度的信用信息（如贷款历史、还款记录、交易行为、社会行为等）整合，成为大数据和人工智能信用评估模式的数据基础。另一方面，信用数据能够助力提升金融服务的普惠性。信用数据整合有助于在数字普惠金融体系中为信用较低、传统信贷难以覆盖的群体提供服务。通过对非传统信用数据（如手机支付、社交行为等）的整合分析，推动金融服务向更广泛的农民群体和小微企业普及。

（四）培育中国特色金融文化需要农村信用的文化传承功能

随着中国经济的不断发展与农村经济的转型，金融文化的培育和传承显得尤为重要。尤其是在数字化、全球化浪潮席卷之际，如何在现代金融体系中融入中国传统文化元素，成为金融行业发展的新课题。在这一过程中，农村信用的文化传承功能起到了至关重要的作用。农村信用不仅仅是金融活动中的信用评估工具，更是中华优秀传统文化的体现，承载着与信任、责任、道德、伦理等相关的文化基因。从农村信用与中国传统文化的关系看，中国传统文化注重"信"，无论是个人的道德修养，还是社会的规范秩序，信任始终是其核心要素。在农耕社会中，信用是人与人之间合作的基础，也是农村经济发展、社会和谐的重要保证。在传统农业社会中，农民通过口碑、家族、乡土关系等形式建立信任体系，这种信任体系既保证了农村经济的正常运行，也维系了社会的稳定。

农村信用的文化传承功能主要体现在能够将中国传统的诚信文化、家族文化和乡村文化传承与现代金融服务相融合。第一，农村信用延续了中国传统的诚信文化。从《论语》中孔子的"言必信，行必果"，到《孟子》中提到的"人无信不立"，再到现代社会中的"信用社会"理念，诚信始终被视为中华文化的核心精神之一。在农村经济中，诚信不仅仅是经济活动的基础，更是农民生活的准则。农民的信用通常通过代际传承、口碑和社会声誉来维护，诚信文化在农村社会的传统中代代相传。第二，农村信用推动了农村社区的合作与共同发展。中国农村社会，在家族和乡村社区的文化传统中，群体协作和互助精神占据重要地位。在许多农村地区，农民之间通过合作社、村庄集体经济等形式进行生产、销售和金融活动。在这些合作机制中，信用不仅是个体行为的结果，而且是集体合作的基础。农民和村集体之间的信用关系，往往是通过口头承诺、乡邻互信等方式进行维护的。这种传统的信用文化在某种程度上为农村金融的发展提供了社会支持和心理保障。第三，农村信用推动了农村金融产品和服务的本土化与社会化。农村信用的文化传承功能，使得金融产品和服务的设计不再单纯基于经济学和技术的冷静分析，而是融入了更强的文化特性与社会需求。中国传统文化中强调的"和谐""共享""共赢"，在现代金融产品的设计中同样有所体现。通过将农村信用文化的传承与现代金融服务相结合，可以实现农村金融产品的本土化与社会化，满足不同农民群体的需求。

三 持续推进数字乡村建设对农村信用的要求

2018 年中央一号文件首次提出"数字乡村"概念。在持续的发展中，数字乡村建设推动了数字技术和数据要素在乡村的广泛传播，其扩散效应、乘数效应、溢出效应和普惠效应逐步释放。从数字乡村建设与农村信用的关系来看，数字乡村建设的核心目标是利用现代信息技术，特别是大数据、人工智能、物联网等技术改善农村基础设施，提升农业生产效率，推动农村经济的数字化转型。在这一过程中，农村信用直接影响了金融资源在农村的配置效率和风险控制能力。农村信用体系的完善与数字乡村建设的推进息息相关，只有在信用体系得到有效建设的基础上，农村地区才能实现信息流、资金流、物流的高效整合，促进农村经济全面发展。

（一）发展乡村数字经济产业需要农村信用的营商环境优化功能

数字经济作为推动乡村振兴的重要组成部分，已经成为新时代中国经济发展的关键力量。随着信息技术的迅猛发展和数字化转型的深入推进,乡村数字经济产业蓬勃发展。实现乡村数字经济可持续发展,使其真正成为乡村振兴的引擎,以提升农村信用发展水平为抓手,优化营商环境是不可或缺的基础保障。农村信用不仅是促进金融资源高效配置和降低交易成本的必要条件,而且是推动数字经济产业健康、稳定、长期发展的核心支撑。农村信用的优化能够为数字经济产业提供良好的营商环境,确保数字经济健康有序发展。在这一过程中,农村信用体系的完善不仅有助于解决融资难题,增强投资者的信心,而且能够为农民、农村企业以及数字经济平台提供透明、公平和可预期的经营环境。农村信用与数字经济的深度融合,将推动农村经济从传统的资源依赖型向创新驱动型转变,进而实现乡村全面振兴。

农村信用在改善乡村数字经济营商氛围中发挥着重要作用,主要体现在以下几个方面。一是改善融资环境,降低资金成本。融资难、融资贵是困扰乡村企业和农民的普遍问题,尤其是在数字经济领域,农村电商平台、农业物联网、智慧农业等新兴产业往往缺乏传统担保资产,而基于信用体系的金融服务能够为新兴产业提供更多的融资渠道,降低贷款利率和融资门槛。二是优化交易环境,促进市场活跃。在乡村数字经济发展过程中,市场主体之间的交易活动更加频繁,信息更加复杂。在传统的乡村市场中,信用不良或信息不对称现象普遍存在,导致交易风险较大、金融成本较高,农民和农村企业的利益难以得到有效保障。通过建设透明、公正的农村信用体系,能够促进信息的流动和共享,降低市场参与者之间的信任成本。此外,农村数字经济平台通过数字化方式整合产业链中的各类信息,降低了交易不规范、虚假宣传等行为发生的概率,提升了整体市场的规范性和透明度,推动了市场的良性竞争。三是促进公平竞争,提升产业活力。乡村数字经济产业的健康发展需要公平、透明的市场竞争环境,信用体系的优化正是保障公平竞争的基础。在传统的乡村经济中,信息不对称、信用不足等问题往往导致一些不法商家和不诚信的主体通过低成本竞争扰乱市场秩序，形成恶性竞争，这不仅影响了市场秩序，而且制约了产业创新。农村信用通过提升透明度和公信力，能够确保各类市场主体在公平的环境下进行竞争。四是增强消费者信任，推动消费市场发展。乡村数字经济的蓬勃发展离不开广泛的消费者支持，消费者的信任是市场发展的基础。农村信用能够为消费者提供更为清晰和透明的信息。在数字经济环境中，尤其是在农村电商、农产品溯源等领域，消费者对产品的质量、来源及售后服务等方面的信任度直接影响着市场拓展和产业规模。通过完善信用体系，消费者可以借助电商平台等数字化渠道获取商家的信用信息，了解其产品质量和服务水平，从而做出更加理性、放心的消费选择。

（二）完善乡村数字治理体系需要农村信用的诚信文化培育功能

数字治理体系的完善被认为是提升乡村整体治理水平的核心因素之一。乡村数字治理不仅依赖技术的创新，还需要一个健全的信用体系来保障其顺利实施。诚信文化的培育是一个长期且系统的过程，特别是在乡村地区，由于传统的信用体系尚未完全建立，信用意识较为淡薄，如何在乡村社会中构建和传承诚信文化，成为推动数字治理的重要一环。在功能作用方面，农村信用不仅能够为乡村经济提供融资支持和市场信任的工具，而且可以促进乡村社会的诚信文化建设，为数字治理的有效实施提供有力保障。农村信用的诚信文化培育功能主要体现在以下几个方面。第一，为数字治理提供信任基础。农村信用体系的完善，尤其是诚信文化的培育，有助于增强社会各界对数字治理平台的信任。良好的信用环境能够促使农民、农村企业、乡村政府等主体在数字治理平台上进行有效的互动与协作，推动数字化政策的顺利落实。第二，推动社会行为规范化。通过数字治理平台，能够监督主体是否遵守契约精神和诚信原则。对于不良行为主体，可以通过信用体系进行警示与惩戒，防止失信行为蔓延。在这一过程中，诚信文化的建设能够为数字治理体系提供强大的支持，推动乡村社会朝更加规范、有序的方向发展。第三，加强农村社会资本积累。社会资本是乡村发展的重要资源，信用体系的完善是社会资本积累的关键。在乡村数字治理过程中，社会资本的积累能够促进乡村经济活动的顺畅开展，诚信文化的培育则是推动社会资本积累的催化剂。

四 全面推进乡村振兴战略对农村信用的要求

实施乡村振兴战略，是党的十九大做出的重大决策部署，旨在全面提高农村的经济、社会、文化和生态水平，推动城乡一体化发展，解决长期以来城乡差距较大的问题。在推进乡村振兴战略的过程中，农村信用的建设和完善始终是关键议题。农村信用的增强不仅为乡村振兴提供了坚实的软约束支撑，而且促进了农村产业的持续繁荣发展。

（一）完善农村金融体系，支撑产业振兴

乡村要振兴，产业必振兴。随着农村经济结构的深刻变革和发展需求的多样化，传统农业生产方式逐渐向现代化、多元化的产业模式转型，转型过程不仅依赖于政策引导和市场机制，而且依赖于有效的金融支持和健全的社会信用体系。在此背景下，农村信用体系建设与农村金融体系完善之间具有深刻的内在联系。2025 年 4 月，中共中央、国务院印发的《加快建设农业强国规划（2024—2035 年）》指出："完善乡村振兴投入机制，健全农村金融服务体系，发展多层次农业保险，重点支持农业强国建设关键领域和薄弱环节。"金融体系的功能之一便是提供资金支持，而农村信用体系则是金融机构能够顺利放贷并形成良性循环的关键。通过逐步建立健全的信用机制，农村金融体系能够精准识别和有效管理风险，从而为农业生产和农村经济发展提供更加充足且低成本的资金支持。产业振兴，特别是农业现代化、乡村产业多元化和农村经济的整体提升，离不开成熟的金融支持环境。因此，良好的信

用环境不仅是农村金融高效运转的前提，而且是进一步助力产业振兴的基础支撑。

健全的农村信用体系具有提升农村金融市场配置效率的功能，可以通过扩大资金流量、缓解信贷配给等方式助力农村产业振兴。第一，持续推进农村信用体系建设有助于解决信息不对称的问题。农村地区的金融服务通常面临信息不对称的挑战，即银行和金融机构难以了解农民、农村企业的信用情况，导致信贷审批困难。通过完善农村信用体系，银行和其他金融机构能够获取更全面、更真实的信用数据，极大地降低了融资风险，提高了资金的流动性和效率。第二，农村信用体系的建设有助于降低农村金融服务的成本。在传统金融服务模式下，由于信息不对称和信用缺失，农村地区的融资成本较高，农民和农村企业往往无法享受与城市地区相同的金融服务。农村信用体系的完善，能够通过信用评分、数据共享和信用担保等方式，降低农民和农村企业的融资难度，进而降低资金获取的成本，为农村产业振兴提供更为宽松的资金环境。第三，农村信用体系能够通过完善农村金融体系，促进农业产业链的延伸。目前，农村经济的发展不再局限于传统的农业生产，农产品加工、乡村旅游、绿色农业等新兴产业逐渐崭露头角。完善的信用体系能够推动金融机构识别出农业产业链中各环节的潜力，并提供精准的资金支持。

（二）培育专业的农村信用人才，支撑人才振兴

如何通过发展农村信用来培育专业的农村信用人才，为乡村振兴提供智力支持和人才保障，成为保障乡村振兴金融服务质量的关键。从二者的相互关系来看，农村信用发展与人才振兴之间的关系并不是简单的线性关系，而是通过金融体系建设、信用文化推广以及金融人才专业化培养形成深度互动。农村信用体系作为金融体系的重要组成部分，其完善不仅需要金融产品和服务的创新，而且需要具备专业素养的农村信用人才来支撑其运作和发展。基于此，农村信用的发展可以通过加强农村信用人才的培养与选拔，为乡村经济的转型升级提供人才保障，

从而支撑人才振兴。从人才需求缺口看，农村信用的发展需要大量专业人才进行信用评估与风险控制。专业的农村信用人才能够对不同农业项目、农民和农村企业的信用状况进行全面评估，为金融机构提供更为可靠的信用分析和建议。

具体而言，专业的农村信用人才具备如下外溢性功能。一方面，农村信用人才在农村信用发展中的作用体现在其对农村信用文化的引领和推广上。农村信用文化的培育不仅需要从政策层面推动，而且需要从基层农村社会入手，通过对农村信用人才的宣传和教育，将信用观念和行为传递给广大农民和农村企业。另一方面，农村信用人才通过在农村金融体系中的深耕，能够助力完善农村信用体系中的各项技术环节。例如，农村信用人才能够推动大数据、区块链等现代科技在农村信用体系中的应用，通过智能化、信息化的手段提高信用评估的准确性和效率。

（三）推动乡风诚信文明建设，支撑文化振兴

乡村振兴战略作为新时代全面建设社会主义现代化国家的重要组成部分，其核心不仅仅体现在经济发展上，还深刻影响着乡村社会的文化建设、精神文明和道德风尚。信用文化作为社会文明的一个重要维度，在推动乡风诚信文明建设过程中，正是通过强化信用意识，改善乡村社会风气，提升村民的社会责任感和集体意识，为文化振兴提供精神动力和社会基础。

第一，农村信用能够为诚信文化的形成提供制度保障。农村信用能够通过激励和约束机制，使得乡村社会形成"守信光荣、失信可耻"的社会氛围。对于信守承诺的农民和企业，信用体系能够提供更多的融资机会和更低的利率；对于失信者，则会面临融资难、借贷贵等后果。这种机制有效地将诚信行为与经济利益挂钩，使得农民在日常生活和生产过程中更倾向于遵守社会契约并践行诚信行为。

第二，农村信用能够推动诚信与法治融合，促进乡风、社会风气的转变。农村信用在促进诚信文化建设的过程中，与乡村法治环境的

改善互为表里。通过信用体系建设，可以推动法律对诚信行为的引导和约束，减少失信行为的发生，并通过法律手段对失信行为进行惩戒。农村信用使得乡村社会的法律观念得到了更好的贯彻和落实，强化了社会成员对法律规则的尊重和遵守，从而为乡村文化振兴提供了坚实的法治支撑。

第三，农村信用能够助力文化自信和精神文明建设。农村信用能够通过对个体和集体行为的规范，促进社会文明程度的提升，进而推动乡村精神文明建设。这实际上是将文化的内涵与外部的经济机制结合起来，促进乡村文化的自信和创新。农民和农村企业在自我发展的过程中逐渐认识到诚信的重要性，树立起文化自信心，进而积极参与到乡村社会的建设中。

（四）创新绿色信贷服务，支撑生态振兴

绿色金融，特别是绿色信贷服务，已经成为解决生态保护与可持续发展之间矛盾的重要手段。农村信用的发展可以通过创新绿色信贷服务，推动绿色产业和生态项目的实施，从而有效支撑乡村地区的生态振兴。从二者的相互联系看，农村信用与绿色信贷服务创新具有密切的关系，农村信贷提供了信用背书，使得金融机构在绿色信贷项目的评估和贷款发放过程中能够更加有效地降低风险，提升信贷服务的精准度。

第一，绿色信贷服务能够推动农村绿色产业快速发展。例如，有机农业、生态农业、绿色能源、循环农业等能够有效改善生态环境，在农村信用的支持下，绿色信贷能够为绿色产业提供更加精准和低风险的融资方案，推动绿色产业的扩展和创新。

第二，绿色信贷服务能够为农村环保项目提供资金支持。农村环保项目通常需要较大的资金投入，涉及水污染治理、大气污染防治、土壤修复等领域。传统的融资渠道难以为这些项目提供所需的资金，绿色信贷服务可以通过创新信贷产品，降低项目融资成本，为环保项目提供更好的资金保障。在此过程中，农村信用通过提供准确的信用评估，有助于金融机构识别绿色项目的可行性，推动更多资金流向生态保护和环境治理领域。

第三，绿色信贷服务能够支持农村可持续发展项目。农村可持续发展项目往往涉及农业、生态、社会等多个方面，具有较长的投资回收期和较大的资金需求。通过创新绿色信贷产品，金融机构能够为项目提供长期、稳定的资金支持，推动农村地区的可持续发展。此外，农村信用通过完善信用评估和风险控制机制，能够为金融机构提供准确的数据支持，帮助其更好地识别和管理绿色信贷项目的风险，从而促进开展绿色信贷服务。

（五）提升乡村治理水平，支撑组织振兴

组织振兴作为支撑其他各项振兴的基础，要求农村信用助力集体经济组织与其他村社组织壮大，增强乡村治理能力。通过建立健全信用评估、信息共享、风险控制等机制，农村信用不仅有助于集体经济组织和社会组织解决融资难题，提升其公信力和竞争力，而且能够推动乡村治理体系不断完善和现代化。集体经济组织和社会组织通过信用体系的创新，能够更好地协同发展，推动乡村振兴战略的实施。

第一，农村信用有助于规范集体经济组织的管理，提高其运营效率。通过信用体系建设，集体经济组织可以建立健全的财务管理制度、运营规范和信用报告机制。金融机构和政府部门可以通过信用评估对其管理状况进行审查，推动集体经济组织规范化发展。此外，农村信用还能够促进信息公开和共享，提高集体经济组织的透明度，减少管理中的腐败和失误，进而提升组织的运营效率。

第二，农村信用能够增强社会组织的融资能力。许多农村社会组织，尤其是公益性组织和服务性组织，由于缺乏稳定的资金来源和信用支持，常常面临生存困境。通过建立和完善农村信用体系，这些农村社会组织可以获得更加准确的信用评估，为其融资提供更有力的支持。金融机构可以基于社会组织的信用报告和历史数据，给予其适当的资金支持，帮助其开展公益项目和服务。

第三，农村信用有助于提升社会组织的公信力和影响力。在农村地区，社会组织往往面临较大的社会信任缺失，尤其是一些新兴的农村公益组织和合作社，由于信息不对称和社会认知不足，容易受到质疑和排斥。农村信用通过将社会组织的信用行为纳入评估和记录范围，使得这些组织的历史记录和信用状况更加透明。

第四，农村信用能够助力集体经济组织与社会组织之间的协作。农村信用通过建立健全信息共享机制，促进集体经济组织与社会组织之间的合作。不同类型的组织往往有各自独立的信息系统，缺乏有效的沟通和数据共享渠道，导致资源无法得到充分利用。农村信用通过统一的信息平台和信用评估系统，打破了信息壁垒，使得各类组织能够在一个透明和开放的环境中进行合作。

第二节　乡村振兴战略中农村信用的研究遵循

明确研究目的与研究意义能够为后续的农村信用发展研究提供清晰的分析框架和方向。具体而言，乡村振兴战略中农村信用研究的目标遵循与价值遵循如下。

一　乡村振兴战略中农村信用研究的目标遵循

本书旨在深入探讨农村信用在乡村振兴战略中的关键作用及其发展路径。具体而言，本书将从明确农村信用在乡村振兴战略中的功能定位、总结农村信用在乡村振兴战略中的中国实践、分析农村信用在乡村振兴战略中的发展水平、梳理国外农村信用发展的成功经验以及探索农村信用助力乡村振兴的可行路径等方面进行深入研究，为推动农村信用体系的完善和乡村振兴战略的有效实施提供理论支撑与政策建议，助力实现农业农村现代化，推动农村共同富裕。

（一）明确农村信用在乡村振兴战略中的功能定位

乡村振兴战略是当前国家发展战略的重要组成部分，其目标是全面提升农村经济、社会、文化、生态等各个方面的综合发展水平。实现乡村振兴，不仅需要政策、资金、技术等方面的支撑，而且需要在制度层面进行创新和突破。农村信用的功能，尤其是在乡村振兴战略中的作用，不仅仅局限于提供金融服务，还是推动乡村经济发展、优化社会治理结构、促进农村社会文化变革、提升乡村生态环境质量等多个维度的重要工具和支撑力量。因此，本书的首要目的是明确农村信用在乡村振兴战略中的功能定位，深入分析其在实现乡村振兴过程中所起的多重作用。具体而言，本书将从以下几个方面展开。

第一，从概念定义的角度入手，通过明确农村信用的基本内涵，为后续的功能定位奠定基础。其主要目标是界定农村信用、农村信用体系和农村信用制度三个概念的关系。通过定义辨析，进一步阐明农村信用体系和农村信用制度在乡村振兴中的基础性作用，明确农村信用是乡村振兴战略实施的重要支撑工具。

第二，基于信息经济理论、行为经济理论、数字经济理论、契约经济理论、博弈论等理论视角，分析农村信用在乡村振兴战略中的功能定位。

第三，通过案例分析与定量分析，体现中国实践的特色性、把握现实发展的规律性、明晰典型案例的参考性、总结国际经验的借鉴性，深刻阐述农村信用在乡村振兴战略中的功能定位。

（二）总结农村信用在乡村振兴战略中的中国实践

围绕农村信用的发展脉络、核心主体、发展模式、现实阻碍及特色经验展开，力求深入剖析其内涵和外延，探讨农村信用如何成为支撑乡村振兴的关键力量。

第一，梳理农村信用的发展历程与阶段性特征。通过对农村信用发展历程的回顾，明确其发展背后的逻辑与动因，揭示农村信用从无到有、从弱到强的转型轨迹。同时，结合具体的历史背景和政策变化，深入探讨农村信用在不同阶段所面临的挑战、政策支持以及相关主体所做的探索，进而为乡村振兴战略的全面实施提供理论支撑和实践指导。

第二，探索不同主体在农村信用发展中的作用。本书将详细分析农村信用社、农村商业银行和政策性银行如何通过不同方式推动农村信用的发展，分析财产保险公司、政策性保险公司和农村保险互助社等保险机构如何为农户提供信用支持和风险保障，以及供销合作社、新型农业经营主体如何通过自身信用机制推动农村经济社会发展。通过对这些主体的深度分析，揭示乡村振兴战略中农村信用发展的主体多样性及其内在的协同作用。

第三，分析农村信用发展的模式创新。重点分析近年来农村信用的发展模式，特别是在"农户+征信+信贷""基层治理+信用""新型农业经营主体信用体系"等多种模式下，农村信用如何创新性地服务于乡村振兴战略。通过对这些模式的详细解析，探索其可复制性和经验启示，并提出未来农村信用发展的建议，进一步推动乡村振兴战略的深入实施。

第四，揭示农村信用发展的现实阻碍并进行原因分析。本书将从农村特殊的信用属性、双重部门领导的张力、现代与传统信用的难以融合性以及法律法规保障滞后等方面，分析农村信用发展面临的结构性和体制性障碍。同时，本书将针对这些问题，提出相应的政策建议和解决方案，以期为农村信用的发展提供理论依据和实践指南。

第五，总结中国特色经验。通过总结农村信用对乡村产业发展、乡村建设、乡村治理等的支撑作用，揭示农村信用如何通过促进产业升级、推动基础设施建设、改善社会治理等方式，成为乡村振兴战略的重要引擎。

（三）分析农村信用在乡村振兴战略中的发展水平

通过构建科学、全面的农村信用发展评价体系，对其发展水平进行定量测度，深入探讨其时空演变特征及影响因素，最终为提升农村信用发展水平、推动乡村振兴战略的有效实施提供理论依据和政策建议。

第一，构建科学合理的评价体系。通过多维度的评价框架，从多个角度全面衡量农村信用的发展水平。评价体系的构建依据包括全面推进乡村振兴战略的时代性要求、服务农村共同富裕的人民性要求、发展数字普惠金融的导向性要求。

第二，构建多维度的评价指标体系。主要围绕信用环境、信用体系和信用应用三个维度构建多维度的评价指标体系，通过详细分析总指数与分指数，全面评估农村信用的各个方面。

第三，定量测度与分析。通过定量化的方法，对农村信用的整体发展水平进行精确测度，旨在提供一个清晰的定量分析框架，评估中国农村信用的现状、区域差异以及发展动态。

第四，深入分析农村信用发展的影响因素。从制度层面、市场层面以及社会层面等多个维度，探讨影响农村信用发展的关键因素。

（四）梳理国外农村信用发展的成功经验

通过对比分析世界发达国家与部分发展中国家在推进农村信用发展和促进农村经济发展中的主要做法、面临的现实困境以及成功经验，为探索适应中国国情的农村信用发展与乡村振兴路径提供借鉴，以更好地推进乡村振兴战略。

第一，分析不同国家的农村信用发展模式及其作用。通过对美国、德国、法国、日本、韩国等发达国家以及印度等发展中国家的农村信用进行详细对比分析，梳理各国在农村信用发展方面的理论基础、政策实践和成功经验。通过对不同国家农村信用的研究，深入分析各国在农村信用发展中采取的模式、运作机制、法律保障和监管方式。

第二，提炼各国经验，寻找可借鉴的要素。从法律制度保障的重要性、多元化农村信用主体的建设、信用数据保护与隐私问题的重视、政策性资金的支持与应用场景的拓展角度出发，提炼对中国乡村振兴战略有益的经验和启示。

第三，为我国农村信用发展提供理论支撑与政策建议。基于对国际经验的深刻分析，在农村信用法律与监管体系、信用信息共享与数据保护、农村信用产品与金融服务模式等方面，为我国农村信用体系的完善和发展提供理论支撑与政策建议。

（五）探索农村信用助力乡村振兴的可行路径

通过分析农村信用在乡村振兴战略中的作用和意义，提出一系列可行的政策措施，促进农村信用进一步发展，为相关部门提供理论依据和实践指南，推动农村信用高效运作，从而更好地支持乡村振兴战略的实施。

第一，探讨如何通过数字化提升农村信用发展水平，为增强其对乡村振兴的支持作用提供理论支撑与实践借鉴。

第二，探讨如何通过精准化融资，提升农村信用的基础金融功能，推动农村经济的可持续发展。

第三，提出发展普惠性信用产品、扩大农村信用覆盖范围等措施，促进农村信用助力农民增收，推动农村共同富裕目标的实现。

第四，通过创新农村信用在不同区域的实施路径，以应对各地区发展需求的差异性，确保乡村振兴战略在全国范围内均衡推进。

第五，在总结国内外农村信用发展模式的基础上，提出适应中国国情的政策建议，以期为推动乡村振兴提供更加全面的理论支撑与实践方案。

二　乡村振兴战略中农村信用研究的价值遵循

在乡村振兴战略的推进过程中，信用是保障各方主体融合发展的重要"黏合剂"。研究乡村振兴战略中的农村信用，不仅具有理论价值，在实际操作层面也具有显著的现实价值。

（一）理论价值

本书深入探讨了农村信用在乡村振兴战略中的作用与发展，具有以下几个方面的理论价值。

第一，概念界定与理论梳理。本书首先明确了农村信用、农村信用体系及农村信用制度的概念与内涵，为相关学术研究提供了清晰的理论框架。在界定农村信用的多维度内涵时，结合农户信用、村庄信用、涉农企业信用等多个层面，揭示其对乡村振兴不同领域的促进作用。此外，通过对农村信用制度和农村信用体系的阐释，探讨其内在机制和发展逻辑，旨在丰富农村信用研究的理论维度，推动农村信用领域的学术创新。

第二，定量测度的创新。通过构建全面的农村信用指数评估体系，本书首次系统性地提出了"信用环境、信用体系、信用应用"三维度评价框架，并深入分析了各类指标的构建依据、数据来源和测度方法。这种定量化的分析方法，不仅为中国农村信用水平的客观评估提供了工具，而且为后续研究提供了量化分析的思路与方法，填补了该领域在测度方法上的空白。

第三，案例分析的深度挖掘。本书通过典型案例分析，展示了不同地区在乡村振兴过程中如何依托农村信用促进产业、文化、金融及治理等方面的协同发展。具体的地区性案例使得农村信用发展不仅仅停留在理论探讨上，还与地方实践紧密结合，从而提升了理论的现实价值。通过分析这些案例，本书揭示了不同地区在农村信用应用中的成功经验与面临的挑战，进一步丰富了农村信用助力乡村振兴的理论体系。

第四，国外比较与经验借鉴。在对美国、德国、法国、日本、韩国等发达国家的农村信用进行比较分析时，本书得出了国内外在农村信用发展方面的差异，探讨了国外成功经验对中国的借鉴意义。通过对国际经验的吸收，研究结论为中国农村信用体系的完善提供了理论参考，尤其是在完善信用法律、建立多层次信用体系、推动数字化信用等方面具有重要的启示意义。

（二）现实价值

本书通过分析国内外农村信用的发展模式，尤其是发达国家（如美国、德国、法国、日本、韩国等）和发展中国家（如印度及其他东南亚国家）的经验，能够为中国农村信用发展提供宝贵的经验。这些国家的信用体系建设经历了不同的实践探索，在信用的多元化、数字化转型、法律保障等方面积累了丰富的经验。例如，国外通过多样化的金融机构合作、农村信用数据的整合以及跨部门协同机制的建立，有效推动了农村经济振兴，提升了社会治理能力现代化水平。这些经验不仅能够启发我国在农村信用发展中的创新思路，而且可以避免某些可能出现的问题，从而确保中国农村信用体系的持续优化与完善。

随着中国农村经济的持续转型与乡村振兴战略的深入推进，农村信用发展显得尤为迫切。从"农村信用社"到"农村商业银行"的发展历程，以及新型农村金融模式的探索，都表明我国农村信用正面临一个从传统到现代化的关键时期。本书研究有助于我们准确判断当前中国农村信用存在的短板与面临的挑战，尤其是在数据管理、信用信息整合、法律与监管制度等方面的不足。通过深入分析这些问题，能够为政府决策者提供完善农村信用制度、提高金融普惠性、缩小城乡发展差距的思路和对策，从而有效应对当前农村经济发展和金融服务体系面临的挑战。

乡村振兴战略的全面推进要求农村各个方面的现代化，农村信用作为其中的关键环节，直接影响农业生产、农村金融、农村文化、社会治理等多个层面。本书提出了如何通过提高农村信用发展水平来促进五大振兴的路径。通过创新金融服务、推动数字化金融工具的发展、完善法律法规、构建诚信文化等措施，可以促进乡村经济的高质量发展，推动农业绿色发展，加强农村基层治理，增强乡村社会的信用意识，为乡村振兴注入强大动力。

具体而言，本书提出的政策建议，如加快数字化转型、提高农村金融普惠化、推进信用信息共享、加强跨部门合作等，有助于实现农村经济的全面振兴，推动农村社会治理的现代化，助力中国乡村振兴战略的顺利实施。

第三节　乡村振兴战略中农村信用的研究动态

本节将对现有关于农村信用及其在乡村振兴战略中的功能作用等研究现状和研究前沿进行梳理。首先，梳理农村信用体系的相关研究，包括农村征信管理、农村信用评级、农村信用合作机构以及基于数字普惠金融的农村信用体系优化等方面的研究进展；其次，探讨农村信用制度的演变、现状及基层实践情况；再次，分析乡村振兴战略下农村信用的相关研究前沿；最后，对现有研究进行综合评述，以揭示研究领域的现状、存在的问题以及未来的发展方向。

一　农村信用体系的相关研究

随着乡村振兴战略越来越需要多渠道资金保障，农村信用体系建设逐渐成为学界关注的热点议题。2025 年 3 月，中共中央办公厅、国务院办公厅发布的《关于健全社会信用体系的意见》强调："加强农村信用体系建设，加强涉农信用信息归集共享，明确采集责任，优化精简采集指标和评价规则，提升对农户和新型农业经营主体的信用评价水平。"进入 21 世纪以来，"三农"问题持续演变，农村普惠金融开始呈现新的变化，尤其是信用贷款的主要对象从乡镇企业转向了小农户。现实中许多农户小额贷款的推广，推动了农村信用关系的重新设计。与此同时，农村信用社作为正规金融机构，逐渐成为农村金融体系的核心力量。然而，在实际的农村金融体系运行中，非正规金融机构的贷款份额较大，风险也较高，迫切需要根据农村金融的特殊性，构建新的农村信用体系。

一些研究认为，农村金融滞后的直接原因在于农村信用制度的欠缺（钟献兵、潘华，2014；倪楠，2015；马慧洁、李勇坚，2024），而问题的根本原因在于农村产业的生产方式粗放、组织化程度较低等（钟献兵、潘华，2014；方凯丰、周毅敏，2024）。虽然在现代农业逐步发展过程中，这一根本原因正在得到缓解，但农村信用制度的欠缺问题愈加突出。随着农业产业化、组织化水平的提高，农村金融的需求已经贯穿整个产业链，其体量庞大且时间跨度长。农业产业的高风险和长周期，以及农村金融的高成本和低回报率等问题，都已经成为农村普惠金融发展的主要瓶颈（马建斌，2024）。因此，建设一个运行有效的农村信用体系，已成为当前农村普惠金融发展的迫切需求。现有对农村信用体系的研究主要包括以下几个部分。

（一）农村征信管理研究

近年来，社会信用体系日趋向农村基层下移，学界越来越关注农村征信管理的研究，尤其是在信用信息采集与管理机制、信用信息共享与数据互通、金融产品创新与征信管理结合等方面产出了诸多研究成果。

1. 信用信息采集与管理机制研究

在农村征信管理中，信息采集是构建农村信用体系的首要基础条件。近年来，学者们对现有信息采集机制展开了深度分析，着力于提高农户信用评估的准确性与科学性。朱莉等（2015）从城乡差异的角度，认为农村信用信息采集与管理面临信息来源不足、数据更新困难和管理分散等问题。农村金融机构的主动性不强、信息来源有限，且农户流动性大、对征信认知不足，导致信息采集复杂且真伪难辨。张燕和刘福临（2018）从互联网金融的角度指出，互联网金融和大数据技术有助于推进农村金融改革，但当前面临信用功能弱化、信贷失衡和缺乏征信立法等问题。彭艳玲等（2024）基于宁夏、重庆、四川三省份农地经营权抵押融资调查数据，运用机器学习（如随机森林）识别农户信用风险，发现农户违约率较高且以主动违约为主。通过 CreditRisk+模型测算，贷款风险敞口大，极端事件下损失增幅显著。

总体上，这些研究为提高农村信用信息采集的全面性和准确性提供了理论依据。由此可见，当前农村征信管理面临诸多挑战，特别是在信息采集、数据更新、信用评估和管理体系建设方面。尽管互联网金融、大数据和机器学习等技术为改善农村征信提供了创新思路和方法，但在实际操作中仍存在信息来源有限、征信认知不足以及信贷结构失衡等问题。此外，现有的信用功能弱化和缺乏相关立法等问题也制约了农村金融的健康发展。

2. 信用信息共享与数据互通研究

信用信息共享和数据互通是解决农村征信管理中信息孤岛问题的首选途径。现实中，要实现有效的信用信息共享，必须设计激励和惩罚机制，通过奖励提供真实信息的金融机构，并惩罚提供虚假信息的金融机构，从而促进信息共享，最终实现信用信息共享的帕累托最优配置（吴庆田，2012）。近年来，学者们从多视角出发，研究如何推动农村金融市场的信息共享和数据互通。

一方面，金融科技等数字技术助力改进农村信用数据的采集、管理和利用。金融科技通过大数据、人工智能、区块链等数字技术，能够全面收集农户的信用数据，并对农户的信用进行复查和评定，实现农民线上共享信息、查询信用评级、贷款审批等"一站式"金融服务（孙玉栋、王宣桦，2023），确保数据转化为实际的金融服务。此外，金融科技还可以通过将大量非财务数据导入信用评价模型，更全面地评估农户的经济状况和履约能力，从而提升信用评估的准确性与有效性（张正平、董晶，2023）。从金融科技对农村金融机构的功效来看，农村金融机构运用金融科技能够有效提高征信水平和风险防控能力，降低银行与涉农主体之间的信息不对称（王修华、刘锦华，2023）。总体上，金融科技通过大数据和人工智能等数字技术，优化了农村信用数据的采集和评估，提高了信用评估的准确性和金融服务的效率。

另一方面，农村信用信息共享与数据互通有赖于完善的平台建设。平台通过互联网的实时交互优势，能够打破信息传播交流的时空限制，从而解决农村金融市场信息分割的问题。这使得不同地区、不同金融机构之间可以更加高效地共享和交换信息，从而提升农村信用信息体系的构建效率（庞悦、刘用明，2023）。同时，平台企业通过收集和处理海量数据，可以帮助农村金融机构更好地评估风险、做出信贷决策，从而实现"敢贷、愿贷、能贷"的目标（文洪朝、王常柱，2024）。此外，农村信用体系建设需要构建多部门数据共享机制，实现涉农数据整合，确保信息的精准性与安全性，以提高信用评估和风险管理能力（温涛、向栩，2024）。总体上，完善的平台建设促进了农村金融信息共享与交换，提升了信用体系的构建效率，使得金融机构能够更准确地评估风险。

3. 金融产品创新与征信管理结合研究

在农村土地金融产品创新中，需要农村信用发挥提高制度效率和降低交易成本的功能，从而提升土地金融的监督管理和信用评估能力，持续降低土地金融信用风险（涂圣伟，2016）。在农村供应链金融中，需要以农村信用体系建设为基础，逐步扩展融资抵押质押物范围（刘晨冉等，2024）。除此之外，农村金融产品创新需要不断创新授信模式，实现基于农村经济主体的纳税等级、公共缴费等信息进行差异化的信贷授信管理（王妍、孙正林，2022）。总体上，农村金融产品创新需要依托农村信用体系，通过提高制度效率、降低交易成本、扩展融资抵押质押物范围、创新授信模式来降低信用风险并促进信贷管理的差异化。

（二）农村信用评级研究

信用评级具有改善农村金融生态系统、提升农民金融可得性和推动农村经济持续发展的重要作用。现有研究重点讨论了信用评级对农村家庭行为、农村商业银行绩效、农村共同富裕等方面的作用机制，探讨了信用评级在农村金融体系中的重要作用及其面临的挑战。

1. 信用评级对农村家庭行为的影响

农村家庭行为在农村经济发展中扮演着重要角色。由于农村家庭的经济状况、信贷资源的稀缺性以及信息不对称等原因，农民的金融需求往往未能得到充分满足。近年来，相关研究表明，信用评级对农村家庭消费水平及结构、融资行为、创新创业行为等产生了显著影响。从农村家庭消费水平及结构来看，通过对农村家庭的信用评级，金融机构能够更准确地评估农户的信用风险，进而决定是否为其提供贷款及提供多少信用额度。也有研究表明，提高信用评级能够显著提升农户的消费水平。农户在获得更多的信贷支持后，能够满足生活中对消费品的需求，尤其是在住房、家电等大宗消费品方面的支出显著增加（张宁、吴依含，2024）。从农村家庭融资行为来看，农户信用评级有助于缓解供给型和需求型信贷配给问题（张三峰等，2013）。数字信用平台通过提升贷款质量、降低利率和延长贷款期限促进融资可得性提升，但也存在"嫌贫爱富"和"风险规避"偏好（李善民、宁满秀，2024）。从农村家庭的创新创业行为来看，相关研究表明，信用评级通过改善信用环境、公开失信信息，有效缓解了信息不对称，增加了农户获得非正规金融资源的机会，进而提升了其创业概率和身份地位，尤其是在欠发达地区和第二、第三产业创业中的效果更为显著（潘妍、余泳泽，2023）。同时，农业信用担保贷款显著促进了农户的农业创业，特别是在年轻农户和中高学历农户中，农村金融环境的改善进一步提高了其创业积极性（庄腾跃等，2024）。总体上，农村信用评级可以提升信贷可得性，促进消费和创业，缓解信贷配给问题。

2. 信用评级对农村商业银行绩效的影响

现有研究从多个维度探讨了信用评级对农村商业银行绩效的作用，重点分析了数字信用对信贷违约的影响、气候变化对信用风险的传导机制以及农户信用评级对农村商业银行绩效的影响。从数字信用对信贷违约的影响来看，数字信用制度能够有效降低金融机构的信贷违约风险，提高其绩效（孙光林等，2021）。主要表现为：数字信用评分作为一种有效的风控工具，能够帮助商业银行更准确地评估农户的信用风险。由此，银行可以在放贷决策上更加精准，降低信息不对称带来的风险。从气候变化对信用风险的传导机制来看，年均气温的波动对农村金融机构的信用风险水平有显著影响（刘波等，2021）。现实表现为：冬季气温波动的影响最为突出，且气候变化对不同类型银行（如城市商业银行与农村商业银行）的影响程度不同。从农户信用评级对农村商业银行绩效的影响来看，张宁等（2022b）的研究表明，农户信用评级的成效受村两委参与度和评级等级绑定利率优惠等制度设计的影响。村两委的参与提高了信息质量，减少了信息不对称，从而降低了银行的评级成本，并改善了信贷风险控制。绑定利率优惠则不仅促进了农户的融资需求，而且有效降低了贷款利率带来的不良贷款风险，进一步提高了农村商业银行的经营效益。总体来看，数字信用、气候因素和农户信用评级均能够对农村商业银行绩效产生影响，表明农村商业银行不仅需要提升风险管理能力，而且要在降低银行运营成本、提高贷款质量上持续发力。

3. 信用评级对农村共同富裕的影响

农村信用评级不仅在促进农户融资、提升农民收入方面具有显著作用，而且对缩小收入差距、促进共同富裕产生了深远影响。现有研究从农户信用评级影响机制、数字经济参与、乡村精神文明建设等方面，探讨了信用评级对农村共同富裕的促进作用。

一是农户信用评级影响机制方面。农户信用评级作为金融服务创新的重要内容，已被证明在缩小农村地区收入差距和提供公平金融服务方面起到了积极作用。研究发现，信用评级能够有效缩小农村地区的收入差距，尤其是通过降低信息不对称，帮助低收入农户更便捷地获得金融资源。例如，张宁等（2024）研究发现，信用评级能够有效抑制村庄基尼系数的增加，并推动低收入群体收入的增长。特别是在村两委参与并结合评级等级与利率优惠的制度安排下，信用评级的效果得到显著增强，从而证明了信用评级在促进收入公平分配中的积极作用。

二是数字经济参与方面。随着数字技术的普及，数字经济成为推动农村经济和社会发展的新动力。数字经济参与显著推动了农户收入的增长，并有效缓解了收入不平等。数字经济参与通过促进信息共享、改善信用评级和增强契约意识等渠道，产生了显著的共富效应。以四川省、重庆市和宁夏回族自治区的实证研究为例，数字经济参与能够提高农户的收入水平，同时改善收入分配的不平等问题（苏岚岚等，2024）。特别是在家庭财务决策人具有较高的数字素养，或者村庄劳动力流动较为活跃的情况下，数字经济的影响力更加突出。此类研究表明，数字经济在农户收入提升和收入不平等缓解方面具有不可忽视的作用，且通过优化农户的信用评级和改善其社会地位，进一步推动了共同富裕目标的实现。

三是乡村精神文明建设方面。除了对经济层面的影响，农村信用评级还在提升乡村精神文明水平、促进社会治理方面发挥了积极作用。浙江省衢州市龙游县溪口镇的案例充分展示了信用评级如何与乡村精神文明建设相结合（杨大鹏，2022）。通过"龙游通+信用积分"的创新机制，溪口镇建立了具有乡村特色的信用评价体系，利用信用积分推动村民的文明行为与社会参与。这种将信用评级与行为数据、社会评价等多维度结合的方式，不仅促进了物质财富的积累，而且提高了村民的精神文明水平。

总体上，农户信用评级不仅有助于缩小收入差距，促进低收入群体获取更多金融资源，而且能够通过数字经济参与进一步提升收入水平和缓解收入不平等。同时，信用评级在促进乡村精神文明建设中发挥了重要作用，推动了社会治理和文明行为的养成。

（三）农村信用合作机构研究

农村信用合作机构自成立之初便是中国农村金融体系的中流砥柱，始终肩负着提升农村金融效率的重任。随着中国农村经济的不断发展与深化改革，农村信用合作机构的商业化改革逐步推进，不仅对农民的融资渠道产生了深远影响，而且在一定程度上改变了县域经济结构并缩小了城乡收入差距。

从商业化改革角度看，吴本健等（2022）的研究表明农村信用社的商业化改革对县域内城乡收入差距呈现明显的 U 形影响：初期阶段（改革后的前 5 年），改革有助于缩小城乡收入差距，但在改革逐渐深入后，特别是改革 5 年后，城乡收入差距开始扩大。从金融支农的作用来看，农村信用社转制为农村商业银行后，尤其是在为新型农业经营主体提供融资服务方面，显著提高了其金融支农的水平，但普通农户的融资问题依然未能得到有效解决（马九杰等，2020）。从区域发展角度看，张珩等（2021）的研究表明农村信用合作机构的发展在一定阶段会对县域经济增长产生积极的"赐福"效应，但在某些阶段则可能带来"诅咒"效应。若以其自身能力来看，省联社模式虽然在一定程度上促进了农村信用合作机构信贷规模的扩大，尤其是涉农贷款和小微贷款的投放，但是过度干预了地方农村信用合作机构的运营，限制了地方农村信用合作机构的自主性和灵活性（张正平等，2020）。

（四）基于数字普惠金融的农村信用体系优化研究

数字普惠金融不仅可以提升农村金融服务的可达性和包容性，而且能够促进农村经济的全面发展。现阶段农村金融服务在数字化转型过程中面临一系列挑战，特别是信用体系的建设和优化问题。因此，优化基于数字普惠金融的农村信用体系成为推动乡村振兴、促进金融普惠和实现农村经济持续发展的重要课题。现有对数字普惠金融中农村信用体系的研究主要包括以下内容。

第一，数字普惠金融与农村信用体系的关系。周林洁等（2022）认为农村信用体系作为金融服务的基础，直接影响着金融服务的可持续性和有效性。数字普惠金融为农村信用体系的建设提供了强有力的技术支撑，使得信用评估、信用管理、风险控制等环节得以更加精准和高效的实施。

第二，数字普惠金融发展中农村信用体系面临的挑战与存在的问题。罗剑朝等（2019）的研究认为，尽管数字普惠金融在推动农村信用体系优化方面发挥了积极作用，但在其发展过程中仍面临信用信息的共享与整合问题。

第三，数字普惠金融与农村信用体系协同优化的渠道。张轶（2024）的研究认为，发展数字普惠金融，需要建立统一的农村信用信息平台，推动农村信用信息的数字化和标准化。

二 农村信用制度的相关研究

近年来，随着乡村振兴战略的推进和金融市场的深化改革，农村信用制度的建设进入新的发展阶段。现有研究从多个角度探讨了农村信用制度的演变及其在基层实践中的作用，揭示了信用制度发展过程中政府引导与市场机制协同作用的关键地位，以及互联网金融、区块链等新兴技术在优化农村信用体系中的潜力。

（一）农村信用制度的演变与现状研究

农村信用体系作为中国金融体系的重要组成部分，经历了多个发展阶段，其功能和作用在促进农业发展、乡村振兴和城乡一体化过程中日益凸显。近年来，随着金融市场的深度改革和数字化技术的广泛应用，农村信用体系建设进入新阶段，尤其是乡村振兴战略的实施为其提供了更多的机遇与挑战。现有研究在梳理农村信用制度的演变过程中形成了如下观点。从制度演变过程看，农村信用制度建设可分为萌芽雏形阶段、正式提出阶段、全面实施阶段、振兴发展阶段（周雨，2024）。农村信用制度的特点在于：通过政府引导作用"有形之手"与市场机制自我调节作用"无形之手"的协同配合，能够实现城乡之间以及农业与其他产业之间资金要素的合理配置。这种协同作用不仅有助于促进资源的有效流动和优化配置，而且能够保障农村和农业领域的资金要素自我循环和可持续发展（王怀勇、罗丽琳，2018）。从互联网金融的视角看，农村信用体系具备去中心化、数据驱动、跨平台协同与普惠性等特征，旨在通过打破信息壁垒、依托数字技术和加强信用教育，提升农村金融的普及性与效率（张燕、刘福临，2018）。

（二）农村信用制度在基层的实践研究

农村信用制度在乡村振兴和普惠金融发展中发挥着基础性作用，有助于解决信息不对称、降低融资成本，并推动资源的合理配置，从而促进乡村经济可持续发展。在乡村振兴过程中，信用担保体系建设显得尤为重要。例如，在农地融资试点中，社会关系的作用与关系型融资技术及交易型融资技术的结合，有效缓解了融资中的信息不对称问题（景欣等，2022）。区块链等新兴技术的应用，也有助于优化农地资源与资本的配置，进一步推动乡村产业的复兴（景欣等，2022）。

随着农村金融体制改革的推进，信用体系逐步得到完善。加快信息基础设施建设、优化信用体系，可以为农村地区提供更全面的金融服务，并加速金融科技在乡村振兴中的应用（吴寅恺，2020）。通过建设敏捷型组织、缩小数字鸿沟、培养复合型金融科技人才，可以为农村信用体系提供坚实的技术支撑，为金融科技的可持续发展创造条件（吴寅恺，2020）。这些措施不仅增强了金融机构在农村的服务能力，而且提升了信用透明度，进一步提高了融资效率和信用担保质量。

在"普惠金融+社区治理"模式下，农村信用发挥着重要作用，有效联结了社区与金融机构（周孟亮、李向伟，2022）。金融机构通过与农户的信息共享，能够更精准地识别信用需求，提供定制化的金融服务，从而帮助农户解决融资问题，推动农业与乡村经济发展。社区治理促进了社会成员间的信任与合作，提升了农村信用的稳定性和认可度，为乡村振兴提供了坚实基础（周孟亮、李向伟，2022）。

尽管农村信用体系面临一些挑战，如社会关系的复杂性、权利义务配置不合理、激励机制不完善等（景欣等，2022），但通过政策引导与制度保障，信用体系可以逐步优化。政府与金融机构应共同推动信用体系的规范化，强化担保交易和市场监管，促进信用担保的可持续发展（景欣等，2022）。随着金融科技和数字技术的不断发展，农村信用体系将变得更加高效、透明，为乡村振兴战略和普惠金融的高质量发展提供有力支持（吴寅恺，2020；周孟亮、李向伟，2022）。

三 乡村振兴战略下农村信用发展相关研究

当前，农村信用发展存在诸多挑战，如信用记录缺失、信息不对称以及数字鸿沟等问题，这些问题直接制约了农村金融在乡村振兴中的效果。现有研究着重从以下视角展开。

第一，依托数字金融赋能乡村振兴。在农村地区，信息流通不畅，金融资源匮乏，数字金融通过大数据、人工智能、区块链等技术手段，能够实现精准的信用评估和风险管理。例如，数字支付工具——数字人民币的推出，使得农村居民在没有银行账户的情况下也能享受到便捷的支付和金融服务，进一步缩小了城乡之间的金融鸿沟（刘岳平、文余源，2023）。

第二，农村金融科技与乡村治理的协同发展。乡村振兴不仅仅是经济发展的问题，还涉及社会治理的深度转型。例如，一些地区已开始探索"道德银行"模式，这种模式通过利用乡村社会的内生道德和社会资本，将数字普惠金融嵌入农村的社会信用体系中，激发了乡村社会的内生动力。这一模式不仅促进了金融资源的流动，而且增强了乡村社会的凝聚力和自我治理能力，推动了乡村治理的现代化（陈熹、张立刚，2021）。

第三，依托大数据等技术赋能产业振兴。利用大数据等技术提高信用评估的准确性和实时性，从而降低融资成本和风险，推动资源高效流动。精准的信用数据能够支持产业升级、促进农业现代化和优化产业链协作（朱丽萍等，2022）。

四　农村信用研究评述

现有研究对农村信用发展进行了广泛而深刻的分析，从总结性的角度看，上述研究成果具有如下特征。

（一）研究重点转向数字化与信息技术应用

目前，国内关于农村信用的研究逐渐转向信息技术，特别是数字化工具在提升信用评估效率和普及度方面的应用。研究表明，金融科技、区块链、大数据等技术已经被逐步应用于农村信用体系建设中，通过提高数据的透明度和可验证性，有效弥补农村信用体系的缺陷。例如，许多研究集中探讨了大数据如何改进传统的信用评估方式，以及如何通过数字化手段解决农村地区金融信息不对称和信用缺失的问题。这类研究表现出"科技赋能农村信用体系"的趋势，凸显了数字化工具和金融科技在农村金融领域的重要性。

（二）强调跨学科视角与创新模式

当前研究中的另一个重要特征是跨学科的综合性视角。传统的农村信用研究大多集中在金融学领域，但近年来随着政策研究、社会学、法学等学科的交叉融合，关于农村信用的研究逐渐呈现多学科交织的特点。例如，部分研究结合社会资本理论，探讨农村信用发展中社会信任与金融信任之间的关系，提出通过加强社会资本的积累和维护来促进信用体系的完善。此外，部分学者从法学角度探讨了农村信用体系中的法律保障机制，研究了如何通过立法保障农村地区信用建设的可持续性。

（三）区域性和差异化研究增多

随着对中国城乡发展差异和区域特色的重视，许多研究将重点放在不同区域农村信用体系的差异化建设上。由于中国的区域发展不均衡，不同地区的农村信用问题具有显著差异。许多研究通常通过对不同地区的案例进行分析，探讨区域性政策、地方特色文化和经济条件对农村信用体系建设的影响。这种差异化的研究为因地制宜制定政策提供了宝贵的理论依据。

（四）未来方向聚焦政策支持与制度创新

当前文献中，研究者普遍认为中国农村信用体系建设仍然面临许多挑战，尤其是制度创新和政策支持不足。许多学者指出，当前农村信用体系建设不仅依赖于金融科技的发展，而且需要政策层面的创新和法律的保障。例如，部分研究呼吁加强农村金融立法，明确农村金融服务的法律框架，从而更好地保护金融机构和借款人双方的权益。此外，部分研究还提出，未来应加强政府在农村信用体系建设中的引导作用，特别是在信贷风险管控、农民信用培训和普惠金融等方面的政策支持。

第四节　乡村振兴战略中农村信用的研究设计

本节将简要介绍本书的整体研究思路与内容。一方面，阐明研究思路与前后递进的基本逻辑，用于指引各章节之间的内在关系，确保各部分内容的连贯性和一致性；另一方面，概述研究的主要内容，涵盖农村信用的理论分析、发展历程、定量测度、地方实践及国际经验等方面，确保研究内容的全面性与深入性。总体上，研究思路和主要内容对总体研究起着导向和框架构建的作用，以确保整体内容明确、逻辑清晰。

一　乡村振兴战略中农村信用研究的逻辑主线

基于农村信用在乡村振兴战略中的多重维度，本书围绕概念辨析与功能定位、历史回顾与经验总结、发展水平的定量测度、地方案例实践等内容展开。

第一，概念辨析与功能定位。主要从理论基础上明确农村信用在乡村振兴战略中的核心地位，旨在阐述农村信用的内涵特征、功能与理论逻辑。通过深入分析农村信用、农村信用体系、农村信用制度的概念及其相互关系，揭示这些概念之间的内在联系与差异。从全书结构布局来看，这些内容为后续研究提供了理论框架，明确了农村信用的功能定位，为乡村振兴战略的实施提供了理论指导。

第二，历史回顾与经验总结。主要回顾农村信用的发展历程，从改革开放至今，展示中国农村信用体系的演变过程。通过对不同历史阶段的梳理，可以清晰地探明政策、经济、技术等因素如何推动农村信用体系逐步发展，尤其是在乡村振兴战略提出后，农村信用如何进一步得到重视。

第三，发展水平的定量测度。主要通过构建科学的评价体系，对中国农村信用的发展水平进行定量分析。指标体系的构建涵盖"信用环境、信用体系、信用应用"三个维度，为对比与监测中国各地区农村信用的发展提供了实证依据。

第四，地方案例实践。通过对不同地区的农村信用实践进行案例分析，展示中国各地如何根据当地实际情况推进农村信用体系建设，形成具有地方特色的发展模式。案例分析不仅能够揭示中国在乡村振兴中的成功实践，而且可以为各地改进信用体系提供有益参考。

几大研究内容的相互关系主要体现在以下几个方面。

第一，理论与实践相结合。从对理论的深刻分析（概念辨析与功能定位）到中国本土的历史回顾，再到具体的定量测度，理论与实践相辅相成，确保研究的实用性与可操作性。

第二，定量与定性相结合。通过定量测度分析农村信用的具体数据，同时结合地方案例和国际经验，形成多维度、多层次的研究视角，使得研究成果更加全面且深刻。

第三，地方探索与国际比较。通过对中国不同地区的具体案例进行深入分析，结合国际对比，指出中国农村信用体系的独特性与优势，确保研究成果的本土化与全球化兼顾。

第四，政策建议的精准性。根据定量测度的结果与实际案例的分析，提出有针对性的政策建议，确保农村信用在乡村振兴中的有效支撑与助力。

综合而言，首先，从概念辨析与功能定位角度确立农村信用在乡村振兴中的核心作用，并为后续分析设定研究框架。其次，基于理论分析，细化中国农村信用的发展历程，并将其与乡村振兴的具体实践相结合。通过构建指标体系、进行数据分析，为中国农村信用的现状提供实证数据，并且为政策优化提供数据支持。最后，通过具体的地方实践和国际对比，进一步验证中国农村信用在不同地区的适应性，为国际经验的借鉴提供理论支撑。

二 乡村振兴战略中农村信用研究的核心

本书的研究内容围绕"乡村振兴战略中的农村信用"展开，主要包括以下几个方面。

第一，农村信用的概念辨析与理论逻辑。①农村信用的基本概念与演变。明确农村信用的多重内涵，涵盖农户信用、村庄信用、涉农企业信用等层次，分析其内在特征与现实表征，探讨农村信用的渐进式演变过程，尤其是中国农村信用文化的根源与传统文化对现代信用构建的影响。②农村信用体系与制度的功能定位。进一步明确农村信用体系与农村信用制度的理论逻辑，解释农村信用在推动农村经济、金融和社会治理中的不同功能。探讨三者的联系与区别，理论辨析有助于澄清农村信用的多重维度，并为后续的应用研究提供理论框架。③农村信用的时代价值与应用形式。强调农村信用在乡村振兴中的多重作用，主要表现在促进农村经济高质量发展、推动金融普惠化以及农村文化的繁荣等方面。

第二，农村信用的中国探索与发展回顾。①农村信用的历史回顾与发展阶段判断。系统回顾中国农村信用的发展历史，从改革开放初期的酝酿期，到农村信用体系逐步现代化，再到乡村振兴战略提出后的全面振兴期，揭示农村信用发展的阶段性特征。②农村信用的制度创新与主体探索。研究银行、保险等机构在推动农村信用体系建设中的作用，主要分析农村信用社、农村商业银行、政策性银行等不同金融主体的参与模式，以及新型农业经营主体和地方政府如何通过信用机制助力地方发展。③农村信用的发展模式与现实阻碍。探讨"农户+征信+信贷"模式、"基层治理+信用"模式以及新型农业经营主体的信用体系模式，总结中国农村信用的成功经验，分析面临的主要问题，如信息碎片化、信用标准化障碍、信用主体缺失等，以及这些问题背后的深层次原因。

第三，农村信用发展水平的定量测度与影响因素分析。①农村信用的评价指标体系构建。设计具有针对性的评价指标体系，包含"信用环境、信用体系、信用应用"三大维度，采用科学的指标选择和权重分配，确保评价指标体系的全面性与稳定性。②农村信用的定量测度方法。通过指标归一化、动态演进分析、区域差异分析等方法，对中国农村信用的现状进行定量分析。使用核密度估计法、马尔可夫链等统计方法，揭示中国农村信用发展的区域性差异和动态演进特征。③农村信用的测度结果。结合区域差异性，呈现不同地区农村信用发展的差异化特征，分析究竟哪些因素推动了农村信用的高水平发展。

第四，农村信用助力乡村振兴的典型案例。①地方案例。通过选取不同地区的典型案例，探讨农村信用如何在各地推动产业振兴、社会治理、生态发展等方面取得实效。例如，分析江苏省、浙江省、河北省、山西省、湖北省等地的信用模式创新与实践，展示信用机制如何助力乡村全面振兴。②特色模式与创新路径。重点探讨各地在推进农村信用发展过程中形成的特色模式，如"信用+N"模式、"三农"高质量发展的信用数据平台等，展示农村信用与其他因素的有机结合。

第五，国际对比与经验借鉴。①发达国家案例。通过比较美国、德国、法国、日本、韩国等发达国家的农村信用体系，揭示其各自的优势与不足，为中国的农村信用体系建设提供参考。重点研究发达国家在法律体系构建、信用数据保护、市场机制建设等方面的成功经验。②发展中国家案例。探讨印度等发展中国家的农村信用发展模式，重点关注发展中国家如何通过农村信用服务贫困地区，促进农业产量、农民收入提升，及其与中国乡村振兴战略的联系与借鉴之处。③国际经验对中国的借鉴意义。提炼国外经验对中国农村信用发展的启示，特别是在法律制度保障、农民增收、信用市场建设等方面。

第六，研究结论与政策建议。①研究结论。总结中国农村信用发展对乡村振兴战略的支撑作用，指出中国在推动农村信用发展过程中取得的成效与存在的不足，特别是在数字化转型、地方差异化发展等方面的表现。②政策建议。提出具体政策建议，涵盖数字化转型、精准化融资、普惠性共富、差异化发展等方面，并提出通过创新农村信用制度、加强信用数据共享与平台建设、完善信用法律体系等举措，进一步提升农村信用对乡村振兴的助力作用。

第二章

乡村振兴战略中农村信用的
概念内涵与理论逻辑

在乡村振兴战略的实施过程中，农村信用作为推动农村经济发展、促进金融普惠化和社会治理创新的关键因素，逐渐成为学术研究和政策实践关注的重点。理解农村信用的概念内涵和理论逻辑，不仅是全面理解乡村振兴战略中农村信用的理论基础，而且是构建和完善农村信用体系的前提。本章通过系统梳理农村信用涉及的多重概念，明确其内涵特征与主要形式，以及所需理论基础与分析逻辑。

第一节　乡村振兴战略中农村信用的基本概念

明确乡村振兴战略中农村信用的基本概念，尤其是农村信用、农村信用体系、农村信用制度三者的区别与联系，具有基础性的"锚定"作用。本节为整体研究构建了概念的底层逻辑，提供了清晰的概念判断，使得后续的分析和论述更加系统和条理化。厘清三者的内涵与相互关系，能够为后续章节对农村信用发展历程、实践模式、定量分析等内容的展开提供必要的理论支撑。

一　农村信用的基本内涵

农村信用是农村信用体系和农村信用制度的基石，是推动信用体系建设和完善的核心力量。其概念内涵既包括农户、村庄和涉农企业的信用，又与社会治理、金融发展、乡村振兴紧密联系。

（一）农户信用的内涵特征、现实表征与生发逻辑

1. 农户信用的内涵特征

农户信用是指县域农村社会信用体系建设管理部门对农户建档评价，并以此为依据对信用良好的农户进行授信。农户信用建档评价通常由当地政府联合中国人民银行地方支行、地方农村金融机构等部门实施，旨在解决农户在缺少资金和抵押物的情况下难以获得贷款的问题。地方社会信用体系建设管理部门首先对区域内农户进行建档，根据当地情况，信用档案一般涵盖农户基本信息、生产经营状况、收入来源构成、资产负债情况、道德品质、资金需求、还贷能力等。在此基础上，地方社会信用体系建设管理部门按照一定标准确定农户信用等级，并对信用等级达到一定水平的农户授予信用户称号和牌照，信用户可在当地指定金融机构获得便捷优惠的借贷服务。

农户信用评级一般由县（区）政府及中国人民银行分支机构主导成立专门的信用等级评价工作小组负责实施。农户信用等级评价工作小组采用规范程序和方法，对农户、农民专业合作社、农村企业等主体的收入来源、住房物权、林权、土地数量、种植养殖数量、贷款情况、担保情况、其他资产负债情况等主要指标要素信息进行收集，对主体履约能力和整体信用状况进行调查、分析和测评，确定相应信用等级。不同地区的信用等级设置有所不同，一般采用 AAA～D 级体系表示评价对象的信用风险等级。

2. 农户信用的现实表征

在全面推进乡村振兴战略的背景下，农户信用体系的建立和发展

不仅是我国农村地区经济社会发展的内在要求，而且是全面建设社会主义现代化国家进程中国家现代化治理体系的重要组成部分。它不仅解决了农村金融市场的瓶颈问题，提高了社会治理效能，而且促进了新型农业经营主体的成长，并推动了农村法治化进程。建立完善的农户信用体系是全面推进乡村振兴战略的关键一环。具体来说，农户信用的现实表征主要体现在以下几个方面。

第一，农户信用体系为农村金融市场的健康发展提供了重要支撑。长期以来，由于缺乏有效的抵押物和担保机制，我国农户一直存在融资难、融资贵问题，进一步限制了农村地区的经济发展。在完善的农户信用体系下，信用评价良好的农户可以较为容易地获得银行贷款，这不仅促进了农业生产的资金投入，从长远来看也推动了农村经济的整体发展。

第二，农户信用体系在提升农村社会治理水平方面发挥着至关重要的作用。农户信用档案作为全面记录农户基本信息、生产经营状况及道德品质等多维度信息的载体，为乡村治理与公共决策提供了不可或缺的数据支撑。在实际操作中，地方政府在筛选扶贫项目受益对象时，可以依据农户的信用等级进行科学合理的排序，从而确保扶贫资源能够精准投放，有效提高资源的使用效率与扶贫成效。更为重要的是，农户信用体系的构建与完善过程，实质上也是培育与优化乡村信用环境的过程。一个健康、良好的信用环境，能够显著促进邻里间的和谐共处，增强社区的凝聚力与向心力，为构建稳定有序的社会秩序奠定坚实基础。农户在信用体系的约束与激励下，会更加注重自身信誉的维护，从而形成"守信光荣、失信可耻"的社会风尚，对推动农村社会治理体系的现代化具有重要意义。

第三，农户信用体系对培育新型农业经营主体具有重要意义。随着现代农业的发展，越来越多的年轻人选择返乡创业或回乡从事规模化种植养殖产业。然而，他们在创业初期往往面临资金短缺问题，完善的农户信用体系可以为这些乡村振兴新兴力量提供更为便捷的资金支持，最大限度地激发这类主体的创业热情，进而带动整个区域产业的发展。同时，这也为传统小农向现代农业转型提供了条件。

第四，农户信用体系还承担着推进农村法治建设的功能。健全的信用体系将督促所有参与者遵守一定的规则与标准，相关主体一旦出现违约行为将受到失信惩戒。信用奖惩机制不仅增强了人们的守法守规意识，而且有利于形成诚信守法风尚，为推动乡村振兴营造公平公正的社会发展环境。

3. 农户信用的生发逻辑

农户信用的生发植根于我国全面建设社会主义现代化国家背景下农村经济社会的深层发展与变迁中，是政策引导、市场需求、技术进步与社会文化多重因素交互作用的结果。

在政策层面，乡村振兴战略的实施为农户信用体系建设提供了政策支持。政府通过出台相关政策，鼓励金融机构加大对农村地区的信贷投放，通过金融手段激活农村经济活力，促进农民增收致富。健全的农户信用评价体系是信贷授信的前置条件和依托，但从生发逻辑上分析，政策导向作用激发了各方参与农户信用体系建设的积极性，为农户信用制度的建立奠定了基础。

市场需求是推动农户信用体系建立与完善的内在动力。随着农村经济的快速发展，农户对资金的需求日益旺盛，传统的金融服务模式难以满足农户的信贷需求，农户信用体系为金融机构提供了农户授信和风险评估的依据，同时为农户提供了资金获取渠道，满足了借贷双方需求，促进了农村金融市场的发展。

数字信息技术的快速发展为农户信用体系建设提供了技术基础。大数据、云计算、区块链等技术应用降低了信用评估成本，使农户信用信息收集、处理、分析和应用更加精准高效。信息技术的融合应用助力农户信用应用更加智能、便捷，激发了农户参与信用建设的积极性。

此外，诚信文化对农户信用的生发具有深远影响。在中国传统文化和农耕文明社会中，"诚信"被视为立身之本，诚信价值观念深深扎根于农村地区。农户信用管理体现了对我国传统诚信文化的现代传承与创新，通过信用评价奖惩，农户的诚信行为得到认可与奖励，不诚信行为受到惩罚，这种信用激励机制深化了乡村社会诚信文化，为推动乡村振兴向纵深发展提供了文化动力源泉。

（二）村庄信用的内涵特征、现实表征与生发逻辑

1. 村庄信用的内涵特征

村庄信用是指按照县域农村社会信用体系建设管理部门评价标准，对辖区内的行政村进行评价认定，并将认定结果用于农村信用体系进行信用管理。信用村的评定工作一般分为五步：一是参评村提出评定申请并填写评定申请表，填报基本信息，当地信用、借贷、经济发展情况，以及信用环境发展规划；二是乡（镇）级工作领导小组对申报材料进行审核；三是乡（镇）级工作领导小组推荐符合认定标准的村，由县（区）级工作领导小组予以审核认定；四是对拟获得"信用村"称号的农村村庄情况进行公示；五是对公示无误的行政村颁发证书和授牌。对于不符合条件的信用村，认定机构会随时摘牌。

各地信用村的评定标准存在一定差异，一般情况下，各地的信用村认定均对村领导班子结构和工作能力、经济和金融发展水平、社会风气、信用户或信用组占比、金融机构贷款质量等指标做出要求。截至 2023 年底，我国各地对获得"信用村"称号的农村已逐步建立联合激励机制。相较于其他行政村，信用村辖区内的农户、企业或其他组织的金融服务准入门槛更低，贷款额度更大，利率更优惠，信贷资源投放的优先级更高，且获取专业金融服务、优质信贷及各类公共资源更便捷。

2. 村庄信用的现实表征

村庄信用作为乡村振兴战略下农村信用体系建设的关键一环，是

农村经济社会发展新面貌的直接反映，其运行机制在促进乡村治理现代化、优化资源配置、激发内生动力方面具有重要的衔接作用。

一是信用环境优化与乡村治理效能提升。信用村建设促进了乡村治理结构的优化，推动形成政府引导、村民自治、社会参与的多元共治格局。村庄信用评价是衡量村庄治理水平并引导治理方向的重要标尺，这一工作的实施促使村领导班子注重诚信建设，有助于形成公开透明的决策过程和公正的执行机制，强化了村民对村级事务管理的信任和支持，推动了基层民主的发展。同时，村庄信用体系建设还能有效化解乡村矛盾和纠纷，降低社会治理成本，提升乡村治理整体效能。

二是金融服务可及性与便捷性增强。在村庄信用体系常态运转条件下，信用村农户及企业能够享受到更为便捷的金融服务，直接体现为贷款审批流程简化、额度提升以及利率优惠等方面。金融机构则可以基于乡村、农户信用的评价结果，向信用良好的村庄倾斜资源，不仅解决了乡村融资难、融资贵问题，而且促进了乡村金融产品创新和服务模式下沉升级。当前农村地区的小额信贷、农业保险等金融产品都有赖于村庄信用体系建设这一基础设施。

三是经济发展活力增强与产业升级。从经济层面来看，村庄信用的现实表征体现在农村信用环境的优化上，村庄信用工作的实施将激发乡村经济内在活力，推动村级农业产业升级。信用村建设极大地提升了农村金融市场的活跃度，促进了信贷资源的有效配置，金融机构倾向于向信用良好的村庄投放贷款，信用村内的农户和企业在同等条件下能够享受到更为便捷的金融服务和更为优惠的贷款条件，这不仅降低了农户和企业的融资成本，而且激发了农村经济的活力。同时，信用村往往能够吸引更多投资，促进特色农业、乡村旅游、农村电商等新兴业态发展，带动村民增收致富。

四是社会风气改善与文明乡风建设。村庄信用体系建设过程也是乡风文明重塑过程。村民在参与信用奖惩、树立诚信典型、开展信用教育等活动中，诚信意识和法律意识得到提升，村庄内形成欺诈、违约等失信行为处处受限局面，营造了诚实守信的乡村社会氛围。从长远来看，这种双向激励机制促进了乡村社会和谐稳定，为乡村振兴战略的平稳实施奠定了坚实的社会基础。

3. 村庄信用的生发逻辑

村庄信用体系建设背后有着深刻的经济社会背景和政策导向因素。

第一，从宏观层面看，随着我国城镇化进程的加速推进，大量农村劳动力向城市转移，导致农业生产方式发生深刻变化。国家由此提出了一系列促进农业农村现代化的战略举措，其中农村金融服务体系建设是重要一环。村庄信用体系作为金融体系中的关键环节，是政策实施的重要载体，建立健全村庄信用评价机制，可以有效缓解信息不对称问题，降低金融机构风险感知度，为更多农户提供信贷服务。

第二，从微观层面看，个体农户或农村企业在面对市场竞争时往往处于弱势地位。尤其是在获取外部资金支持方面，由于缺乏有效的抵押品和可靠的还款保障，很多有潜力但缺乏启动资金的农村经济主体难以实现发展。村庄信用体系可以将单个农户或企业的信用状况与其所在村庄的整体信用水平结合起来考量，从而增加了获得贷款的机会，提高了授信额度。此外，村庄信用体系也为乡村基层治理提供了有效机制，信用奖励可以激励农民提高自身素质和管理水平，以获得更高的信用评级，享受更优惠的贷款条件。

第三，技术进步为村庄信用体系建设提供了有力支持。近年来，大数据、云计算等信息技术发展使得相关机构能够更加高效、准确地收集并应用各种乡村数据。例如，利用大数据分析工具可以从海量数据中提取反映村庄信用状况的关键指标，如经济活力指数、社会治安水平等，为决策者提供直观参考。

第四，顶层设计是村庄信用体系建立并运行的前导。近年来，中央与地方政府相继出台了一系列政策文件，明确了村庄信用体系建设的目标任务和具体措施。2021年2月发布的《中共中央　国务院关于全面推进乡村振兴加快农业农村现代化的意见》明确提出要建成"比较完善的新型农业经营主体信用体系"[1]，为各地实践探索指明了方向。同时，各地也在积极探索适合实际的村庄信用管理模式，形成了多种可复制推广的经验做法，如通过引入第三方专业机构参与信用评价模式，以及基层党组织引领和党员带头示范模式等推动村庄信用体系建设。

（三）涉农企业信用的内涵特征、现实表征与生发逻辑

1. 涉农企业信用的内涵特征

涉农企业信用管理是农村社会信用体系的重要组成部分，是指在实施乡村振兴战略的大背景下，依据特定的信用评价标准，对从事农业生产、加工、销售及相关服务活动的企业进行信用评估与认定的过程。涉农企业信用评价标准除了考量企业主体的经济行为、财务状况、合同履行能力等传统信用指标外，还重点评估企业对农村经济贡献度、农村经济带动作用、农村生态环境保护与社会责任履行等特定维度。涉农企业信用管理不仅关乎企业自身发展，还能起到联结农户、金融机构、消费者及政府等多方主体信用关系的桥梁作用。高信用等级企业更易获得金融支持，降低交易成本。同时，高信用等级企业还能促进农业产业链上下游紧密融合，带动乡村产业升级和农民增收。涉农企业信用管理是农村信用体系建设的关键一环。

2. 涉农企业信用的现实表征

涉农企业是全面推进乡村振兴战略的重要市场主体，涉农企业信用的现实表征主要体现在以下几个方面。

第一，助力融资便利与资本聚集。高信用等级的涉农企业在申请贷款、发行债券等融资活动中享有显著优势，金融机构更愿意为这些企业

---

[1]　该文件除了提出建成"比较完善的新型农业经营主体信用体系"外，还专门提及农村信用问题，包括开展生产、供销、信用"三位一体"综合合作试点等内容，以及农村信用合作社等具体工作安排。

提供资金支持，且利率更低、条件更宽松。涉农企业信用体系不仅解决了企业发展的资金瓶颈问题，而且促进了社会资本向农业农村领域流动，助力推进乡村现代化进程。

第二，提升品牌影响力与市场拓展度。信用良好的涉农企业在消费者心中树立起可信赖的品牌形象，有助于涉农产品销售和市场拓展。特别是在当前数字平台、跨境电商等新兴消费场景中，信用是消费者选择产品和品牌的重要考量因素，涉农企业信用体系建设可以促进农业产业品牌化、质量标准化进程。

第三，增强企业社会责任感与可持续发展动力。涉农企业信用评价指标包括企业的社会责任履行情况，促使涉农企业在追求经济效益的同时履行环境保护、吸纳就业、乡村发展等社会责任。同时，信用激励机制也倾向于引导企业进行技术创新和绿色投入，信用等级较高的企业更容易获得政府项目支持、税收优惠等政策红利，推动农业产业向高端化、绿色化转型，促进乡村社会的可持续发展。

3. 涉农企业信用的生发逻辑

涉农企业信用内涵特征丰富、现实表征多样、生发逻辑复杂，是政策、市场、技术、文化等多重因素共同作用的结果。

首先，涉农企业信用体系建设是全面推进乡村振兴战略政策引导与制度规范的结果。政府通过制定涉农企业信用评价政策、建立信用信息共享平台、实施守信联合激励和失信联合惩戒机制，为涉农企业信用体系建设提供了政策导向，促使企业重视信用管理，规范自身行为，提升信用水平。

其次，涉农企业信用体系建设是市场需求与竞争驱动双重动力作用的结果。高质量发展阶段，随着消费者对农产品品质、安全、环保要求的提高，信用成为企业赢得市场、塑造品牌的关键要素，信用体系建设推动企业不断自我完善，提高产品和服务质量。

最后，涉农企业信用体系建设是技术发展与数字社会大数据治理共同作用的结果。现代信息技术，特别是大数据、人工智能、区块链等，为涉农企业信用管理提供了强大工具，通过数据收集、分析、共享，可以实现对企业的全方位、动态信用评估，提高信用评价的准确性和效率，同时也为涉农企业提供了信用自我监测和优化的手段。

（四）农村信用的渐进式演进及诚信文化的形成逻辑

农村信用的渐进式演进过程实质上是一个从个体信用到社群信用，再到组织信用建设的不断扩展与深化的过程，这一过程伴随诚信文化的形成与强化。

农户信用是农村信用的基础。在传统农业社会，农户之间的信用关系主要依赖地缘、血缘等非正式制度。随着农村经济的发展和现代市场机制的引入，农户信用逐渐朝市场化、规范化方向转变。初期，农户信用主要表现为简单的借贷关系，如邻里间的临时资金拆借。这种信用形式较为初级，主要依赖农户中熟人间的相互信任关系（章政、张丽丽，2019）。随着农业产业化进程的加快，农户对资金的需求日益增长，农村信用社等金融机构逐渐介入并提供金融服务。在这一过程中，农户信用逐渐从非正式制度向正式制度转变，信用记录、信用评级等市场化手段开始发挥作用。在农户信用的渐进式发展中，政府发挥了至关重要的作用。通过制定相关法律法规、提供政策支持、推动农村信用体系建设等措施，政府为农户信用的发展创造了良好的外部环境。同时，政府还通过宣传教育、示范引领等方式，提升了农户的信用意识，推动了乡村诚信文化的形成。

村庄信用是农村信用的重要组成部分，它超越了单一农户的信用范畴，体现了整个村庄集体的信用水平。村庄信用的构建不仅关乎乡村经济与金融交易的顺畅开展，而且是乡村社会治理效能的整体体现。信用体系建立之初，乡村信任关系往往通过村干部威望和村规民约的自觉遵守来维系。在乡村经济社会稳步发展的背景下，村民的文明素养与自我管理能力显著提升，这一进程促进了村庄信用作为一种集体行动的结果而出现。村民不再是制度的被动接受者，他们积极投身于村规民约共创、信用体系建设的实践中。这一集体行动不仅加深了村民间的信任关系，而且为村庄对外融资奠定了信誉基石，使得金融机构和其他外部实体信任并支持村庄的发展。从更深层次看，村庄信用的培育成为推动乡村社会治理创新的关键驱动力，农村基层管理组织巧妙地将信用管理融入日常治理之中，以此为抓手有效调解邻里纠纷，平衡各方利益，极大地提高了治理效能，实现了从"管理"到多方参与的"乡村治理"的跃迁。这一过程不仅重塑了乡村社会信任结构，还展现出乡村社会自我更新、自我发展的蓬勃生命力。

涉农企业作为农村经济的重要主体，其组织信用在整个农村信用发展过程中起着引领作用。涉农企业信用提升不仅有助于降低乡村振兴的交易成本，而且能够带动农业产业链的健康发展。涉农企业信用的建立和发展是政府、企业、金融机构多方发力的结果。在这一过程中，各级政府加大对涉农企业政策的支持引导力度，是企业信用信息共享应用、信用奖惩制度实现的直接推动者；企业积极树立诚信理念，完善内部管理制度，提高自身的信用水平；金融机构则不断加强对涉农企业的信用评估与风险管理，为企业提供多种金融服务。

在农村信用发展过程中，诚信文化作为农村信用的精神内核，其形成逻辑可概括为以下几个方面。

一是价值引领。我国传统农耕文明发展中儒家文化的"诚""信"观念是乡村诚信文化形成的文化土壤。在现代社会，通过市场经济制度、教育引导和媒体宣传等手段，构建与现代市场经济相符合的信用制度，而农村信用正是基于传统美德与现代农村发展需求相结合而建立的。现代乡村诚信文化的形成需要新时代现代化建设实践的熏陶和教育引导，通过开展诚信教育活动，普及信用知识，提升农民和企业的信用意识。同时，挖掘和弘扬传统美德中的诚信元素，如"言必信，行必果"等，使诚信成为人们内心深处的价值追求。

二是制度保障。农村信用的建立与诚信文化的形成离不开完善的制度设计，建立健全农村信用法律制度，明确信用信息的采集、使用与保护规则，为诚信行为提供法律支撑，同时对失信行为进行有效惩戒，维护信用市场的公平与秩序，为乡村诚信文化的形成提供制度依托与规范指引，引导农民和企业自觉遵守规则，树立诚信意识。

三是激励驱动。通过信用奖惩机制，让守信者得到实惠、失信者付出代价，形成"守信光荣、失信可耻"的乡村诚信文化社会环境和氛围，这种信用激励驱动下以收益为导向的机制是诚信文化持续发展的动力。

四是社会参与。建立覆盖农户、村庄、企业等多主体参与的农村信用，通过信用合作、信用监督等方式，增强社会成员间的相互信任与协作，是促进诚信文化广泛传播与深入人心的必要条件。同时，鼓励群众参与信用监督，通过行业协会、合作社等组织，加强行业自律，促进企业间的相互监督和自我约束，也是形成诚信文化、促使全社会共同维护诚信的重要工作。

总之，农村信用的渐进式演进及诚信文化的形成是一个系统且复杂的工程，它不仅涉及经济、社会、文化等多个领域，而且需要政府、市场和社会各界的共同努力，是通过不断完善制度设计、加强宣传教育、强化社会监督、利用现代技术手段以及多方协同合作逐步构建的过程。随着相关政策措施的不断完善和技术水平的日益提高，农村信用将在更大范围内发挥作用，助力农村经济社会高质量发展。

二　农村信用体系的基本内涵

农村信用体系是为农村各类主体开展信用服务的系统，具体包括农村信用的管理、评估和运作方式，同时也是农村信用制度执行和实施的框架，其功能包括推动产业升级、提升社会治理能力、助力城乡融合发展，并通过数字技术、信用文化建设等创新支持乡村振兴。

（一）农村信用体系的概念界定

农村信用体系是社会信用体系的重要组成部分，体现在可观察到的制度框架与运行机制实体中。农村信用体系是一套完整的信用管理机制，从狭义上看，农村信用体系是指通过为农户建立信用档案，采集农户的相关信用信息，为金融机构刻画较为全面的农户信用画像，从而破解银农信息不对称问题，避免道德风险事件发生，是涉农金融机构有针对性地开发涉农产品和服务、提升农村地区融资效率的基础性制度。

农村信用体系建设主要依托中国人民银行农村金融信贷工作开展，是支持服务"三农"工作的重要力量。与城市信用体系侧重于管理属性相比，农村信用体系实践主要集中于金融信贷领域，侧重于以金融促进"三农"发展的经济属性。具体来说，各地（主要为县域）农村信用工作主要依托中国人民银行农户征信系统运行，各地区农村金融机构与县域政府机构合作，按照一定的信用评价标准对农户、农民专业合作社、农村企业等农村经济主体进行评价，按照评价结果向农户等主体提供信贷服务。此外，农村信用体系建设还包括"信用户""信用村""信用乡（镇）"的建设工作。

农村信用体系建设主要包括建立域内共享的涉农信用信息数据库、构建新型农业经营主体信用体系，以及支持新型农业经营主体、农村新产业新业态和农户的信用贷款等内容。农村信用体系建设模式主要分为政府主导型、金融主体主导型和市场机构主导型三种。农村信用体系主要由中国人民银行、国家金融监督管理总局（原中国银保监会）、农业农村部协调推进建设，重点在"普惠金融""农业监管""乡村治理"等领域发挥作用。在"普惠金融"领域形成一批"信用户""信用村""信用乡（镇）"，建立面向农户的信用档案机制；在"农业监管"领域形成农产品和农资质量安全信用监管机制；在"乡村治理"领域形成"信用+农村基层党建+信用积分"等举措。

（二）农村信用体系的构成要素

农村信用体系作为社会信用体系的重要组成部分，其构建与完善是推动农村经济社会发展、提升金融服务"三农"效率的关键。基于前文对相关基本概念的界定，本小节将深入探讨农村信用体系的构成要素，以揭示其内在结构与运行机制，为农村信用体系的构建与优化提供理论支撑。

一是构建信用信息基础平台，实现信用信息的采集与共享。信用信息采集是农村信用体系建设的基础环节，各类信用信息的全面、准确与及时采集是农村信用体系建设的基石，具体涉及农户、农民专业合作社、农村企业等农村经济主体的基本信息、经营状况、财务记录、信贷历史、社会责任履行情况等多维度数据。[1]信用信息采集一般依托农户征信系统或农村信用信息数据库[2]等，以确保信用数据的真实性、完整性及数据管理的合法性。信用信息共享则需要政府、金融机构、社会组织等多方主体在合法合规的前提下，打破信息孤岛，实现信息互联互通，为信用评价与信用管理提供数据支撑。

二是建立合理的信用评价标准，突出科学性与公正性评价目标。信用评价是农村信用体系建设的核心环节，科学性体现在评价指标的选取应全面反映农村经济主体的信用状况，包括经济能力、履约记录、社会声誉等多个方面，且指标权重应基于数据分析科学合理设定；公正性则要求评价标准统一、透明，评价过程公开，避免主观臆断与利益偏见，确保评价结果的客观性与公信力。此外，信用评价还需考虑农村经

---

[1] 从各地实践情况来看，农村信用体系建设中所采集的信用数据一般包括农户的基本信息（如姓名、身份证号、联系方式等）、生产经营情况（如种植面积、养殖数量、收入来源等）、财务状况（如资产、负债、收入支出等）、道德品质（如遵纪守法记录、诚信行为等）以及信贷历史（如贷款金额、还款记录等）。此外，还包括农民加入专业合作社、农村企业等的相关信息，以便进行全方位的信用评估。

[2] 征信系统一般依托中国人民银行体系构建，农村信用信息数据库则大多基于国家改革信用信息框架和思路构建。

济的特殊性，如农业生产周期长、自然风险大等特点，制定差异化的评价标准，以适应农村经济主体的实际需求。

三是建立信用服务供给体系，实现信用产品多元化与精准化。农村信用体系建设的核心作用是提升金融服务"三农"的效率与覆盖率。因此，信用服务的供给需要实现多元化与精准化的融合。多元化体现在服务类型覆盖面广，包括农户信用贷款、新型农业经营主体信用贷、农业产业链金融、信用保险等多种金融产品与服务，以满足不同经济主体的多样化需求；精准化则要求根据信用评价结果，为农村经济主体提供个性化的金融服务方案，如为信用等级较高的农户提供更低利率的贷款、更灵活的还款方式等，实现金融资源的精准配置。

四是构建信用监管与激励机制，实现农村信用生态的闭环管理。有效的信用监管与激励机制是农村信用持续健康发展的关键。除了服务农村金融体系，农村信用体系在服务信用监管和信用治理中将发挥重要作用。因此，需要建立健全信用法律法规体系，明确信用信息的采集、使用、保护规则，以及对失信行为的惩戒措施等。同时，应建立政府、金融机构、社会组织等多方主体参与的协同监管机制，形成监管合力。在信用联合激励方面，应通过建立信用奖惩机制，对守信者给予政策扶持、金融优惠、社会荣誉等正向激励，对失信者实施联合惩戒，形成"守信处处受益、失信寸步难行"的社会氛围，促进信用生态的良性循环。

五是推进信用文化建设，着力实现传统与现代的融合。信用文化是农村信用体系的灵魂，它植根于农村社会土壤中，又与现代市场经济理念深度融合。传统上，农村地区重视诚信、互助的价值观。在乡村现代化建设过程中，应通过教育引导、媒体宣传、文化活动等多种方式，弘扬五千年农耕文明中的诚信文化，同时提升现代农村经济主体的市场信用意识与信用管理能力。此外，还应鼓励农村经济主体参与信用体系建设，如参与信用评价指标体系构建、进行信用行为监督等，推动形成信用文化建设的广泛社会基础。

六是加强数字技术与平台应用，助力农村信用实现数字化转型。随着数字技术的快速发展，农村信用体系建设正迎来数字化转型新机遇。大数据、云计算、人工智能等技术可以大幅提升信用信息的采集、处理、分析能力，实现信用评价的智能化、精准化。同时，整合各方资源，构建统一的农村信用信息平台，是提供"一站式"信用服务、提升农村信用体系运行效率的重要途径。此外，数字技术确保了信用信息的不可篡改性，从而有效降低了信用风险，提高了信用体系的可信度与安全性。

农村信用体系的构成要素之间相互关联、相互作用，共同构成复杂有序的信用生态。应加强政策引导与技术创新，持续优化这些要素，推动农村信用体系朝更加完善、高效的方向发展。

（三）农村信用体系的功能和价值

农村信用体系作为社会信用体系的重要组成部分，在金融信贷、经济发展、社会治理等多领域展现出其功能和价值。

1. 破解融资难题，促进农村地区金融资源优化配置和金融市场健康发展

农村信用体系通过采集全方位信息、建立农户信用档案，帮助金融机构刻画较为全面的信用画像，有效地缓解了金融机构与农村经济主体之间的信息不对称问题，降低了金融交易成本与风险。这不仅打破了银农之间的信息壁垒，而且有助于金融机构基于信用评价结果，精准识别潜在客户的信用状况与还款能力，特别是信用良好但缺乏传统抵押物的农户与小微企业，实现金融资源更多流向农村地区。

在深化农村金融改革与促进乡村振兴的背景下，农村信用体系构建了一个至关重要的框架，它不仅是对传统金融服务的补充，更是推动农村经济转型升级的新引擎。农村信用体系通过对农户、农民专业合作社及农村企业等微观经济主体实施全面而细致的信用评估，实质上建立了一种正向激励机制，信用评级较高的主体凭借其良好的信用记录，能够更加顺畅地进入金融市场，享受到成本较低的信贷资源。这一机制有效引导了金融资源向信用优质领域流动，提升了资金分配的科学性与效率。进一步而言，农村信用体系的持续优化与升级，为金融机构创新金融服务提供了土壤。金融机构可以依托信用评价体系探索和开发一系列贴合农村经济特点的金融创新产品。此外，农村信用体系的深化应用还激发了金融市场的多元化发展趋势。一方面，它促使金融机构更加关注农村市场的细分需求，推动金融服务的差异化与个性化；另一方面，它为非银行金融机构、社会资本等多元化金融主体参与农村金融市场创造了条件，促进了金融资源的广泛动员与有效配置。

更进一步，农村信用体系中的信用监管与激励机制增强了农村经济主体的信用意识与风险防控能力。一方面，信用评价结果的公开与透明使得农村经济主体在追求自身利益的同时，不得不考虑自身的信用记录与长远利益，从而自觉规范经济行为，降低违约风险。另一方面，对失信行为的联合惩戒机制有效遏制了恶意逃债、欺诈等不良行为的发生，维护了农村市场的健康秩序。

2. 促进产业升级，推动农村经济高质量发展

农村信用体系为农村经济结构优化与产业升级提供了有力支撑。通过信用评价与服务供给的精准对接，农村经济主体能够获得与其信用状况相匹配的金融资源，支持其进行设备升级、市场拓展等，从而提升农业生产效率与产品附加值，推动农村产业朝现代化、集约化方向发展。此外，农村信用体系还促进了农业产业链的整合与延伸，通过供应链金融等创新模式，加强了农户、农民专业合作社、农村企业等经济主体之间的合作协同，形成了利益共享、风险共担的产业生态，推动了农村经济高质量发展。为了促进家庭农场、农民专业合作社等新型农业经营主体的健康发展，农村信用体系构建了一套有针对性的信用评价机制与激励策略，鼓励这些新型农业经营主体提升自身的信用水平和管

理效能，同时还建立了更为灵活的信用评估标准，为其提供获取金融资源的便捷通道。在此基础上，金融机构得以依据新型农业经营主体的信用状况，为其提供更加优惠、更具适应性的贷款方案，从而有效降低了融资成本，极大地激发了农村经济的内生活力与潜力。进一步地，农村信用体系在促进传统农业转型升级的同时，也为农村新兴产业的蓬勃发展注入了金融动能。在农村信用体系的支持下，乡村旅游、休闲农业、农村电商等多元化新业态得以通过信用贷款迅速筹集到初创或扩张所需的资金，丰富了农村经济的产业结构，拓宽了农民增收的渠道。

3. 优化社会治理机制，提升农村社会治理水平

农村信用体系不仅是经济领域的创新，更是社会治理现代化的重要组成部分。通过将信用理念融入乡村治理，形成了"信用+党建""信用+积分管理"等创新模式，激发了村民参与公共事务的积极性与主动性，提升了乡村治理的效能与水平。同时，农村信用体系建设为农村地区基层社会治理提供了科学依据和平台机制。依据信用评价结果，政府可以更好地了解农村地区经济社会发展的实际情况，制定具有针对性的政策措施。将农村信用体系应用到农产品质量安全监管、环境保护等领域中，与其他社会治理机制相结合，能够形成多维度的治理网络。信用评价结果的广泛应用，如在选举、评优、项目申报等方面的参考，提高了乡村治理的公正性与透明度，促进了社会的和谐与稳定。此外，农村信用体系建设还促进了乡村文化的重塑，通过广泛的宣传教育和实际操作，逐步形成了以诚信为基础的社会文化。

4. 促进城乡融合发展，助力乡村振兴战略的实施

农村信用体系的完善，不仅是金融资源向农村倾斜的重要依托，而且是缩小城乡金融鸿沟、推动城乡融合的关键举措。通过精心设计与农村实际需求紧密相连的金融服务产品，农村信用体系显著扩大了农村地区的金融服务覆盖面，为农村经济注入了新鲜血液，有力地推动了农村经济持续健康发展。这一变化反映在农村居民由此提升的获得感中，

彰显出普惠金融价值。具体而言，农村信用体系以其灵活多样的融资解决方案为农户及涉农企业破解资金瓶颈提供了支撑。农户可以凭借良好的信用记录获取信用贷款，用于购买农业生产资料、扩大种植规模，从而提升农业生产效率与家庭收入水平。此外，农村信用体系在推动农村经济绿色转型中发挥着不可替代的作用，通过优先支持绿色农业项目与环保产业的发展，金融机构以信贷资金为杠杆，积极引导资金流向有机农业、生态农业、乡村旅游等低碳环保领域。这些项目的实施为实现乡村振兴目标中的"生态宜居"要求奠定了坚实的物质基础。

三　农村信用制度的基本内涵

农村信用制度涉及保障农村信用发展的法律法规、部门规章等正式制度以及村规民约、风俗习惯等非正式制度。农村信用制度旨在通过制度化安排，建立信用信息采集、评估、应用及监管的基本规则，确保信用信息的公开、公正与透明。同时，农村信用制度为社会治理提供法治支撑，规范信用行为，强化信用激励与惩戒机制，确保体系的持续健康运行。

（一）农村信用制度的分类与特征

农村信用制度作为农村经济与社会发展的重要基石，其多样性与复杂性反映了农村经济社会的多元性与动态性。基于不同的分类标准与视角，农村信用制度可分为多种类型，每种类型呈现独有特征与运行机制。

1. 按性质分类：正式制度与非正式制度

根据农村信用制度的性质，可将其划分为正式制度与非正式制度两类。正式制度作为农村信用体系的显性构成，是由国家权力机关、政府机构或法律体系明确界定并强制实施的一系列信用规则与管理机制。这些制度，诸如信用监管制度、信用评级标准等，不仅具备法规权威性，而且承载着规范信用行为、维护市场秩序的功能。正式制度为农村信用相关主体提供了清晰、可预期的信用环境，确保了信用交易的公平、公正与透明，增强了农民对信用体系的信任与依赖。相比之下，非正式制度则是农村信用体系中更为隐性、深刻且更具乡土气息的组成部分。非正式制度是在农村社会的长期实践发展中自然孕育而成的，无需外部法律强制，而是依靠乡村内部熟人关系、血缘纽带以及共同的乡村差序格局和诚信文化传统来维持。这类制度，如邻里间的互助借贷、家族内部的信用担保等，虽无成文法规可依，却因其深厚的乡村社会基础与文化认同而展现出强大的约束与自我调节能力。在某些情境下，非正式制度不仅填补了正式制度的空白，而且以其灵活性与亲和力，促进了信用关系在农村社会的深度渗透与持久稳定。农村信用制度的正式与非正式之分体现在农村社会信用生态建设的复杂性上。正式制度以其法律权威为信用活动提供了硬性保障，非正式制度则以其文化根基为信用关系注入了柔性力量。

2. 按组织模式分类：政府主导型与市场主导型

根据农村信用制度的组织模式，可将其划分为政府主导型与市场主导型两类。市场主导型可进一步分为金融主体主导型和其他市场机构主导型。政府主导型模式强调政府在信用体系建设中的主导作用，通过政策引导、资金支持、法规制定等手段推动农村信用制度的发展与完善。这种模式的优势在于能够迅速整合资源，形成规模效应，但也存在行政干预过多、市场机制作用发挥不充分等问题。金融主体主导型模式以金融机构为核心，通过创新金融产品与服务、优化信用评价机制等方式，满足农村经济主体的信用需求。这种模式的优势在于能够充分发挥金融机构的专业优势与市场机制作用，但也可能面临信息不对称、风险控制难度大等挑战。其他市场机构主导型模式则依托市场力量，通过信用评级机构、征信公司等第三方机构，为农村经济主体提供信用评价与信息服务。这种模式的优势在于能够保持信用评价的独立性与客观性，但也存在市场发育不成熟、监管难度大等问题。

3. 按功能作用分类：融资支持型、风险防控型与社会治理型

根据农村信用制度的功能作用，可将其划分为融资支持型、风险防控型与社会治理型三类。融资支持型制度旨在通过信用评价与服务供给，为农村经济主体提供便捷、高效的融资支持，解决其资金短缺问题，促进农村经济发展与繁荣。风险防控型制度注重通过信用监管与激励机制，增强农村经济主体的信用意识与风险防控能力，维护农村金融市场的稳定与安全。社会治理型制度则将信用理念融入乡村治理中，通过信用评价与社会信用体系建设，提升乡村治理的效能与水平，促进农村社会稳定。

总之，农村信用制度具有多样性与复杂性特征，在完善农村信用体系建设中，应充分考虑不同类型农村信用制度的优缺点与适用范围，根据农村经济社会的实际需求与发展趋势，选择合适的制度模式与路径，推动这一制度的优化。

（二）农村信用制度的演变与发展

农村信用制度的演变与发展历程深刻反映了农村经济、社会结构及制度环境的变迁。从传统的乡土社会信用到现代的信用体系，农村信用制度经历了从简单到复杂、从非正式到正式、从单一到多元的演进过程。深入探讨农村信用制度的演变轨迹及其未来的发展趋势，可以为当前农村信用体系建设提供镜鉴。

1. 传统乡土社会信用：基于熟人关系的信用模式

在传统农村社会，信用活动主要依赖人与人之间的直接交往和长期合作，形成了基于血缘、地缘关系的乡土社会信用模式。这种信用模式以口头承诺、道德约束为主要特征，信用关系建立在个人品德、家族声誉及乡土村落信任的基础上。乡土社会信用虽然缺乏正式的制度保障与法律约束，但在相对封闭的农村社会环境中，其有效性得到了长期社会发展的验证。随着现代市场经济发展渗透下农村社会结构的变迁，乡土社会信用的局限性，如信用范围有限、风险评估不足、

违约处理机制缺失等弊端逐渐显现，难以满足农业农村现代化建设的需求。

2. 制度化探索：政府主导下的信用体系建设

随着改革开放的不断深化，农村金融需求持续扩张，政府通过一系列战略举措，包括农村信用社的设立、相关政策法规的制定，以及信用评级体系的建立，促进了农村信用制度的规范化与标准化发展。政府主导下的信用制度模式在迅速扩大信用服务覆盖面、提升金融服务可获取性方面发挥了关键作用。具体而言，这一阶段可追溯至 20 世纪 80 年代初我国合作金融制度的初步探索时期，当时农村经济体制改革在全国范围内展开，资金短缺问题成为制约农村经济社会发展的瓶颈。在此背景下，政府出台政策设立农村信用社，为农村居民提供满足其生产生活需要的金融服务，以缓解农村资金供需矛盾，促进经济活力释放。深入剖析政府主导下农村信用制度的演进历程，对理解我国农村金融体系的发展逻辑，以及探索未来农村信用制度改革的路径与方向具有重要的学术价值和实践意义。

这些信用社以"组织上的合作性、管理上的民主性和经营上的灵活性"为理念，探索在农村金融领域走出一条符合国情的发展道路。然而，受限于当时的经济环境与管理机制，农村信用社的发展并非一帆风顺，其经营活动面临诸多挑战与限制。20 世纪 90 年代，随着农村经济的蓬勃发展，农村信用社的服务能力逐渐显得力不从心，为满足农村居民日益增长的金融需求，政府适时开设了农村信用合作社，并在农村地区布局农村银行，标志着我国农村信用制度开始呈现多元化演进趋势。这一时期，农村信用体系包含的机构数量增加，业务范围扩大，形成了包括农村信用社、农村银行在内的多元化金融生态。进入 21 世纪，我国经济驶入快车道，农村金融市场也随之焕发新生。除了传统的农村信用社和农村银行之外，小额贷款公司、融资租赁公司等新型金融机构不断涌现，这些金融机构以更加灵活多样的金融服务丰富了农村金融市场的产品与服务，为农村经济发展注入了新的活力，也促进了农村信用制度的成熟与完善。

3. 市场化改革：多元主体参与的信用体系构建

步入 21 世纪，伴随我国市场经济体制的不断成熟与农村金融市场的逐步开放，农村信用制度开始向市场化转型。2003 年，我国正式拉开新一轮农村信用社改革的序幕，此次改革的核心目标直指农村信用社市场化转型，以激发其内在活力与竞争力。与此同时，信用制度并未止步于农村信用社的自身改革，而是在全国社会信用体系建设大背景下转向更宽泛的农村信用体系建设。为了营造更加健康、有序的农村金融生态，政府积极推动征信系统的完善与信用信息数据库的构建，农村地区信用信息的采集、整理与利用随着全国征信系统的发展得到提升。这一系列举措的实施为农村经济活动的顺利开展构筑了信用基石。这一阶段，政府逐渐从直接干预转向政策引导与监管，鼓励金融机构、市场机构、社会组织等多元主体参与信用体系建设。金融机构通过创新金融产品与服务，满足农村经济主体的多样化信用需求；征信公司、信用评级机构等市场机构为农村经济主体提供专业化的信用评价与信息服务；各地各级信用协会等社会组织则通过信用宣传、教育等方式，提升农村社会的信用意识与信用水平。市场化改革促进了农村信用制度的多元化与专业化发展，提高了信用服务的效率与质量。

4. 数字化转型：科技赋能下的信用体系升级

当前，随着信息技术的快速发展与数字经济的兴起，农村信用制度正面临数字化转型的新机遇。数字化转型不仅能够提升信用评价的准确性与时效性，而且能够降低信用活动的成本与风险，拓展信用服务的范围与深度。同时，叠加乡村振兴战略的深入实施，农村信用制度建设迎来了前所未有的机遇，政府明确提出要加快推进农村信用体系建设，大力发展农村数字普惠金融。各地方和金融机构积极响应政策号召，不断扩大信用体系在农村地区的覆盖面，探索"信用+"模式，将信用建设与乡村振兴紧密结合。例如，通过"信用+产业"模式，金融机构为农村特色产业提供定制化金融服务，助力产业升级；通过"信用+治理"模式，多地方实践将信用理念融入乡村治理体系，提升社会治理效能。这些创新实践不仅丰富了农村信用制度的内涵与外延，而且为农村经济社会的全面发展注入了数字活力与动能。未来，农村信用制度将更加注重数据治理、隐私保护、信息安全等方面的问题，确保农村信用体系数字化转型的合规性与可持续性。

5. 未来展望：构建与乡村振兴战略相适应的现代化农村信用体系

通过对农村信用制度发展历程的回顾，可以发现其演变与发展是一个复杂、动态的过程，其发展背后反映了农村经济、社会结构及制度环境的深刻变迁。应继续深化市场化改革，加速推进数字化转型，加强信用文化建设，构建现代化、可持续的农村信用体系。未来，农村信用制度的演变与发展将呈现以下趋势：一是农村信用体系的全面性与系统性将进一步提升，形成覆盖农村经济活动全链条的信用管理与服务体系；二是农村信用评价体系的多元化与智能化将成为主流，通过融合多维度数据与先进算法，提供更加精准、个性化的信用评价与服务；三是农村信用文化的培育与传播将更加重要，通过教育、宣传、激励等方式，提升全社会的信用意识与信用水平。

（三）农村信用制度的重心与靶向

农村信用制度作为支持农村经济特别是农村金融发展的重要基础设施，其重心与靶向的确立直接关系到金融资源的配置效率和农村金融服务的普及程度。当前，农村信用制度的重心主要体现在信用信息的整合与共享、信用评价体系的完善以及金融服务的创新与普及方面，其靶向则在于支持农业产业化发展、扶持农村小微企业以及推动乡村治理现代化方面。

随着乡村振兴战略的深入实施和农村金融市场的不断发育，农村信用制度的重心与靶向也在不断调整与优化。在大数据时代，信用信息的整合与共享成为农村信用制度的核心。因此，当前应通过建立完善的涉农信用信息数据库，实现农户、农民专业合作社、农村企业等农村经济主体信用信息的互联互通，降低金融机构的风险管理成本，提高贷款发放效率。同时，完善的信用评价体系是农村信用制度的重要支撑。应通过科学设置评价指标和权重，全面反映农村经济主体的信用状况，为金融机构提供准确的信贷决策依据，增强农村经济主体的诚信意识，推动农村信用环境的持续改善。此外，金融服务的创新与普及是农村信用制度的重要目标。通过开发适合农村经济主体的金融产品和服务模式，可以提升金融服务的可得性和满意度，推动农村金融服务的普惠化。

在支持农业产业化发展方面，实施乡村振兴战略大背景下的农村信用制度通过提供优惠贷款、创新金融产品等方式，聚焦农业产业化发展，支持农业产业链的延伸和升级，推动农业现代化。农村小微企业是农村经济的重要组成部分，在扶持农村小微企业发展方面，农村信用制度通过提供有针对性的金融支持，帮助其解决融资难、融资贵的问题，促进其健康发展。此外，在推动乡村治理水平提升和治理能力现代化方面，农村信用制度应与乡村治理相结合，通过信用积分、信用村建设等方式，提升农村居民的诚信意识和参与乡村治理的积极性，推动乡村社会的和谐稳定。

四 农村信用、农村信用体系与农村信用制度的理论辨析

从理论层面辨析农村信用、农村信用体系与农村信用制度的区别和联系，有助于深入理解三者的作用和相互关系，避免概念混淆，提升理论深度和学术严谨性。

（一）共同逻辑：传统信用与现代信用的联系

在探讨农村信用、农村信用体系与农村信用制度的基本概念和内

涵过程中不难发现，三者之间蕴含共同逻辑，即它们都融合了中国传统乡村中的诚信文化与现代市场经济中的信用观念。这种融合体现了农村信用体系对诚信历史文化的传承，也彰显出其在现代社会变迁中的积极适应。

传统诚信文化深深植根于我国几千年的乡土社会发展历史，是乡村文化的重要组成部分。它源于村民们长期以来的生产生活实践，体现了人与人之间基于信任与承诺的互助合作关系。在传统乡村社会，信用往往与个人的品德、家族的声誉紧密相连，是村民们交往互动和传统社会存续的重要基石。传统信用观念虽朴素却极具生命力，它维系着乡村社会的和谐稳定，促进了经济的可持续发展。现代社会信用是在市场经济发展过程中，随着金融体系的不断完善和信用技术的快速发展逐渐形成的。它更加注重信用信息的记录、传播与应用，强调信用主体的责任与义务，以及信用在资源配置、风险防范等方面的重要作用。现代信用观念的出现，极大地丰富了信用的内涵与外延，使其成为现代社会不可或缺的一部分。

农村信用、农村信用体系与农村信用制度正是在传统信用与现代信用的交融中应运而生的。它们既继承了传统信用中的诚信精神与道德约束，又吸纳了现代信用中的技术手段与制度规范。农村信用体现了对传统乡村文化中诚信、互助精神的弘扬。农村信用体系充分吸收了现代信用管理中信息采集、评估、应用等环节的技术手段。农村信用制度更是将传统信用观念与现代信用理念有机结合，通过制度化的方式，确保农村信用有序发展。

这种传统与现代相融合的逻辑，不仅赋予了农村信用、农村信用体系与农村信用制度独特的文化内涵和时代特征，而且为其在乡村振兴、农村金融改革等实践中发挥更大作用提供了坚实的理论基础。未来，随着社会的不断进步与信用体系的持续完善，这种融合将更加深入，为农村经济社会全面发展注入新的活力与动能。

（二）不同侧重：价值判断与制度安排的区别

在深入探讨农村信用、农村信用体系与农村信用制度时，需进一步辨析三者间的不同侧重，尤其是从价值判断与制度安排两个维度进行剖析，以便更清晰地理解其本质属性及其在农村金融发展中的作用。

农村信用作为一个形而上学的概念，并不具备实体形态，而是深深植根于人们的观念与行为之中。它体现的是乡村社会对诚信、信任与承诺的普遍认同和尊重，是村民们在日常交往中形成的一种价值判断。农村信用更多地依赖于道德约束与文化传承，强调的是人与人之间的信任关系，以及这种关系对乡村社会稳定与经济发展的重要性。因此，农村信用是乡村文化的重要组成部分。

相较于农村信用，农村信用体系与农村信用制度则具有更为明显的形而下学特征。它们不仅存在于人们的观念之中，还体现在可观察到的制度框架与运行机制实体中。农村信用体系包括信用信息采集、评估、传播与应用等多个环节，以确保农村信用的有效运行与持续发展。农村信用制度则是在农村信用体系的基础上，进一步明确了信用主体的权利与义务，规范了信用行为的标准与流程，为农村信用健康发展提供了制度保障。

农村信用体系与农村信用制度的建立和完善是农村信用发展的重要标志，不仅提升了农村信用的透明度与可信度，而且为金融机构提供了更为可靠的信用参考，降低了金融风险，促进了农村资本的合理配置与利用。同时，这些制度和体系的建立也推动了乡村社会的法治化与规范化进程，为乡村振兴战略的深入实施提供了制度支撑。

总体来看，农村信用、农村信用体系与农村信用制度在价值判断和制度安排上各有侧重。与农村信用道德约束特征相比，农村信用体系与农村信用制度主要通过制度化方式，确保农村信用的运行与持续发展。这种不同侧重，不仅丰富了农村农业发展的内涵与外延，而且为乡村振兴战略的深入实施提供了理论基础与实践基础。

第二节　乡村振兴战略中农村信用的内涵特征、主要形式与时代价值

乡村振兴战略中农村信用的内涵特征、主要形式与时代价值分别代表概念内部的基本含义、外部对农村信用的观测认知，以及内外部对时代的价值贡献。本节将深入剖析乡村振兴战略中农村信用的内涵特征、主要形式与时代价值，以清晰地展现其在农村发展中的关键地位和作用机制。

一　乡村振兴战略中农村信用的内涵特征

农村信用的内涵特征主要表现在其对乡村振兴各方面的促进作用，不仅体现为农村经济和金融活动的社会基石，而且体现为积极适应数字科学技术应用的持续推广。

（一）注重对乡村全面发展的助力

在乡村振兴战略中，农村信用的内涵特征之一在于其对乡村全面发展的助力作用。农村信用不仅是一种经济行为或金融活动的基石，还是推动乡村社会、经济、文化、生态等各个方面全面进步的重要力量。第一，农村信用有助于提升乡村社会的凝聚力和向心力。在熟人社会中，良好的信用记录能够增强村民之间的信任感，促进邻里之间的和谐共处，为乡村社会的稳定与和谐奠定坚实基础。同时，通过信用的激励与约束作用，可以引导村民自觉遵守村规民约，积极参与乡村公共事务，共同维护乡村的公共利益。第二，农村信用的优化提升在促进乡村经济发展中发挥着重要作用。从资本引入视角来看，以诚信为本、信誉良好的农村环境能够吸引众多外部投资者，为乡村产业的多元化发展与壮大提供资金，解决乡村产业发展面临的资金瓶颈问题，通过引入先进管理理念和技术手段，为乡村产业转型升级注入新的活力。农村信用

所蕴含的约束与激励机制能够规制乡村企业和农户经营行为，促使主体向诚信经营、注重品质标准看齐，长期来看将助力企业在激烈的市场竞争中胜出，增强企业核心竞争力。第三，农村信用的建设与提升对乡村文化、生态文明等社会领域产生了深远影响。通过信用引导与示范效应，可以推动乡村文化传承与创新，提升乡村社会文明程度。同时，信用约束作用还可以促使乡村企业和农户更加注重环境保护与可持续发展，推动乡村生态文明建设取得新成效。

（二）强调对农村金融体系的完善

在乡村振兴战略中，农村信用的内涵特征体现在其对农村金融体系的完善作用上。农村信用作为农村金融体系的基石，不仅深刻影响着农村金融市场的结构与运行，而且是驱动农村金融创新、优化金融服务品质的核心力量。第一，从金融市场基础设施层面来看，农村信用是完善农村金融市场信用根基的关键。系统性加强农村信用信息采集、整理与共享，为农户及乡村企业建立翔实、透明的信用档案，这一举措为金融机构开展信贷业务提供了精准、高效的信用依据，不仅有效降低了金融机构在风险评估过程中的成本与复杂性，而且显著提高了贷款审批的效率与准确性，为农村金融市场的稳健运行与持续发展奠定了基础。第二，农村信用水平的提升激发了农村金融产品创新。随着信用体系的日益完善，金融机构得以更加深入地了解农户和农村企业的需求与风险特征。因此，金融机构能够有针对性地设计出更贴合农村经济特点、满足多元化需求的金融产品和服务。例如，依托信用评价机制，推出定制化的小额信贷产品；针对农业特定风险，推出相应的保险产品；等等。这些创新不仅丰富了农村金融市场的产品体系，而且精准地服务了农村产业的发展，促进了农村经济结构的优化与升级。第三，农村信用在提升金融服务可及性与普惠性方面发挥着不可替代的作用。农村信用体系建设工作能够引导金融机构更加积极地布局乡村市场，增设服务网点与自助设备，拓展金融服务覆盖范围，极大地提升乡村居民获取金融服务的便捷性与效率，促进金融资源的均衡分配。

（三）重视对数字科学技术的应用

在乡村振兴战略中，农村信用的内涵特征还体现在其对数字科学技术的重视与应用上。随着数字技术的发展，农村信用与数字技术深度融合，成为推动乡村金融创新与发展的重要动力。第一，数字技术应用有助于提升农村信用的评估效率与准确性。通过大数据、人工智能等技术手段，对农户和农村企业的信用数据进行深度挖掘与分析，实现信用评估的自动化与智能化。数字技术的融入不仅极大地提升了信用评估流程的效率，而且有效地削弱了人为因素在评估过程中的潜在干扰，从而显著提升了评估结果的客观性和精确度。第二，数字技术的广泛应用为农村金融服务创新与升级注入了新活力。通过对区块链、云计算等前沿数字技术的应用，信用服务平台可以提供更为安全可靠、高效便捷的服务。同时，基于区块链技术的供应链金融解决方案，或依托云计算的在线贷款服务，都能精准对接农村产业发展的多元化金融需求，助力乡村振兴。第三，数字技术在农村信用监管与风险防控方面也发挥了重要作用。基于数字化和信用融合的监管平台，相关基层部门可以实现对农村信用状况的动态监测，及时发现潜在风险。同时，金融机构借助数据分析技术可以对风险进行精细化预测与评估，为金融决策提供支持。

二 乡村振兴战略中农村信用的主要形式

农村信用的主要形式涵盖商业信用、银行信用和消费信用三大方面，三类信用形式各具特点。商业信用主要依赖农业生产中的长期合作和信任机制，推动农业产业链的高效运作；银行信用通过金融机构的服务，增强了农户的信用意识和市场应对能力，同时保证了金融服务的安全性；消费信用则建立在熟人社会网络的基础上，通过数字化发展，提升了交易安全性并扩大了市场范围。

（一）以农村生产行为为基础的商业信用

在实施乡村振兴战略的大背景下，农村信用体系构建以农村生产行为为核心，以此为基础的商业信用是联结农户、农村企业及农产品经销商等多元市场主体的纽带。此形式紧密围绕农业生产的产前、产中、产后各个环节，在农业产前阶段，农户或农村企业在选购种子、化肥、农药等生产资料时，通常依据长期合作中积累的信誉记录以及对方的可靠程度选择交易对象和合作伙伴。这种基于历史交往和商业道德的信任机制降低了交易成本，是农业产业高效运行的基础。农产品加工与销售环节是商业信用的另一关键环节，农产品加工企业通过与农户签订收购合同，明确双方的权利与义务，给农户带来了稳定预期，能够抵御市场波动带来的风险。同时，农产品经销商与上游农户或农村企业之间长期以来形成的稳固的供货关系，也是商业信用体系构建的重要方面，促进了农产品的高效流通。此外，农村商业信用的正常运行离不开高效的信息沟通机制的支持。通过大力推进农村信息化建设，搭建农产品市场信息共享平台，可以极大地提升市场透明度，减少信息不对称引发的信任危机。建立完善的信用监督机制，对商业信用行为进行定期评估与反馈，将为农村商业信用的健康发展提供制度保障。

（二）以农村金融机构为媒介的银行信用

以农村金融机构为媒介的银行信用在农村信用体系建设中扮演了举足轻重的角色。在此信用形式中，农村金融机构为农户、农村企业等经济主体提供贷款、办理存款等金融服务，从而构建了基于金融交易的信用关系网。在此过程中，农村金融机构成为推动农村信用体系建设和经济发展的"加速器"。这些机构提供的包括理财咨询、农业保险等在内的多元化金融服务，不仅丰富了农户的金融知识，而且增强了其应对市场风险的能力，促进了农村金融生态循环。同时，银行信用培育对增强农村经济主体的信用意识具有重要作用。在与金融机构的频繁互动中，农户与农村企业培养了维护良好信用记录的习惯，不仅提升了其信用评价水平，而且为后续获取更优质的金融服务铺平了道路。此外，农村金融机构自身的管理与风险控制也是维护银行信用稳健的关键。通过不断强化内部管理，建立健全风险防控体系，这些机构能够有效识别并规避潜在的金融风险，确保金融服务的稳定性和安全性，不仅保护了金融机构自身的利益，而且为农户和农村企业营造了安全可靠的金融环境。

（三）以熟人社会网络为基础的消费信用

在农村信用的多元化形态中，以熟人社会网络为基石的消费信用是其重要内容，这种信用形式深深植根于农村地区的日常消费实践中。熟人社会网络中的消费信用是农村社会成员之间长期交往与良好人际关系的自然产物。在农村地区相对封闭且信息相对透明的环境中，村民倾向于采用口头承诺、相互担保等朴素方式完成交易，这种信用基于相互了解和熟人信任关系。该信用机制促进了农村内部经济活动的良性循环和资源的有效配置，展现出农村特有的经济韧性。随着农村数字化浪潮的兴起和电子商务的蓬勃发展，农村消费信用形态亦随之迭代升级。电商平台通过引入第三方支付、构建信用评估体系等手段，提升了农村购物的安全性与便捷性，打破了地理界限束缚，推动农村消费市场实现了从"本地化"向"全球化"的跨越。在此过程中，政府与市场组织是推动农村消费信用发展的重要力量。政府通过加强农村消费者的教育培训，普及信用知识，提升其金融素养与风险意识，为农村消费信用的长远发展奠定了基础。

三　乡村振兴战略中农村信用的时代价值

农村信用的时代价值在于能够助力农村经济高质量发展、推动农村金融普惠化发展，并促进农村文化繁荣发展。通过精准的信用评估与资源配置，农村信用为农村经济的多元化和现代化提供了有力支持；农村信用提升了金融服务的普及性与创新能力，推动了农村金融产品的创新与风险管理。同时，农村信用还通过增强社会凝聚力和文化软实力，推动了乡村振兴战略的深入实施。

（一）助力农村经济高质量发展

在实施乡村振兴战略的大背景下，农村信用的时代价值首先体现在助力农村经济高质量发展上。随着农村经济结构的转型与升级，传统单一的农业生产主导型经济模式逐步朝多元化、现代化方向转型。在此过程中，农村信用的重要性日益凸显，对优化农村资源配置、驱动农村经济实现高质量发展具有重要作用。在农村信用体系框架下，授信者可以精确把握农户及农村企业的信用状况，引导其科学合理地配置资源，同时也能激发农户和农村企业对技术革新与产品质量提升的追求，从而引领农村经济踏上高质量发展道路。进一步而言，农村信用在促进农村产业升级方面同样发挥着重要作用。在农业产业多元化趋势下，农业、林业、牧业等产业间的融合与协同发展渐成趋势，农村信用为产业间的沟通融合搭建了平台，促进产业链上下游形成紧密合作，提升了农村经济的整体竞争力，也为实现农村经济可持续发展奠定了基础。此外，农村信用对增强农村经济的抗风险能力同样重要，通过构建健全的信用监测与预警机制，相关部门可以及时、准确地捕捉到农村经济运行中的潜在风险点，为政府及企业决策提供支持。同时，信用的约束作用可以促使农户和农村企业更加注重风险防范与合规经营，从而降低农村经济的系统性风险。

（二）推动农村金融普惠化发展

在实施乡村振兴战略的大背景下，农村信用的时代价值还体现在推动农村金融普惠化发展上。随着农村经济的高质量发展，其金融需求呈现多元化与个性化特征。相比较而言，农村地区的金融基础设施建设存在滞后性，导致金融服务覆盖面不广、渗透率不高。在此背景下，强化农村信用体系建设、推动农村金融普惠化发展，成为破解农村地区金融发展不足的关键策略。首先，农村信用体系的完善是扩大金融服务覆盖面的有力抓手。通过构建全面的农村信用体系框架，各类相关主体能够更加精确地了解潜在交易对象的信用状况。同时，农村信用体系为金融机构提供了决策依据，使其能够高效配置资源，提升金融服务的可及性与便捷度，确保主体能够享受金融服务。其次，农村信用体系建设的深化为农村金融产品创新开辟了更广阔的空间。农村经济活动的多样性与复杂性催生了差异化的金融需求。信用数据可以客观反映农户与农村企业的真实需求，助力金融机构设计出更加贴合农村实际的金融产品和服务模式，在满足农村经济多元融资需求的同时激发金融市场活力，促进农村金融生态的良性循环。再次，健全的农村信用体系是防范与化解农村金融风险的防线。农村信用体系的日益健全有助于及时发现并预警潜在风险点，为金融机构提供精准的风险管理信息。最后，信用机制的内在约束力促使相关主体自觉增强风险意识，在源头上降低了金融风险发生的概率，保障了农村金融的稳定发展。

（三）促进农村文化繁荣发展

在实施乡村振兴战略的大背景下，农村信用在促进农村文化繁荣发展方面同样发挥着重要作用。诚信文化作为乡村振兴战略的精神内核，是驱动农村经济社会发展不可或缺的力量。首先，农村信用增强了农村社会发展的凝聚力。通过构建信用机制，能够明确各类主体的守信行为边界，营造诚信交往与合作共赢的文化氛围。信用机制不仅促进了农村社会内部的和谐团结，而且提升了农村整体的文明程度。信用是农村社会资本的重要组成部分，无形中联结着个体与集体，是农村文化传承与创新的重要载体。其次，农村信用对促进乡村诚信文化的传承具有引导作用。在现代化进程中，农村文化也在不断地自我更新与演化，科学化、智慧化的信用管理体系在激励农户等主体追求经济效益的同时，更加重视传统诚信文化的保护与创新性发展，促进传统诚信文化与现代信用制度有机融合，让乡村诚信文化在传承中焕发新生。最后，提升农村地区信用水平是增强农村文化软实力的有效途径。文化软实力能够衡量一个地区的综合竞争力，对促进经济社会发展具有重要价值。提高农村信用发展水平，可以提升农村文化的吸引力与影响力，文化软实力一旦得到增强，不仅能够扩大农村地区的知名度，而且能够吸引更多的人才、资金和技术流向农村，为乡村振兴战略的深入实施注入动力。

第三节　乡村振兴战略中农村信用研究的相关理论

乡村振兴战略中农村信用研究的相关理论各有侧重，其具体功能如下：信息经济理论着重解决信息不对称问题；行为经济理论关注行为偏差与决策机制；数字经济理论引入现代技术优化信用体系；契约经济理论强调契约设计的严密性与适应性；博弈论则提供了关于主体互动与合作的深刻洞察。

一　信息经济理论

在乡村振兴战略中，理解和应用信息经济理论是提升农村信用效能的关键。信息经济理论中的三个重要理论——信号传递理论、信息激励理论和信息甄别理论对研究农村信用具有重要的参考价值。

（一）信号传递理论

在信息经济学领域，信号传递理论占据重要地位，其核心在于解决普遍存在的信息不对称问题。在农村信用发展的复杂环境中，不论是农产品交易还是涉农金融活动，都存在严重的信息不对称问题，甚至成为制约双方交易的关键障碍。信号传递理论为破解农村经济活动中的突出问题提供了理论支撑。具体而言，该理论构建的核心机制是使掌握更多信息的优势方（如交易活动中的农户）能够通过一系列可观测、可验证的信号（如受教育程度、过往还款记录等），向处于信息劣势的金融机构传递其真实的信用状况。农户积极参与信用评级、主动提供详尽的财务报表、展示稳定的收入来源等举措，实质上是在向金融机构发送一系列强有力的信用信号。这些信号如同农户的"信用名片"，既展现了农户的诚信态度，也为其信用状况提供了凭证。金融机构在接收到这些信号后，能够更为精准地评估农户的信用风险，进而在贷款审批过程中做出更为合理的决策，降低贷款风险，提高审批效率。同时，农户通过积极传递信用信号，在市场上逐步树立起良好的信誉形象，从而赢得了金融机构等交易对象的信任支持，获得了更多商业机会，并吸引了大量合作伙伴。

（二）信息激励理论

信息激励理论着重强调信息在激励与约束个体行为方面的作用。在农村信用体系的构建与完善过程中，政府巧妙设计并实施信息激励机制，可以有效调动农户、金融机构等主体参与信用体系建设的积极性，进而推动该体系的持续优化。例如，政策设计者可以通过构建公开透明的信用评价体系、设立信用奖励基金等，为农户等主体提供正向激励。当农户意识到维护良好信用记录能够带来实质性的收益（如更低的贷款利率、更高的贷款额度、更便捷的公共服务等）时，他们会更加珍视自己的信用记录，从而形成一种自我约束、自我提升的内在动力。这种正向激励机制不仅有助于提升农户的信用意识，而且能够促进农村信用环境的整体优化。与此同时，对于信用记录不佳的主体，在信用制度约束下也有相应的惩罚措施，如在金融领域可以提高贷款利率、限制贷款额度，在其他领域可以限制高消费或采取其他必要的惩戒措施，以对失信行为进行警示和纠正。这种"奖优罚劣"的机制设计有助于维护农村市场的公平竞争秩序，也进一步提升了信用制度的公信力。

（三）信息甄别理论

信息甄别理论的核心议题聚焦信息劣势方如何通过机制设计，有效获取并核实信息优势方的真实信息。在农村金融领域，金融机构往往处于信息劣势地位，而农户则因其对自身经营状况及还款能力的了解而占据信息优势地位。信息甄别理论为金融机构提供了策略工具箱。金融机构可以设计一系列合同条款与借贷条件，构建信息筛选机制以甄别农户的真实信用状况。例如，通过要求农户提供抵押品或寻求担保人支持，金融机构不仅能够降低贷款风险，而且可以借助此要求对农户信用进行隐性测试。那些拥有良好信用历史、对未来还款能力充满信心的农户，往往更愿意接受这些看似严苛的贷款条件，因为他们了解自身的信用价值。反之，那些信用状况不佳或对未来还款能力缺乏信心的农户，则可能因无法满足这些条件而被淘汰，从而在一定程度上降低了金融机构的违约风险。

二 行为经济理论

在乡村振兴战略中，理解和应用行为经济理论对构建有效的农村信用体系至关重要。下面将探讨行为经济理论中的三个核心理论——有限理性理论、前景理论和助推理论，并分析它们在农村信用研究中的应用价值。

（一）有限理性理论

有限理性理论是行为经济学与决策科学的基础理论，揭示了人们在复杂决策环境中的认知局限与信息处理的不完备性。在农村信用研究中，该理论揭示相关主体在决策过程中难以摆脱认知能力束缚和信息处理瓶颈，从而难以达到完全理性的决策状态。具体而言，农户在面对贷款选择时，可能会受到自身知识水平、经验积累以及情感因素的共同影响，导致决策过程偏离纯理性状态。金融机构对农户信用评价会存在信息不对称与数据解读错误问题。为了克服有限理性所带来的挑战，农村信用体系建设需采取一系列切实可行的措施，如简化相关流程，以减轻农户在参与信用体系建设过程中的认知负担。与此同时，制定一套清晰、透明且易于理解的信用评价标准尤为重要，可以让农户对自己的信用状况有清晰的认识，也可以让相关主体在应用信用体系时有据可依，减少信息不对称引发的误解。此外，有限理性理论还强调学习与适应在决策过程中的作用，定期举办信用知识讲座、分享会等可以有效提升各类主体的信用意识，使其了解信用体系的运作机制，学会合理运用信用资源，从而在实践中做出更为理性的决策。

（二）前景理论

前景理论深刻剖析了人们在面对风险和不确定性时的决策心理与行为模式。在农村信用研究中，该理论为洞察农户等主体在信用决策过程中的风险偏好及逻辑提供了分析工具。前景理论的核心观点在于，人们在面对潜在的收益时往往表现出风险规避的态度，而当面临损失时则可能转而追求风险，以期挽回部分或全部损失。在农村信用体系建设中，以金融机构为例，在设计面向农户的贷款产品时，应深入考量农户的风险承受能力与偏好差异，通过提供多元化、差异化的贷款方案，精准对接不同农户的需求，从而增强产品的吸引力和适用性。进一步地，金融机构还需创新风险保障机制，优化贷款、还款模式，以降低农户对信用产品的风险感知。例如，引入保险机制为贷款提供安全保障，或是设计灵活的还款计划以适应农户的收入波动，这些措施都能提升农户对信用产品的接受度和信任度。此外，前景理论还着重强调了参照点在决策过程中的关键作用。在农村信用体系建设中，明确设定信用评估的参照标准尤为重要。这要求政策制定者构建科学的信用评价体系，建立健全信用信息共享机制，为各类主体提供清晰、透明的信用制度框架。

（三）助推理论

助推理论是行为经济学领域的一项前沿成果，为政策制定者提供了新的分析工具，旨在通过政策设计引导个体行为朝更有利于社会整体的方向发展。该理论的核心在于，不是通过强制性手段而是通过精心设计的政策机制规范行为，以一种温和的方式调动各类主体的积极性，促使其做出更有利于农村信用发展的决策。例如，政府可以运用税收优惠和财政补贴等经济激励措施引导金融机构向农村地区增加信贷投放，从而缓解农村融资难问题；通过设立信用奖励基金、组织信用示范户评选等激励机制激发农户维护良好的信用记录，形成积极向上的信用氛围。更为重要的是，助推理论强调政策设计应紧密贴合人们的自然行为倾向和心理特征。在农村信用体系建设中，这意味着政策制定者需要深入了解相关主体的实际需求、行为习惯以及心理预期，确保政策机制能够与其日常行为无缝对接。例如，针对农户对农村信用体系建设的参与体验，政府可以推动各部门简化贷款审批程序，提供"一站式"、在线化服务，降低农户获取服务的门槛和成本，提升其对农村信用体系建设的参与度和满意度。

三　数字经济理论

除上述理论外，数字经济理论也为乡村振兴战略中的农村信用研究提供了新的视角。在数字经济理论中，数据要素驱动、平台经济模式、数字生产力与生产关系三个核心概念在农村信用研究中具有重要参考价值。

（一）数据要素驱动

在数字经济时代，数据已成为一种重要的生产要素，对经济活动产生了深远影响。在农村信用研究中，数据要素驱动的理念强调通过收集、分析和应用大量数据来提升信用评估的准确性和效率。数据要素驱动下的农村信用体系应用体现在多个方面。第一，通过收集农户的生产、经营、财务等多维度数据，可以建立全面的信用档案，为金融机构提供更加精准的信用评估依据。第二，利用大数据分析技术，挖掘农户信用行为模式，预测潜在信用风险，为金融机构提供风险预警。第三，数据要素驱动有助于优化信用服务流程，提高信用审批效率，降低运营成本。在农村信用体系建设中，数据要素驱动的实现需要依托先进的信息技术和基础设施。例如，建立统一的数据共享平台，实现跨部门、跨领域数据互通；推广移动支付、电子商务等数字化应用，提高数据可获得性和可用性。

（二）平台经济模式

在数字经济浪潮下，平台经济模式引领着传统领域的经济结构变革。在农村信用研究中，平台经济模式以其强大的资源整合与协同能力为信用服务的普及与深化提供了契机。具体而言，通过构建农村信用服务平台，各地得以将金融机构、政府部门、农户及众多相关方联结起来，形成高效运转的信用服务生态体系。该平台不仅承载着信用评估、贷款申请、风险管理等传统业务环节，而且通过数字化手段实现对这些环节的无缝对接与智能化处理，极大地提升了信用服务的便捷性与效率。农户可以更加便捷地获取贷款，金融机构能更准确地评估风险，政府则能更有效地监管市场，从而实现多方共赢。平台经济模式为农村信用服务的创新发展开辟了广阔空间。随着人工智能、区块链等前沿技术的不断融入，信用评估的精准度与智能化水平得到了提升，降低了人为干预与误差。这些技术的应用也催生了诸如信用衍生品、信用保险等一系列新型金融服务产品的出现，满足了农户日益多元化的信用产品需求，拓宽了农村信用服务的边界。同时，要充分发挥平台经济模式在农村信用体系建设中的作用，主导部门必须高度重视平台的开放性与协同性建设。从技术层面看，平台应具备高度的兼容性与扩展性，能够轻松接入各类信用服务供应商与数据源，为信用服务的全面升级提供坚实支撑。同时，平台还需建立一套行之有效的协同机制，促进各方资源的深度共享与优势互补，确保整个信用服务生态体系的高效运转与持续创新。

（三）数字生产力与生产关系

在数字经济时代，数字生产力与生产关系面临前所未有的深刻转型，这一变革对农村信用体系建设与优化提出了全新要求。数字生产力不仅是一种技术革新，更是对传统生产模式的全面创新。

在农村信用体系建设的具体实践中，数字生产力在智能风控系统部署中极大地缩短了风险评估时间，提高了风险控制精准度；自动化审批流程的引入则有效简化了审批流程，使得信用服务更加便捷。此外，通过构建信用评分模型、研发信用预测算法等数据分析手段，农村信用体系得以对相关主体信用状况进行快速、准确的评估，为信贷决策提供了数据支撑。与此同时，数字生产力的蓬勃发展也催生了信用服务领域的诸多创新。例如，基于大数据分析的信用保险产品能够根据用户的信用历史和行为模式提供定制化保险方案，提升了农户的获得感。再如，利用区块链技术的不可篡改性和透明性特点，可以开发信用证明服务，解决农村小微企业融资难、融资贵的问题。

从数字生产关系视角审视农村信用发展时，需要注意数字生产关系本质上探讨的是数字技术通过重新界定经济活动的组织结构、权力关系以及利益分配机制，进而反作用于数字生产力。在农村信用体系建设过程中，必须围绕数字技术促进信用信息的公平共享、确保技术进步的红利能够惠及广大农户、避免数字鸿沟扩大等问题来设计合理的激励机制，鼓励农户积极参与信用体系建设，同时保障其数据隐私和安全。

四 契约经济理论

在农村信用研究中，契约经济理论主要通过完全契约理论和不完全契约理论来解释信息不对称和道德风险等问题。

（一）完全契约理论

完全契约理论的核心在于强调契约的全面性与前瞻性，即缔约双方须在合同签订之初充分预见并详尽规划未来可能出现的各种情境及应对之策。在农村信用研究中，完全契约理论认为，应制定周密的契约条款，明确界定交易双方的权利与义务边界，从而缓解信息不对称问题，降低潜在的道德风险。例如，金融机构与农户间的贷款协议不仅要清晰标注贷款额度、利率水平、还款时限等基本信息，而且应细致规定违约情形下的责任分担，确保双方对契约内容有全面且准确的理解和预期。此外，完全契约理论倡导构建一种自我执行的契约机制，即通过精心设计的激励与约束体系，激发契约各方的内在遵从动力，减少违约行为发生。在农户信用评价系统中，完全契约理论要求建立信用积分制度及配套的奖惩机制，对于信用记录优良的农户，为其提供诸如贷款利率优惠、额度提升等正向激励；而对于信用状况不佳的农户，则对其采取提高利率、限制贷款等负面措施。值得注意的是，在实际操作层面，农村环境复杂多变，较多不确定性因素导致难以完全预见所有情况。因此，政策制定者不能仅仅依赖完全契约理论，还应与不完全契约理论相结合，以更全面地指导农村信用的实践与探索。

（二）不完全契约理论

不完全契约理论作为一个揭示合同本质局限性的理论框架，明确指出了契约在签订之初所蕴含的不完备性。该理论指出，无论缔约双方如何力求详尽，总是难以预见并穷尽未来可能发生的所有情形及应对之策。在农村信用研究中，不完全契约理论的应用更符合实际情况。具体而言，该理论的核心价值在于其对"剩余控制权"这一概念的强调。剩余控制权是指在契约未能明确规定的情境下，对资源使用、决策制定等关键权力的分配与行使。这一概念为理解契约不完全性下的激励机制与效率优化提供了新视角。例如，在农村信用体系建设语境中，农户与金融机构间的贷款契约设计是不完全契约理论应用的生动实例，面对自然灾害、市场波动等不可预知的外部冲击，传统的刚性契约条款往往难以有效应对，甚至可能加剧双方的风险暴露与利益冲突。因此，在契约设计中参考不完全契约理论，允许在特定触发条件下（如自然灾害或市场重大变动），金融机构拥有对贷款条件进行适度调整或重启谈判的权利。此外，不完全契约理论鼓励契约的第三方实施机制。通过引入法律、仲裁等第三方机构，对契约的执行进行监督和保障，降低违约风险。在农户与金融机构之间的贷款契约，以及社会信用体系建设的信用评价工作中均可引入第三方仲裁或评价机构，以确保契约的公正性。同时，不完全契约理论还关注契约的动态调整适应性。由于农村地域情况的复杂性和不确定性，契约条款需要随情况变化进行调整优化，因此农村信用体系应建立灵活的契约调整机制，确保适应农村经济发展变化。

五　博弈论

博弈论为理解和解决农村信用问题提供了另一理论视角，具体包括重复博弈理论、演化博弈理论和合作博弈理论。

（一）重复博弈理论

重复博弈理论是指在多次重复进行的博弈中，参与者会考虑长远利益，从而倾向于在单次博弈中采取合作策略，避免了短期内的机会主义行为，这一理论在农村信用研究中具有重要的应用价值。在农村信用研究中，重复博弈理论鼓励信用体系中的各方建立长期稳定的合作关系，金融机构可以通过提供优惠的贷款条件、灵活的还款安排等激励农户保持良好的信用记录，从而在未来获得更多的信贷支持。农户也应考虑到当前行为会影响未来信用，因而倾向于在各类活动中采取守信行为以维护自身信用和声誉。此外，农村信用研究还应充分考量重复博弈理论强调社会规范和声誉机制的作用，这是因为农村地区农户之间的交往频繁，传统方式下的信息传播迅速，声誉对于农户来说至关重要。

（二）演化博弈理论

演化博弈理论作为博弈论的一个重要分支，主要研究群体行为的动态演变过程。该理论摒弃传统博弈论中静态均衡的假设，转而聚焦个体间通过相互学习、模仿等机制不断调整策略，进而推动整个系统向均衡状态演进的动态过程。在农村信用研究中，演化博弈理论可以用于剖析各参与主体（如农户、金融机构、企业等）的策略选择及其相互作用的动态过程。在演化博弈理论视角下分析可以发现，农村信用均衡状态的实现并非一蹴而就，而是各方主体在不断试错、学习、适应过程中逐步形成的。同时，演化博弈理论还强调适应性学习的重要性，在农村信用体系建设中，农户、金融机构、企业等主体都需要不断学习与适应新的环境和技术变化，各方在这种动态调整中不断达到新的均衡状态。

（三）合作博弈理论

合作博弈理论的核心要义在于倡导参与者间的协作共赢，通过深入沟通协商，力求达成惠及所有参与方的协议框架。在农村信用研究中，合作博弈理论的应用在构建合理的授信机制与风险分担机制方面具有重要指导意义。金融机构与农户之间或各类交易双方之间不应是简单的买卖关系，而应是基于平等协商、风险共担的合作伙伴。更为重要的是，合作博弈理论还着重强调信息共享与信息透明在农村信用体系建设中的作用。政府、村庄基层党委、农户、金融机构及企业等多元主体间应建立高效、透明的信息共享机制。这不仅有助于减少信息不对称造成的道德风险与逆向选择问题，而且能够显著提升各方决策的科学性与精准度，为农村信用体系的稳健运行奠定坚实基础。

第四节　乡村振兴战略中农村信用的分析逻辑

乡村振兴战略中的农村信用发展遵循中国特色发展路径，结合传统诚信文化与现代信用管理技术，体现政府与市场的双重驱动。在现实发展的规律性上，从个体向集体扩展、从经济向社会延伸，逐步发展为多元化的合作模式。通过典型案例分析和国际对比借鉴，总结出农村信用发展的普遍规律和实践经验。因此，乡村振兴战略中农村信用的分析逻辑包括中国探索的特色性、现实发展的规律性、典型案例的参考性和国际对比的借鉴性等内容。

一 体现中国探索的特色性

在实施乡村振兴战略的大背景下，农村信用体系的建设与发展体现了中国独特的探索路径和实践特色。这一过程不仅植根于中国悠久的乡村诚信文化传统，而且结合了现代信用管理技术和治理理念，形成了具有中国特色的农村信用模式。

中国传统的乡土社会以血缘和地缘为基础，具有差序格局信任结构，人际关系紧密且信任度高。这种深厚的文化底蕴为农村信用体系建设提供了坚实的基础。通过将传统诚信观念与现代信用理念相结合，农村信用体系不仅继承了"熟人关系"和诚信文化的传统考量，而且引入了现代信用体系数字化和标准化的评估方法。例如，农户信用档案的建立不仅考虑了农户的经济状况和还款能力，而且关注其道德品质和社会行为，形成了综合性的信用评价体系。

我国政府在推动农村信用体系建设过程中，注重政策引导与市场机制的有机结合。一方面，通过出台一系列政策措施，如财政补贴、税收优惠等，鼓励金融机构等多种市场主体参与其中，并提供更多优质服务；另一方面，以此为突破口引入市场化机制运作，提高信用评价和服务的质量。这种政府与市场的双重驱动既发挥了政府的引导作用，又激发了市场活力，形成了多方协同推进的工作合力。

二 把握现实发展的规律性

农村信用体系的建设与发展遵循一定的现实发展规律，这些规律不仅反映了农村经济社会结构的变化，而且揭示了农村信用体系建设的内在逻辑。

一是从个体向集体扩展。农村信用体系建设经历了从农户信用到村庄信用再到涉农企业信用的渐进式演进过程。这一过程反映出信用体系建设路径遵循农村经济发展与经济结构的变化规律。随着农业生产的规模化和专业化，单一农户的生产能力已难以满足市场需求，需要通过合作社、家庭农场等形式进行组织化生产。因此，农村信用体系建设需要从个体层面扩展到集体层面，以适应新的经济形态。

二是从经济向社会延伸。农村信用体系不仅是金融领域的创新，而且涉及社会治理、产业发展等多个方面。构建多维度的信用评价标准，可以全面反映农村经济社会的发展状况，为政策制定和资源配置提供科学依据。例如，村庄信用体系不仅关注单个农户的信用状况，而且涵盖整个行政村的综合评价，包括领导班子结构、经济发展水平、社会风气等多个方面，这种评价标准的全面性有助于提升村庄的整体信用水平，增强村民的集体荣誉感。

三是从单一向多元融合。农村信用体系建设是一个多主体参与、多领域融合的过程。政府、金融机构、第三方机构等多方力量共同推进，形成了多元化的信用生态系统。这种多元融合不仅体现在数据采集和信息管理上，而且体现在金融服务和产品创新上，通过供应链金融、绿色金融等新型金融产品，为涉农企业提供更多的融资渠道，促进了农业产业链升级和现代化。

三　明晰典型案例的参考性

在实施乡村振兴战略的大背景下，农村信用的建设与发展不仅依赖于理论框架的构建，还需要从实践中汲取智慧。典型案例作为实践经验的结晶，为农村信用体系建设提供了生动的参考与启示。通过分析典型案例，可以更清晰地理解农村信用体系建设的成功经验和可借鉴之处，案例研究不仅展示了不同地区、不同条件下的农村信用体系建设情况和具体应用，而且揭示了其在实践中面临的挑战和解决方案，为梳理、提炼信用体系建设规律和理论研究提供了参考。通过梳理国内外成功的农村信用案例，可以总结出具有普遍指导意义的经验。对于正在探索农村信用体系建设的地区而言，典型案例提供了宝贵的实践依据与路径选择。

以某省份"信用村"建设为例，该地通过整合政府、银行、社会等多方资源，构建了以信用为核心的乡村治理新模式。信用评级不仅考量农户的经济状况，而且融入道德品质、邻里关系等社会评价，形成了全面、立体的信用画像。这一做法不仅提升了农户的信贷可获得性，而且促进了乡村社会的和谐与稳定，展现了农村信用在乡村振兴中的"杠杆效应"。通过此类案例分析发现，农村信用体系的建设需注重信用评价的综合性与适用性，既要体现经济属性，也要兼顾社会属性，以信用为纽带联结乡村振兴的各个环节。

另一典型案例为某地区利用数字技术赋能农村信用体系建设，通过大数据、云计算等技术手段，实现了信用信息的快速采集、智能分析与广泛应用。数字技术的应用不仅提高了信用评价的精准度，而且降低了信息成本，使得信用服务能够更广泛地惠及农村地区。通过对这些鲜活的实践案例进行研究，可以直观地认识到农村信用体系的建设情况和运行机制，在此基础上进一步提炼农村社会信用体系的理论框架，为提高现实制度的运行效率与服务水平提供参照。

四 总结国际对比的借鉴性

通过与其他国家和地区的农村信用体系建设情况进行比较，可以汲取国际经验，为中国农村信用体系建设提供有益借鉴。在国际比较视角下，对不同国家和地区农村信用体系建设实践的研究有助于把握农村信用发展的一般规律，并认识到我国农村信用体系建设的一般性与特殊性。

例如，欧美国家普遍重视信用法治建设，通过完善的法律体系保障信用信息的合法采集与使用，为农村信用体系的健康发展奠定了坚实基础。这一经验带给我们的启示是，加强农村信用法治建设是保障信用体系稳健运行、维护农户权益的关键所在。在亚洲诸多国家的农村信用体系建设实践中，政府扮演的积极引导角色尤为重要。这些国家通过一系列政策激励与资金扶持的精准施策，有效促进了金融机构向农村地区深度渗透，为农户提供了多元化的信用服务。这种政府与市场机制有机融合的模式，彰显了政府在宏观层面的战略导向与调控能力，同时也极大地激发了市场主体的创新活力与内生动力。此外，众多国家和地区在推进农村信用体系建设过程中高度重视信用评级标准的统一化与规范化。例如，欧盟通过颁布实施一系列严格的信用评级法规，有效规范了信用评级机构的运营行为，显著提升了评级结果的权威性与可信度。这些做法为我国农村信用体系建设提供了宝贵的经验借鉴。相关研究应借鉴国际先进经验，结合我国农村实际，构建科学严谨且符合国情的信用评价体系。除此之外，国际经验还揭示了农村信用体系建设与农村经济社会发展之间的紧密关联。农村信用体系建设不能孤立进行，应与农村经济社会发展的步伐相协调，与农民的实际需求相契合。在此过程中，注重信用文化的培育与传承显得尤为重要。

总之，通过体现中国探索的特色性、把握现实发展的规律性、明晰典型案例的参考性以及总结国际对比的借鉴性，可以更全面地理解、研究和推进我国农村信用体系建设。随着相关政策的不断优化和技术手段的进步，我国农村信用体系将在更大范围内发挥作用，助力乡村振兴战略的实施，推动农业农村现代化的实现。

第三章

乡村振兴战略中农村信用
发展回顾与中国探索

乡村振兴战略是中国共产党在关键历史时期做出的重大决策，旨在全面提高我国农村经济、社会、文化和生态水平，推动城乡一体化发展。在推进乡村振兴战略过程中，农村信用发挥着重要支撑作用，为农村经济发展、社会治理和公共服务提供了有力保障。本章通过梳理中国乡村振兴战略中农村信用发展历程，总结乡村振兴战略中农村信用相关主体发展实践，以及农村信用发展模式，分析乡村振兴战略中农村信用发展面临的现实阻碍及其原因，提炼乡村振兴战略中农村信用发展的中国特色经验，旨在为农村信用促进乡村全面振兴提供实践指导。

第一节　乡村振兴战略中农村信用发展回顾

农村信用体系的完善不仅为乡村振兴提供了坚实的软约束支撑，而且促进了农村产业持续繁荣发展。新中国成立后，新的农村信用体系尚未建立，农村集体经济的发展模式也使得农户个人对信用的需求并不强烈。本节通过梳理农村信用由传统向现代化转型的四个发展阶段，以及农村信用发展的四条逻辑主线，揭示中国农村信用体系从无到有、从弱到强的转型轨迹。

一 农村信用由传统向现代化转型的四个发展阶段

（一）1978~1998 年：农村信用由传统向现代化转型的酝酿期

在中国漫长的封建社会中，农民的生产生活空间非常有限，自给自足的小农经济一直将农民束缚在土地上，交易交往的对象局限在本地，其信用建立的基础是熟人社会，信用的约束机制主要是本地的道德力量，信用不良者将在社会资本方面受到较大制约。新中国成立后，传统的小农经济模式逐渐被集体化的人民公社体制所取代。此时，由于缺乏有效的内部监督机制，难以约束各类"搭便车"的信用不良行为。传统社会以家族势力、旧道德为核心的信用约束机制的作用逐渐被削弱，而新的农村信用体系尚未建立，农村集体经济的发展模式也使得农户个人对信用的需求并不强烈，个体信用更多是对品质的评价。

改革开放后，农村信用发展与中国经济体制改革历程密切相关。1978 年 12 月党的十一届三中全会召开，拉开了改革开放的序幕，全会做出把党和国家的工作重心转移到社会主义现代化建设上来的历史性决策，农村改革率先取得突破。1978 年底开始实行以家庭为基本单位的联产承包责任制，这一改革起到了立竿见影的良好效果，受到全国农民的热烈欢迎，粮食产量大幅增长。家庭联产承包责任制将土地和其他主要生产资料的经营权与使用权还给农民，使广大农民获得了生产经营自主权；在分配上，"交足国家的，留够集体的，剩下都是自己的"，这使得农民获得了劳动成果的剩余分配权，为其开展生产劳动提供了物质激励，调动了其劳动积极性，打破了农业生产率停滞的僵局。之后，农民群众的生产积极性显著提高，生产力得到解放，创造出乡镇企业、农业产业化等农村经济发展奇迹。在此过程中，农村经济从传统自给自足的小农经济朝规模化、专业化、商品化和现代化的商品经济方向转变，部分富余农村劳动力从粮食种植向经济作物、农副作物种植，家禽和水产品养殖，乃至乡镇企业等领域转移，为中国的城市化和工业化做出了贡献。

在中国农村经济快速发展过程中，农民生产生活的范围持续扩大，生产目的从自给自足转向以市场化商品生产为主，资金需求显著增加，交易对象持续扩容，交易交往的时空突破了传统小农经济、自然经济的约束，传统信用开始向现代信用转型。转型的标志之一就是要求将农户信用这种以道德评价为基础、以社会资本为激励约束的传统信用转变为以金融财务为基础、以交易履约为激励约束的现代信用。农业生产组织形式、目的的转变要求其融资、流通等配套机制变革，农村信用社、供销社等机构也要与时俱进，其服务变化的形式要与需求方的发展需求相一致。家庭联产承包责任制实施后，农户个体而非社队集体成为信用社服务的主要对象，农户的资金需求也从传统的农业生产领域向泛农业生产领域、轻工业生产领域乃至生活消费领域转移，这些都需要对传统的农村信用体系进行改革。同期，中国农村信用社的改革也在不断推进，其目标是适应变化的农村经济发展形势，探索解决"三农"在改革发展中面临的"融资难、融资贵"问题，有效缓解农村经济发展面临的资金约束和金融抑制。

（二）1999~2008 年：农村信用的现代化萌芽期

1999 年 7 月，中国人民银行发布《农村信用社农户小额信用贷款管理暂行办法》（以下简称《暂行办法》），明确提出"资信评定及信用额度"的概念，并指出"信用社成立农户资信评定小组""信贷人员调查农户生产资金需求和家庭经济收入情况，掌握借款人的信用条件""农户资信评定分优秀、较好、一般等信用等级"。从现有可查资料来看，这是金融领域建立农户信用和征信体系的最早探索。2001 年 12 月，中国人民银行在《农村信用合作社农户小额信用贷款管理指导意见》（以下简称《指导意见》）中明确提出，"农户小额信用贷款是指信用社基于农户的信誉，在核定的额度和期限内向农户发放的不需抵押、担保的贷款"，进一步确认了农户小额信用贷款以农户的信誉为保证，是"纯信用"的。《指导意见》在以下多个领域比《暂行办法》有显著进步。第一，信用评级的指标体系显著扩容。"信用社应建立农户信用评定制度，并根据农户个人信誉、还款记录、所从事生产经营活动的主要内容、经营能力、偿债能力等指标制定具体的评定办法"，这明确了信用评价包括的具体内容，相较于《暂行办法》中的"家庭经济收入"显著拓展了指标来源。第二，信用状况评估实现了动态管理，较静态管理更为科学。"信用社应对评定的农户信用等级每两年审查一次。对农户信誉程度发生变化的，应及时变更信用评定等级及相应的贷款限额。"第三，评估模型更加注重定性指标和本土资源。农户信用评定小组的构成成员在两个文件中发生了显著变化，从"小组由信用社理事长、主任、信贷人员、部分监事会成员和具有一定威信的社员代表组成"转变为"小组成员以信用社人员和农户代表为主，同时吸收村党支部和村委会成员参加"，这体现了本地化，更加突出了定性和背景调查的重要性。

农村信用的萌芽与社会信用体系建设的整体进程相辅相成。随着市场经济的繁荣，三角债、制假售假问题凸显，社会交易成本上升，国家提出通过建设信用体系来规范市场经济秩序，农村信用的主体参与市场经济活动，将其活动纳入整体的社会信用体系自然是题中应有之义。《国务院办公厅关于成立贯彻落实全国金融工作会议专题工作小组的通知》（国办发〔2002〕22号）提出，建立企业和个人征信体系专题工作小组，重点研究建立我国企业和个人征信体系的总体方案，包括法律保障、行业标准、运作方式、管理体制以及实施步骤等问题。2002年5月，中国人民银行、国家发展计划委员会、国家经济贸易委员会、国家质量监督检验检疫总局、国务院信息化工作办公室联合发布的《关于企业和个人征信体系建设有关问题的通知》（银发〔2002〕145号）指出，为实现信息共享，避免重复建设，同时又能积极探索经验，在国务院审定总体方案之前，专题工作小组将会同各地研究如何开展试点工作的意见。2003 年，中央政府层面领导社会信用体系建设工作的部门是全国整顿和规范市场经济秩序领导小组，具体执行部门是全国整顿和规范市场经济秩序领导小组办公室。2003 年 11 月，中国人民银行正式成立了征信管理局，管理信贷征信业，推动建立社会信用体系，并在分支行相应设立征信管理部门，负责开展信贷征信管理工作。自 2004 年起，中国人民银行总行开始领导社会信用体系建设工作。2007 年 4 月，国务院办公厅发布《关于建立国务院社会信用体系建设部际联席会议制度的通知》（国办函〔2007〕43 号），明确建立"国务院社会信用体系建设部际联席会议"制度。

2008 年 10 月，党的十七届三中全会审议通过的《中共中央关于推进农村改革发展若干重大问题的决定》正式提出"加快农村信用体系建设"，认为"农村金融是现代农村经济的核心。创新农村金融体制，放宽农村金融准入政策，加快建立商业性金融、合作性金融、政策性金融相结合，资本充足、功能健全、服务完善、运行安全的农村金融体系"。该决定确立的建立农村金融制度的安排成为后续改革的核心文件，为中国农业银行、中国农业发展银行、中国邮政储蓄银行、农村信用社的后续改革提供了指南，也为推动小额信贷、农村信贷担保机制、农业保险制度、农产品期货等的发展起到了至关重要的作用。

这一阶段可以被视为农村信用的现代化萌芽期，其核心是突出解决"三农"发展中面临的"融资难、融资贵"问题，强调建立农户征信，为其获得小额信用贷款等金融支持提供便利，组织者主要是中国人民银行，落实者主要是遍布城乡的农村信用社等金融机构，主体主要是农户，信用信息主要是个人社会信誉与经济财务状况。这一时期的农村信用体系建设与国内征信体系建设、整顿和规范市场经济秩序的进展大体上是同步发展、同频共振的。

（三）2009~2017 年：农村信用的现代化发展期

2009 年 4 月，《中国人民银行关于推进农村信用体系建设工作的指导意见》（银发〔2009〕129 号）首次提出农村信用体系建设是现代农村经济发展的基石，并对农村信用体系建设的重要性、原则和目标进行了充分阐述，"依托农村地区金融机构为农户、农民专业合作社、农村企业等农村经济主体建立电子信用档案，建立健全适合农村经济主体特点的信用评价体系"。同时，对推进农户电子信用档案建设、积极开展农户信用评价工作、探索建立农民专业合作社等农村新型经济组织的信息采集与信用评价机制、加快农村中小企业信用体系建设等重点工作进行了详细部署。在农户信用评价的基础上，"继续规范和深入开展'信用户''信用村''信用乡（镇）'建设工作"。这标志着农村信用体系建设进入新阶段，有了具体的行动指南。

2014 年 2 月，《中国人民银行关于加快小微企业和农村信用体系建设的意见》（银发〔2014〕37 号）发布，提出加快农村信用体系建设，以信用信息服务为基础，以支持融资、培育信用意识为出发点和落脚点，推进全国农村信用体系试验区建设。在该文件中，中国人民银行对试验区建设中小微企业、农户数据库，信息服务平台的建立等给予了明确说明。

2014 年 6 月，《国务院关于印发社会信用体系建设规划纲要（2014—2020 年）的通知》（国发〔2014〕21 号）（以下简称《纲要》）发布，将农村信用体系建设工程列为三大实施专项工程之一，成为社会信用体系建设的支撑体系之一。农村信用体系建设工程的具体举措包括以下内容。为农户、农场、农民专业合作社、休闲农业和农产品生产、加工企业等农村社会成员建立信用档案，夯实农村信用体系建设的基础。开展信用户、信用村、信用乡（镇）创建活动，深入推进青年信用示范户工作，发挥典型示范作用，使农民在参与中受到教育，得到实惠，在实践中提高信用意识。推进农产品生产、加工、流通企业和休闲农业等涉农企业信用建设。建立健全农民信用联保制度，推进和发展农业保险，完善农村信用担保体系。《纲要》的发布标志着我国社会信用体系建设进入一个"体系化"的新时期，农村信用体系作为重要支撑部分，必然会受到影响。

2014年12月，《农业部关于加快推进农产品质量安全信用体系建设的指导意见》（农质发〔2014〕16号）提出，"以信息系统建设和信息记录共享为基础，以农业投入品生产经营企业、农产品生产企业、农民合作社、种养殖大户为重点，以建立守信激励和失信惩戒机制为核心，强化生产经营主体诚信自律，营造诚信守法的良好社会氛围，全面提升农产品质量安全诚信意识和信用水平"。这是我国农业主管部门正式发布的第一个关于农产品质量安全信用体系建设的规范性文件，各类农产品生产主体成为重点管理对象。

2016年中央一号文件《中共中央　国务院关于落实发展新理念加快农业现代化实现全面小康目标的若干意见》提出"全面推进农村信用体系建设"，并提出"在风险可控前提下，稳妥有序推进农村承包土地的经营权和农民住房财产权抵押贷款试点。积极发展林权抵押贷款。创设农产品期货品种，开展农产品期权试点""加快建立'三农'融资担保体系"。

2017年中央一号文件《中共中央　国务院关于深入推进农业供给侧结构性改革加快培育农业农村发展新动能的若干意见》提出，"推进信用户、信用村、信用乡镇创建。支持金融机构开展适合新型农业经营主体的订单融资和应收账款融资业务。深入推进承包土地的经营权和农民住房财产权抵押贷款试点，探索开展大型农机具、农业生产设施抵押贷款业务"。

这一阶段是信用体系建设的加速期，也是现代化发展期。这一时期农村信用体系建设实现了三大发展：在覆盖主体上，从传统农户向新型农业经营主体发展；在信用产品上，从传统小额信贷、不动产担保抵押贷款向经营权、财产权、林权、生产工具抵押贷款和保险增信等信用产品发展；在信用信息归集上，从以中国人民银行主导的金融征信信息为主向包括产品质量、工商税务等社会信用信息并重发展。

（四）2018 年至今：农村信用的全面振兴期

2018 年 9 月，中共中央、国务院印发《乡村振兴战略规划（2018—2022 年）》，提出"建立健全农村信用体系，完善守信激励和失信惩戒机制"，并提出"建立农资和农产品生产企业信用信息系统，对失信市场主体开展联合惩戒""建立农业对外合作公共信息服务平台和信用评价体系""加快建立新型经营主体支持政策体系和信用评价体系""充分发挥全国信用信息共享平台和金融信用信息基础数据库的作用，探索开发新型信用类金融支农产品和服务"。

2019 年 1 月，中国人民银行等五部门联合印发的《关于金融服务乡村振兴的指导意见》提出，强化部门间信息互联互通，稳步推进农户、家庭农场、农村企业等经济主体电子信用档案建设，完善信用评价与共享机制，促进农村地区信息、信用、信贷联动。

2023 年 10 月，《国务院关于推进普惠金融高质量发展的实施意见》（国发〔2023〕15 号）提出，新型农业经营主体基本实现信用建档评级全覆盖。畅通基层党政组织、社会组织参与信用环境建设途径，加快建设新型农业经营主体信用体系。依法依规建立健全失信约束制度，加强信用教育，优化信用生态环境。

2024 年 2 月，中央一号文件《中共中央　国务院关于学习运用"千村示范、万村整治"工程经验有力有效推进乡村全面振兴的意见》提出，发展农村数字普惠金融，推进农村信用体系建设。可见，在农村信用体系建设中，将金融"五篇大文章"中的普惠金融、数字金融与农村信用体系相结合，彰显了农村信用体系建设的重要性。

2024 年 4 月，《统筹融资信用服务平台建设提升中小微企业融资便利水平实施方案》（国办发〔2024〕15 号）明确指出，国家发展改革委负责统筹融资信用服务平台建设，推动地方平台整合和统一管理。各地区要在 2024 年 12 月底前完成平台整合，融资信用服务平台开发"三农"等特色功能模块，加快推动农村信用体系建设，支持金融机构开发农户、新型农业经营主体专属的金融产品和服务，适度提高信用贷款比例。

2025 年 2 月，中央一号文件《中共中央　国务院关于进一步深化农村改革扎实推进乡村全面振兴的意见》发布，强调"深入推进农村信用体系建设，加强涉农信用信息归集共享"，可见信用信息在推动金融资源精准流向乡村振兴领域的关键作用。

2025 年 3 月，中共中央办公厅、国务院办公厅发布《关于健全社会信用体系的意见》，对农村信用信息的采集提出更加细致的规定，强调"加强农村信用体系建设，加强涉农信用信息归集共享，明确采集责任，优化精简采集指标和评价规则，提升对农户和新型农业经营主体的信用评价水平"。

这一时期是农村信用的全面振兴期，农村信用体系建设与乡村振兴、普惠金融、绿色低碳等主题深入结合，"银税互动""银商合作"持续开展，公共信用信息被农村金融机构广泛应用于信贷流程，农业信贷担保体系、农业保险等得到显著发展，农村信用主体的金融服务可得性明显提升。

二　农村信用发展的四条逻辑主线

经过多年努力，农村信用发展取得显著成效。横向上扩展，覆盖主体不断增加；纵深上拓展，应用场景日益丰富。农村整体信用意识显著增强，金融服务覆盖率、可得性、满意度明显提高，"三农"融资规模持续扩大，为乡村振兴、脱贫攻坚、绿色低碳转型做出了巨大贡献。总结来看，农村信用发展具有以下四条逻辑主线。

（一）拓展农村征信业务的可及性

农村征信业务的可及性主要是指信用信息的易获得性和可使用性程度。可及性的拓展至少体现在以下三个方面。

一是征信业务的整体覆盖区域显著增加，遍布全国各地。农村信用体系建设具有渐进性的特征，农村征信体系建设的政策虽然适用于全国各地，但是经济发达地区的资金需求较为旺盛，其进展更迅速，这是市场化自下而上推动的结果。从自上而下的角度而言，主要是政策红利推动的产物，国家先后在多个地区开展农村金融试点，这种先行先试让部分地区成为先行者，取得宝贵经验后从试验区拓展到全国各地，老少边穷和偏远地区均得到显著覆盖。这些信息可以通过中国人民银行金融信用信息基础数据库覆盖的主体数量中得到证明。金融信用信息基础数据库已成为全球覆盖人口最多、收集借贷信息最全的征信系统。截至 2023 年末，该数据库累计收录 11.6 亿自然人信息以及 1.3 亿企业和其他组织信息，较 2007 年末的近 6 亿自然人和企业信息显著增加，这些增加的自然人和企业主要是偏远农村的各类主体，有效满足了金融机构信贷等业务对信用信息的需求。

二是覆盖信用主体的类型不断丰富，逐步适应农村经济发展的变化。农村经济主体起初以农户为主，陆续发展到乡镇企业、专业合作社，进一步拓展到家庭农场、产业化龙头企业等新型农业经营主体。这种拓展伴随中国农村经济的商品化、市场化、产业化、现代化进程，也反映了中国城市化和现代化进程中对绿色、安全、休闲农业的需求升级。在此过程中，农村经济主体的经营出现了集中化、规模化、资本化的动向，新型农业经营主体从发展的新兴势力成长为绝对主力。在前文发展阶段的分析中，历年来的中央一号文件均对新型农业经营主体的信用建档评级提出要求就是进步的明显佐证。

三是信用信息的可及性得到显著拓展，形成大数据时代征信信息广覆盖的局面。征信业务的整体覆盖区域显著增加以及覆盖信用主体的类型不断丰富主要体现为主体层面的拓展，而信用信息的拓展主要是数据拓展，数据拓展依赖于打破信息不对称的各种进展，主要是农村居民社会参与程度的提升，其经济社会交往信息和记录得以留存，为信用评价提供了基础。拼多多、天猫、京东等电子商务平台直接渗透到全国各地的农村，大量农产品销售打破时间、空间的限制，可以预售、认领、远程销售物品，其陌生交易的数量显著增加，大量的交易数据信息得到沉淀，可以提供更为丰富多元的财务信用数据；农户在微信、微博、抖音、快手、游戏等社交平台成为活跃用户，社交数据得以沉淀，可以获取其消费、互动社交、朋友圈、人际关系、社交网络等信息，研究其消费、社交、行为数据，更好地对其社会资本、诚实守信等情况进行判断。

（二）增强农村信用数据的有效性

信用数据的有效性是指信用数据的相关指标、评价结果能够反映信用主体履行义务的能力和意愿。增强信用数据的有效性主要体现在以下三个方面。

一是数据指标本身的丰富性。随着不相关指标的增加，其交叉验证的效果更为有效，可以摆脱对传统少数指标形成简单判断的依赖。以最典型的农户为例，在初期，信用数据主要是家庭组织结构信息，如人口及其构成、劳动力数量、健康状况、学历信息、家庭负担等，财务信息则主要包括家庭收入与支出情况，这是早期简单明了的信息。这些信息主要衡量农户的偿债能力，附加上村委会反馈的道德信息及偿债意愿，这是早期信用评估的主要逻辑。当前，农户信用信息的丰富程度显著提高，财务状况中引入了大量资产信息、经营信息，如经营权、应收账款、农村房屋产权等之前不可能引入的信息，通过市场对这些权利的交易定价信息，能够充分反映财富积累的成果，而非仅限于已收到的资产。同时，大量融入非本地社会信息，通过大量的社交、网购信息来验证其信用状况，比当地熟人社会纯粹的道德评价更加有效，能够切实反映陌生交易场景下的自觉行为。

二是数据本身的真实性提高，可以较为准确地衡量信用主体的偿债能力。以财务状况为例，判断偿债能力的核心信息是其资产状况或者财富状况，在市场经济显著发展的今天，房屋、生产资料、应收账款、产权、无形资产等都有交易市场和资产评估，可以形成价格数据，甚至能够及时变现，市场化程度越高，交易价格数据的准确性越高，对其信用的判断也就越准确。

三是信用评估模型的科学性提升、有效性增强。信用评估模型是对信用指标数据进行加工的工具，通过将多种类型的信用信息转换为定量的信用分类，进而服务于评估目的。传统上各地农村金融机构结合本地农村经济特点和特色，参考各类征信主体的基本信息、道德品质、经营特征、合作状况、财务能力等信用信息，大多采用打分卡方法构建信用评估模型。这种评估模型本质上是专家打分法在信用评估领域的具体应用，体现了专家的判断，具有浓厚的主观色彩，其更新流程耗时长，不能动态反映评估对象情况的快速变化。在信用体系建设过程中，随着可用量化数据的显著增加，部分机构通过聘请专业机构、科研组织来研发优化信用评估模型，提升了模型的科学性、客观性和有效性。

（三）创新农村信用产品的多样性

农村信用体系建设的出发点是缓解农村地区"融资难、融资贵"问题，提升农村信用产品的可得性。2012年9月，《银监会关于印发〈农户贷款管理办法〉的通知》（银监发〔2012〕50号）提出，农村金融机构应当坚持服务"三农"的市场定位，积极发展农户贷款业务，制定农户贷款发展战略，积极创新产品，加大营销力度，不断扩大授信覆盖面，提高农户贷款的可得性、便利性和安全性。农村信用产品的多样性是农村信用体系建设的出发点，也是检验其成败的关键指标。经过多年的发展，当前我国农村信用产品的多样性显著提高，主要体现在以下几个方面。

一是贷款用途显著增加，从以满足生产为主到满足生产生活兼顾。

按照用途分类，农户贷款分为农户生产经营贷款和农户消费贷款。早期农村信用社农户小额信用贷款的用途仅仅局限在生产用途上，之后拓展到"购置生活用品、建房、治病、子女上学等消费类贷款"，目前则拓展到旅游、购物、购房、购车、农业机械等领域，与城市居民的贷款用途边界逐渐模糊。生产经营贷款也衍生出诸如种子贷、产业联贷、原材料收购贷、农业机械贷等品类服务于传统农业生产，也有民宿贷、园艺贷、观光农业贷等品类服务于新型农业经营主体。金融机构针对农业适度规模经营、水利、新型城镇化、老龄化、绿色生态等重点领域，开发出了园区贷、工业贷、养老机构贷、农村城镇化贷等产品。

二是贷款增信形式多样化，涉农资产流动性增强，抵质押品范围扩大。按照信用形式分类，农户贷款分为信用贷款、保证贷款、抵押贷款、质押贷款，以及组合担保方式贷款。长期以来，农村金融机构通过积极创新抵质押担保方式，增强农户贷款增信能力，创设了多种配套产品。目前可供选择的农村信用产品包括从纯粹信用的小额信用贷款到依赖组织增信的产品（如依赖信用协会、信用联保、信用担保基金等信用风险分担组织增信的担保贷款），依赖信用保证保险、农产品保险等保险增信的产品，依赖动产抵押、权利质押的产品（如土地承包经营权、农村住房财产权、经济林权、农产品所有权抵押贷款），农业生产工具（设施）抵押、供应链融资等业务，以及更为复杂的信贷、担保、证券、期货、保险等领域之间的协同创新产品。

三是贷款获取方式从线下有形的服务网点拓展到线上数字金融。传统上制约农村信用供给的一大问题是线下网点的服务成本过高，而现在依托发达的互联网、物联网，通过数字化就可以很容易地获得贷款服务，打破传统地理网点不足的限制。此外，有些金融机构通过提供数字化解决方案，将农户的融资需求和农业经营有效结合，提供综合的解决方案。例如，中国农业银行提供的智慧畜牧方案，利用物联网设备，实现畜牧智能化管理，动态监控牲畜的生命健康状况；采用区块链技术，确保生物资产的全生命周期可追溯管理；依托大数据开展精细化管理、科学化养殖，通过对生物资产进行有效的登记，满足银行、保险、担保、政府等生物资产抵押监管要求，方便进行贷后管理。

（四）推动农村信用监管的全程性

全程性意味着在事前、事中、事后能够实现全覆盖，避免遗漏、留死角。从管理的角度看，全程性意味着事前建立制度规范、事中进行动态监管、事后强化应用和奖惩机制。农村信用体系建设不是法外之地，只有全程推进农村信用监管，才能保证其平稳运行，并保障相关利益者的合法权益。

一是事前建立制度规范，推进农村信用信息归集、信息平台建设，确保相关工作有法可依、有章可循。在信用体系建设早期，中国人民银行负责组织推进农村信用体系建设工作，如进行综合协调与业务指导，跟踪、督促、反馈各项工作的进展和落实情况等，中国人民银行、国家金融监督管理总局（原中国银保监会）、中国证监会、财政部、农业农村部等部门发布多项文件规范农村征信、农村金融活动，并直接参与制订涉农金融机构的改革方案，明确各类金融机构在农村信用体系建设中的定位。《中国人民银行关于推进农村信用体系建设工作的指导意见》（银发〔2009〕129号）是早期的纲领性文件，确立了农村信用体系建设的行动方略；中国人民银行制定的《征信机构管理办法》《征信业务管理办法》《信用评级业管理暂行办法》等法规制度，为征信业稳健发展提供了重要保障。

二是事中进行动态管理，确保信用信息及时更新，并提供信用修复机制。信用信息直接关系到利益相关方的切身利益，在融资借贷、争先评优等领域具有重要的参考价值。信用信息不仅具有显著的经济金融价值，而且是一项重要的社会资源。国家发展改革委牵头建设、国家信息中心承建的全国信用信息共享平台，实现了信用信息归集共享；中国人民银行主导建立的金融信用信息基础数据库，为金融机构共享信贷信息等农村金融信用信息提供了全面的基础性征信服务。信用信息必须具有准确性，能够动态反映变化的经济主体的信息，适应快速变化的社会经济形势。农村信用体系建设之初，通过推进农户电子信用档案建设，旨在实现农户信用档案电子化，为其持续更新打下了基础，目前已经实现自动评分、随时更新。国家发展改革委自 2018 年开始启动信用修复工作，受理"信用中国"网站公示的各类失信信息修复申请，给失信者矫枉过正的机会。国家发展改革委陆续出台多个文件不断完善信用修复制度，并于 2023 年 1 月印发《失信行为纠正后的信用信息修复管理办法（试行）》（国家发展改革委令第 58 号），为信用修复提供了明确依据。同时，国家市场监督管理总局持续开展深化信用修复试点，在全国做了大量的探索和实践。

三是事后应用场景不断丰富，奖惩机制持续发挥激励约束作用。当前信用评价结果已经在金融、财税、市场监管、食品安全等领域得到广泛应用，根据主体信用评价结果实施分类监管，将评价结果纳入"双随机"抽查监管机制，其应用领域不断拓展。通过建立健全守信激励与失信惩戒机制，将信用评价结果与广大农村的公共服务、行政管理、扶危济困、社会纠正等活动相结合，在农村社会治理中发挥了重要作用。

第二节　乡村振兴战略中农村信用相关主体探索

农村信用相关的金融主体涉及正规金融机构与民间金融，前者主要是各类持牌金融机构，后者主要是非持牌机构。民间金融在农村信用中发挥着次要、辅助作用，正规金融机构则起着主要、骨干作用。农村信用体系建设由正规金融机构参与实施，因此本节的分析重点放在正规金融机构上，不具体分析各种形式的民间金融。正规金融机构可以分为银行类金融机构和非银行类金融机构，其中银行类金融机构又可以分为政策性银行、开发性银行、商业银行、村镇银行、农村资金互助社等；非银行类金融机构主要涉及保险类机构、小贷公司等。此外，我国还有供销合作社等机构，可以在农村信用体系建设中发挥补充作用。

一　银行机构

商业银行是农村信用体系建设的主力军。2023 年末，我国金融业机构总资产为 461.09 万亿元，其中银行业机构总资产为 417.29 万亿元，占金融业机构总资产的比重达到 90.5%，是农村金融服务责无旁贷的主要担当。[①] 根据中国人民银行的统计，截至 2023 年末，全国涉农贷款余额为 56.6 万亿元，同比增长 14.9%。[②]

（一）农村信用社与农村商业银行

1997 年中央金融工作会议确定"各国有商业银行收缩县（及县以下）机构，发展中小金融机构，支持地方经济发展"的基本策略后，农村信用社就成为农村信用产品最主要的供给方。此后，农村信用社经历了多轮改革，有些农村信用社更名为农村商业银行，但是总体上仍然保持了主要服务于"三农"的业务定位。以北京农村商业银行为例，其改制成立于 2005 年 10 月，是国务院批准组建的首家省级股份制农村商业银行，前身是创立于 1951 年的北京市农村信用合作社，目前已发展成为金融服务覆盖北京市所有行政区和乡镇的万亿元规模的现代商业银行，其市场定位是"立足城乡、服务'三农'、服务中小企业、服务市民百姓"。农村商业银行、农村合作银行、农村信用社是服务小微企业、"三农"、乡村振兴的重要金融力量，必须牢固坚守服务本地、服务小微、服务"三农"、服务乡村振兴的市场定位，要立足当地做精

---

① 《2023 年末金融业机构总资产 461.09 万亿元》，中国人民银行网站，2024 年 3 月 20 日，http://www.pbc.gov.cn/goutongjiaoliu/113456/113469/5281362/index.html。
② 中国人民银行普惠金融工作小组：《中国普惠金融指标分析报告（2023—2024 年）》，2025 年 1 月。

做细，深耕当地，因为中小银行具有天然的熟悉当地的比较优势。[1] 在监管机构的统计中，农村商业银行、农村合作银行、农村信用社等统计归类为农村（中）小银行。根据国家金融监督管理总局的统计，截至2023年末，农村中小银行以占全国银行业14%的总资产，发放了涉农贷款总量的28.3%（16万亿元）；支农支小贷款占各项贷款的比例长期保持在80%左右，新增可贷资金90%投放在当地，成为支农支小主力军。农村中小银行超过70%的法人机构和网点分布在县域。实际上，在许多县以下的农村地区，农村信用社等中小银行基本上已成为唯一的正规金融机构。[2]

2014年12月，中国银监会发布了《加强农村商业银行三农金融服务机制建设监管指引》，将农村商业银行"三农"金融服务机制建设和执行情况与机构市场准入、监管评级、标杆行评选、高管人员履职评价挂钩，引导农村商业银行建立"三农"金融服务长效机制。

在实践中，各地农村商业银行围绕本地特色，重点发挥地缘优势、网点优势、市场优势，推陈出新，开创了很多富有本地特色的产品。从全国来看，各地农村商业银行通过农户联保、互助担保、信用村、信用乡（镇）等担保形式开展了担保授信贷款，通过农村土地承包经营权、林权、宅基地使用权、房屋产权等开展抵押贷款，通过存单质押、保单质押、养老保险质押等开展质押贷款，通过农村担保基金、财政贴息、农业保险等财政补贴形式开展贷款，还通过在库农牧产品、应收账款、收益权、农业科技专利质押等创新方式开展创新融资。这些创新在地方的具体实践中丰富多彩。以北京农村商业银行为例，2023年北京农村商业银行推出十款特色产品，持续加大信贷供给，已形成涵盖6大类

---

[1] 《国务院新闻办就金融服务经济社会高质量发展举行发布会》，中央人民政府网站，2024年1月26日，https://www.gov.cn/lianbo/fabu/202401/content_6928403.htm。

[2] 《国家金融监管总局：我国农村中小银行新增可贷资金90%投放在当地》，百度百家号，2024年1月19日，https://baijiahao.baidu.com/s？id=1788521915744029364&wfr=spider&for=pc。

23 款涉农特色产品的"凤凰助飞"乡村振兴融资服务品牌，累计为各类新农村建设项目提供授信支持超 2000 亿元。支持区域特色产业，推出草莓贷、西瓜贷、果品贷等特色产品。2023 年 7 月北京市发生暴雨灾害后，北京农村商业银行第一时间组织出台帮扶市场主体、支持灾后重建专项金融服务方案，通过创新的宅基地房屋建设贷款以及新研发的"京西小院贷"、设施农业贷、农税贷、果品贷等专项产品，全力推动受灾地区恢复正常生产生活。在创新发展中，北京农村商业银行创新活体牲畜抵押贷款产品，发放北京市首笔以活体仔猪作为抵押物的流动资金贷款；率先采用中国人民银行动产融资统一登记公示系统和农业农村部系统双质押登记的风控模式，落地北京市首笔植物新品种权质押贷款。

（二）商业银行

1. 中国农业银行

中国农业银行是国有大型商业银行中唯一以农业命名的银行，曾长期统一管理支农资金、领导农村信用合作社、统一管理农村金融事业。在完全商业化经营后，中国农业银行仍站在农村金融事业发展最前沿，在农村信用发展方面做出了大量卓有成效的探索，可以视为商业银行的典型代表。2007 年 9 月，中国农业银行选择吉林、安徽、福建、湖南、广西、四川、甘肃、重庆 8 个省（区、市）开展面向"三农"的金融服务试点；2008 年 3 月，中国农业银行又在 11 个二级分行开展"三农"金融事业部改革试点；2008 年 8 月，中国农业银行总行设立"三农"金融事业部，推动全行"三农"金融事业部制改革全面铺开。2009 年 4 月，中国银监会发布《中国农业银行三农金融事业部制改革与监管指引》（银监发〔2009〕35 号），对其组织架构、经营机制进行了明确规定，实现了组织独立、考核独立，为中国农业银行参与农村信用发展提供了政策激励。中国农业银行也是国务院扶贫开发领导小组唯一的商业银行成员单位，与农业农村部多次联合发文，支持三次产业融合发展、农业产业化联合体、畜牧业高质量发展、绿色农业发展、乡村休闲旅游等。在实践中，中国农业银行开展了大量卓有成效的探索，以增加对"三农"的资金支持。在农村扶贫方面，中国农业银行通过政府担保机构增信发放扶贫金融贷款、精准扶贫贷等产品支持贫困农户创新创业，在贫困地区推出金融扶贫富民工程贷款、扶贫生态移民工程贷款、光伏扶贫贷款等产品；在支持农业发展方面，中国农业银行鼓励各地分支机构根据当地的特色农产品、资源禀赋，开展了槟榔贷、林果贷、油茶贷、甜蜜贷、辣农贷、茶农贷等特色产业信贷产品，扶持相关产业发展；在新农村建设方面，中国农业银行支持农民开展"安居工程"建设，为乡村治理、环境清洁的基础建设提供了大量贷款。在数字化、移动化方面，中国农业银行构建了"惠农ｅ贷""惠农ｅ付""惠农ｅ商"三大平台，引导农民网上买、网上卖、网上结算、网上融资，较好地缓解了农村买难、卖难和融资难问题。通过上述网络平台，中国农业银行可以撮合交易、跟踪资金流水，积累了农户信用信息，为发展农村信用做出了开拓性贡献。此外，中国农业银行适时出台了服务乡村振兴"七大行动方案"，针对农村产业融合、粮食安全、美丽乡村建设等重点领域完善信贷政策，加大金融支持力度。当前，除了"惠农信用卡"外，中国农业银行还针对"三农"创新了多种产品。其中，个人产品包括"惠农ｅ贷""富民贷""农户小额贷款""农村个人生产经营贷款"等，对公产品包括"园区贷""工业贷""农村城镇化贷款""养老机构贷款""县城商品流通市场建设贷款""季节性收购贷款"等产品，其他产品包括"农业生产托管贷款""金穗农担贷"，以及"三农"数字乡村平台中的"三资"管理、智慧畜牧、乡镇治理等。

2. 中国邮政储蓄银行

中国邮政储蓄银行是国内网点数量最多的金融机构，遍布城乡各地，超过70%的网点分布在县域，是乡村地区金融服务的重要力量之一。2013年，中国邮政储蓄银行自上而下设立"三农"金融部及"三农"金融服务机构，安排专业团队负责"三农"业务管理，面向农村、农业、农民的资金需求，在担保方式、金额、期限、流程、利率等方面开展创新，开发出"邮易贷-极速贷""政贷通""商贷通""农贷通"等个人经营性贷款，并开展产业链经营贷等乡村振兴特色业务。各地分行也立足地方特色，推出多种地方特色贷款，如大连分行推出"樱桃特色行业贷""水产品行业流水贷""肉鸡产业链贷""船舶特色经营贷"等产品；天津分行推出"树苗贷""粮食贷""水产养殖贷""饲料贷"等特色涉农产品。中国邮政储蓄银行还与农业农村部签订《金融服务与支持现代农业发展合作协议》，支持现代农业示范区建设；与多个国家部委签订支农助农合作协议，利用优惠政策和合作机构的增信措施，帮助农户获得贷款，降低融资成本。中国邮政储蓄银行通过构建"银政、银企、银协、银担、银保"五大营销平台，与涉农担保公司开展担保贷款合作，与多家财产保险公司开展保证保险贷款业务，与产业龙头企业合作发展产业链贷款。①

3. 其他商业银行

其他商业银行通过设立普惠金融事业部或其他业务部门开展农村信用业务，也有部分银行通过投资管理型村镇银行和"多县一行"制村镇银行试点增加对农村的网点布局，开展"三农"业务。"三农"业务是普惠金融的重要组成部分，部分商业银行在中国人民银行支农政策的激励下，千方百计推动农村金融产品创新，实现了经济效益和社会效益的双丰收。

（三）政策性银行

1. 中国农业发展银行

作为中国唯一的农业政策性银行，中国农业发展银行自 1994 年成

---

① 邵智宝：《深耕"三农"金融服务　助力农村金融发展》，人民网，2015 年 4 月 28 日，http://finance.people.com.cn/bank/n/2015/0428/c202331-26916878.html。

立以来，在服务"三农"，特别是支持粮棉油收储、农业开发和农业农村基础设施建设等方面发挥了重要作用。中国农业发展银行成立之初，主要围绕农产品收购开展业务，重点是支持粮棉油收储，解决向农民收购产品时"打白条"问题。2004年以来，为贯彻落实国家关于支持新农村建设的要求，中国农业发展银行逐步将业务范围扩大到服务农业农村发展上，形成了粮棉油全产业链和农业农村基础设施"两轮驱动"的业务发展格局。2014年12月，中国农业发展银行改革实施方案经国务院批复同意后，开始加大向农业农村基础设施、农田水利灌溉工程、农村道路及卫生设施等领域的贷款投放力度，在农村金融体系中真正发挥了主体和骨干作用。2021年以后，中国农业发展银行主动适应"三农"工作重心的历史性转移，深入研究、跟进落实党中央实施乡村振兴的战略部署，以服务乡村振兴统揽工作全局，积极运用"千万工程"经验支持和美乡村建设，落实"藏粮于地、藏粮于技"战略，全力推进农业现代化发展，支持建设了一大批国家重大水利项目，补齐农村基础设施短板，大力支持生态文明建设，突出重点支持新型城镇化和城乡融合发展。近年来，中国农业发展银行与农业农村部联合发布多个文件，持续支持"三农"建设。中国农业发展银行成立以来，紧跟政策步伐，在做好粮食购销储业务的基础上，不断扩大业务领域，助力国家粮食安全由"储备安全"向"产能安全"拓展，累计投放粮油储备调控贷款7.7万亿元，投放市场化粮油贷款3.8万亿元；聚焦耕地、种子"两个要害"，加大对高标准农田建设、农业科技和农田水利建设等的信贷支持力度，累计投放农地贷款9078亿元、农业科技贷款2388亿元、种业贷款908亿元、农田水利贷款近200亿元。[①]

2. 中国进出口银行

中国进出口银行是专注于支持国际经贸、对外投资、国际经济合作

[①] 《农发行：全力服务国家战略和"三农"事业发展》，中国金融新闻网，2024年8月8日，https://www.financialnews.com.cn/2024-08/08/content_406000.html。

的政策性银行。通过出台《支持农业"走出去"战略合作协议》和《支持农业国际化发展战略合作协议》等文件，中国进出口银行为农业领域的进出口和国际合作项目提供融资服务，支持企业发展现代和高科技农业项目。同时，中国进出口银行还积极与政府、担保公司、保险公司等合作，提高信贷资金投放效益。在农业产业化龙头的原料收购环节，中国进出口银行通过农业产业化贷款支持企业向农户支付贷款。在出口环节，中国进出口银行以农产品出口卖方信贷和出口保理业务满足企业需求。中国进出口银行提供的产品主要包括农业产业化发展贷款、转型升级贷款、服务贸易贷款等，聚焦农产品进出口、农业科技装备制造、农业基础设施建设等领域加大信贷投入。在具体实践上，中国进出口银行大力支持农产品及生产资料进出口，服务农村企业"引进来"和"走出去"。其中，在"引进来"方面，中国进出口银行利用外国政府贷款转贷款业务，引进国外农林牧渔领域的资金、技术、设备，支持国内的农业产业化和基础设施建设。在"走出去"方面，中国进出口银行推出农产品出口卖方信贷业务，帮助出口企业获得资金，支持产业链上下游。[①]

近年来，中国进出口银行集中开拓农产品、种子农业机械、农业基础设施等领域符合主责主业的业务，持续深化、拓展与相关方面的交流合作，积极为优质企业开展农业技术引进、农产品和农业机械进出口等提供金融支持。

3. 国家开发银行

作为我国唯一的开发性金融机构，国家开发银行在农村信用体系建设探索方面起步较早，在新农村建设、农业发展开发性金融等重点领域持续耕耘。早在2006年，国家开发银行就与农业部合作，重点支持粮食安全保障、新农村基础设施建设、农业资源开发、农村生态环境整

---

① 李郡：《进出口银行支持农村改革发展大有可为》，《经济日报》2009年3月4日。

治等领域的项目建设。之后又陆续与相关部门签署合作协议，重点支持现代农业示范区、农产品专业市场建设和现代渔业发展。2015 年 3 月，国务院批复国家开发银行深化改革方案，明确国家开发银行开发性金融机构的功能定位，主要从事开发性业务，如新型城镇化、保障性安居工程、"两基一支"、支持"走出去"等。2022 年，国家开发银行与农业农村部、国家乡村振兴局等部门合作，进一步推进开发性金融支持农业农村基础设施建设，重点围绕耕地保护与质量提升、农业科技创新、农业产业融合、现代设施农业发展、农业防灾减灾、乡村建设等领域开展信贷投放。

二 保险机构

（一）财产保险公司

当前，财产保险公司对农村信用的探索主要通过以下三种形式来开展。

一是"农业保险+"模式，通过保险为农户提升信用等级，帮助农户以更低的成本进行融资进而扩大生产。通过农业保险降低农业生产经营的不确定性，降低自然灾害和市场风险导致的冲击，为农户维护财务状况稳定和相关担保物品安全提供风险保障。2004 年中央一号文件提出，加快建立政策性农业保险制度，选择部分产品和部分地区率先试点，有条件的地方可对参加种养业保险的农户给予一定的保费补贴，鼓励商业保险机构开展农业保险。此后，每年的中央一号文件都有关于农业保险的相关阐述。我国成立了多家专门的农业保险公司，主要开展农业保险业务，与财产险行业龙头企业一起成为农业保险发展的主力。经过多年发展，农业保险覆盖面持续扩大。其一是地理覆盖范围持续扩容，从最早的部分重点粮食主产区扩展到全国所有省份；其二是作物品种覆盖范围持续扩展，从最早的三大粮食作物逐步扩展到农、林、牧、渔各个领域，包括几百个地方特色优势农产品和畜牧养殖保险产品，基本实现全覆盖。农业保险保障程度不断提升，从部分成本保险到完全成本保险，再到种植收入保险，保障水平显著提高，有效弥补了投保人的经济损失。在此过程中，大力发展价格保险，实现保障范围从保自然风险向保市场风险扩展。农业保险作为基础性制度安排，有效降低了农产品生产者面临的自然风险与市场风险，提高了其经营稳定性和风险承受能力，与其他金融形式相结合，促进了农村信用体系的健全和丰富。

二是银行业与保险业联合开发"信贷+保险"产品，通过小额贷款保证保险、借款人意外伤害保险、保单质押等方式为融资主体提供担保和风险缓释工具，缓解"融资难、融资贵"问题。其中，发展较快的是小额贷款保证保险。小额贷款保证保险的投保人在无法按照合同履行还款义务时，通过购买保险，由保险公司来代为偿还，这鼓励了银行类金融机构的放贷行为。

三是通过"保险+期货"提前锁定未来农产品市场价格，降低农产品的市场风险，提升金融服务可得性。价格风险是农业生产经营者面临的重要风险之一，通过开展"保险+期货"，可以锁定农产品目标价格，防范自然风险和市场风险，促进收入稳定。

(二) 政策性保险公司

我国唯一的政策性保险公司是中国出口信用保险公司，其对农村信用的探索主要集中在农产品出口信贷方面。早在 2006 年 8 月，商务部就与中国出口信用保险公司联合发布《关于利用出口信用保险进一步支持农产品出口的通知》(商贸函〔2006〕80 号)。自中国出口信用保险公司成立以来，就积极为农产品出口企业提供出口信用保险及相关服务，增强了企业开拓国际市场的能力，促进了农产品出口和农民增收。[1] 中国出

---

① 《出口信用保险六大服务支持农产品出口初现成效》，中央人民政府网站，2007 年 8 月 14 日，https://www.gov.cn/gzdt/2007-08/14/content_716082.htm。

口信用保险公司通过保障企业收汇安全，维护企业利益，鼓励企业采取灵活的结算方式，抓住贸易机会，帮助企业加强风险管理，支持企业开拓新兴市场。此外，中国出口信用保险公司主要通过两种途径为企业提供融资便利：第一，通过与出口信用保险相关的担保业务为企业提供融资支持；第二，通过贸易融资担保，让企业直接从商业银行获取信贷支持。

（三）农村保险互助社

根据国家金融监督管理总局发布的《保险机构法人名单》，截至2024年6月，我国有3家农村保险互助社，均位于浙江省，其中2家在慈溪市，1家在瑞安市。农村保险互助社是经保险监管机构批准，由农村集体经济组织等投入资金、地方政府提供财政补贴共同形成营运资金，农民通过投保成为社员，以农民互助互济、共同抵御风险为目的的农村保险组织。由于农村保险互助社不以营利为目的，因此在保费上比商业保险低很多，旨在解决商业保险保不起、农民买不起的问题。2011年9月，第一家互助性质的农村保险组织机构——宁波慈溪农村保险互助社正式获得中国保监会批复同意试点，这是我国农村保险组织形式的新突破和重大创新，其业务范围限定为短期健康医疗保险、意外伤害保险、家庭财产险，村民花少量保费就可以获得数十倍于保费的家庭财产和意外伤害保障。然而，单一的村级农村保险互助社资金规模较小，承保能力有限，抗风险能力较弱。2013年8月，国内首家镇级农村保险互助联社——慈溪市龙山农村保险互助联社正式获得中国保监会批准成立，主要负责对龙山镇8个村级农村保险互助社进行日常管理、指导和协调。农村保险互助社提高了村民保险保障水平，具有明显的防灾减灾作用，提升了农民的保险保障意识，为其提高信用评价提供了有力支持。

三　与农村信用相关的其他主体

（一）供销合作社

供销合作社是为农服务的合作经济组织，是党和政府做好"三农"工作的重要载体。截至 2024 年 8 月，供销合作社系统基层社总数已经超过 3.7 万家，乡镇覆盖率提高到 98%，领办创办各类专业合作社近 20 万家，全系统农产品批发市场近 1600 家，占据全国总量的 1/4。[①] 供销合作社已经形成了遍布全国的流通网络体系和组织服务体系。这是供销合作社发展农村信用体系的最大资本，庞大的网点和组织机构提供了海量的动态交易数据和静态主体数据，为信息平台的建设、信用产品的创新提供了有利条件。供销合作社生在农村、扎根农村，与农户有着天然的、密切的利益联结，供销合作社基层工作人员具有显著的"熟人优势"，长期与农民"打成一片"，为农村信用宣传教育、信用环境优化打下了较好的组织和人力基础。[②] 近年来，供销合作社坚持为农服务宗旨，围绕农村合作金融、信用合作、金融精准扶贫等板块，积极创新信用融资服务和产品，强化市场信用约束，取得了显著成果。

（二）中国农业产业发展基金

2012 年，财政部联合三家金融机构设立中国农业产业发展基金，由中国信达资产管理股份有限公司担任基金管理人，主要采用股权投资方式，投资农业领域的企业，培育农业产业化龙头企业，引导社会资本支持"三农"。该基金运行以来，累计投资超过 20 家农村企业，投资金额超过 30 亿元，投资项目涵盖农业产业链整体，带动超过 130 亿元的国内外社会资本投资农业，显著拓宽了农业产业融资渠道。

[①] 朱文浩、李嘉：《供销合作社助力农村信用体系建设的路径分析》，中国供销合作网，2024年 9 月 18 日，https://www.chinacoop.gov.cn/news.html? aid=1820508。

[②] 朱文浩、李嘉：《供销合作社助力农村信用体系建设的路径分析》，中国供销合作网，2024年 9 月 18 日，https://www.chinacoop.gov.cn/news.html? aid=1820508。

（三）小额贷款公司

小额贷款公司是一种不吸收公众存款、主要依靠股东资金和融入资金开展小额贷款业务的地方金融组织。网络小额贷款公司是其中一种形式，在监管上与小额贷款公司没有差异。小额贷款公司开展业务坚持小额、分散原则，发挥灵活、便捷优势，践行普惠金融理念，主要服务于小微企业、农户和个人消费者等群体。小额贷款公司的试点最早于2005年12月在五省（区、市）开展。2008年5月，中国银监会和中国人民银行联合发布《关于小额贷款公司试点的指导意见》（银监发〔2008〕23号），将小额贷款公司试点推向全国。截至2024年12月末，全国共有小额贷款公司5257家，贷款余额7533亿元。[①] 网络小额贷款公司打破地域经营限制，为农村地区的融资主体获得小额信贷提供了便利。

（四）村镇银行

村镇银行是在农村地区设立的主要为当地农民、农业和农村经济发展提供金融服务的银行业金融机构。截至2023年底，中国村镇银行的数量已超过1600家，占全部银行业金融机构的比重超过1/3。[②] 这些村镇银行广泛分布在全国各地，尤其是在中西部地区和经济欠发达地区，有效地提升了这些地区的金融服务水平。根据国家金融监督管理总局的数据，村镇银行的总资产、总负债和各项贷款余额均保持稳定增长，呈现良好的发展势头。从村镇银行的发起人来看，以城市商业银行和农村金融机构为主，这也是这两类机构通过设立村镇银行跨地区经营的又一创新实践。

---

① 《2024年小额贷款公司统计数据报告》，中国人民银行网站，2025年1月27日，http://www.pbc.gov.cn/diaochatongjisi/116219/116225/5578788/index.html。

② 《银行业金融机构法人名单（截至2023年12月末）》，国家金融监督管理总局网站，2024年4月30日，https://www.nfra.gov.cn/cn/view/pages/governmentDetail.html? docId = 1160641&itemId = 863&generaltype = 1。

（五）农村资金互助社

农村资金互助社主要由农村地区的经济主体自愿入股组成，为社员提供存、贷、结算等金融服务的社区互助性金融机构。2007 年，中国银监会印发《农村资金互助社管理暂行规定》《农村资金互助社组建审批工作指引》《农村资金互助社示范章程》等监管文件，为该类型金融机构的发展提供了法规依据。农村资金互助社的服务对象主要是社员，资金来源主要是社员存款、捐赠资金和融入资金，资金的主要用途是向社员发放贷款，具有明显的"合作性""互助性""区域性"特点。近年来，农村资金互助社出现了一些经营风险，部分已经开始解散退出。

（六）农村融资担保机构

2015 年中央一号文件提出，"鼓励开展'三农'融资担保业务，大力发展政府支持的'三农'融资担保和再担保机构，完善银担合作机制"，以缓解"三农"融资难、融资贵的问题。2015 年 7 月，财政部、农业部、中国银监会联合印发《关于财政支持建立农业信贷担保体系的指导意见》（财农〔2015〕121 号），提出力争用 3 年时间建立健全覆盖全国的政策性农业信贷担保体系框架。2016 年 5 月，国家农业信贷担保联盟有限责任公司成立，该公司是经国务院批准组建的政策性担保机构。截至 2023 年末，全国已经形成三级农业信贷担保服务体系，设置 33 家省级农业信贷担保公司、1154 家基层市县层面的分支机构，县域业务覆盖率达到 98%（祝红梅，2024）。截至 2024 年 4 月末，全国农业信贷担保体系在保项目 112 万个，在保余额 3953.1 亿元，项目平均担保金额 35.3 万元。[①] 全国农业信贷担保体系是一个具有"财政+金

[①] 《关于政协第十四届全国委员会第二次会议第 03573 号（农业水利类 264 号）提案答复的函》，农业农村部网站，2024 年 9 月 6 日，http://www.moa.gov.cn/govpublic/NCJJTZ/202409/t20240906_6462058.htm。

融""政府+市场"属性的政策性金融工具，通过与商业银行进行合作，发放了大量涉农贷款。

第三节　乡村振兴战略中农村信用发展模式探索

一　"农户+征信+信贷"模式

（一）模式概述

"农户+征信+信贷"模式是指将农户的信用状况与信贷服务相结合，通过征信系统评估农户的信用等级，从而为农户提供相应的信贷支持。这种模式的核心在于利用征信系统来降低信息不对称，提高金融机构对农户的信任度，进而提供更加便捷和优惠的信贷服务。

"农户+征信+信贷"模式由中国人民银行主导建设和提倡，旨在通过征信，消除金融机构与农户之间的信息不对称，提升信贷的可得性。该模式最早的制度出处是 2009 年 4 月发布的《中国人民银行关于推进农村信用体系建设工作的指导意见》（银发〔2009〕129 号），提出"以农户信用档案为基础，引导、推动农村金融机构开发农户信用评价模型，建立、完善农户信用评价方法体系，根据农村经济特点和评价结果信息反馈，不断提高农户信用评价的科学性、有效性。推动农户信用评价结果与农户贷款审核、管理相结合，促进农村金融机构建立健全信贷业务及信用风险管理体系，逐步形成'农户+征信+信贷'的业务模式"。

（二）基本特征

在平台基础方面，该模式依托中国人民银行征信中心搭建的征信平台，最大限度地消除了农户融资中的信息不对称。通过银行、农村信用合作社收集、整理获得农户信用信息，按照信用评价模型获得评价结果，作为贷款审核依据。

在资源配置方面，该模式注重资金提供，银行按照信用评价结果主要提供信用贷款，信用评价结果直接关系到贷款的金额多少与有无。在很大程度上这是银行根据信用信息筛选的结果，其市场化程度较高。由于是信用贷款，因此有助于银行信用风险管理体系的建设。

在作用机制方面，该模式强调良性互动带来的示范效应，鼓励更多参与者加入。征信的结果可以将原本属于无形资产的信用变为有形的金融资产，具有明确的价值属性，这会通过示范效应鼓励更多的农户加入，提高信用评估模型的有效性；获得贷款后是否发生信用风险事件，也会为信用评估模型的改进提供案例和佐证。

（三）经验启示

"农户+征信+信贷"模式是在城市化、工业化刚刚起步的时候探索出来的，其核心是针对农户抵押资产少、经济活动范围有限、传统诚信道德意识强的场景下推动的。从个人融资的出发点开始，陆续衍生出信用村、信用乡（镇）等"整体授信"，这些都是在纯信用的基础上进行的。随着社会经济活动商品化程度的提高，多数农户的个人利益与集体利益、对手方利益出现了巨大分化，这种模式可能会面临较高的道德风险。

二　"基层治理+信用"模式

（一）模式概述

"基层治理+信用"模式主要是指在社会基层的各项工作中，以各地的社会信用信息平台为依托，根据信用评价结果，开展分类管理，提高管理效率。这种模式实际上嵌套了多种模式，以浙江省信用办《关于开展"信用+社会治理"试点工作的通知》为例，该模式衍生出"信用+园区治理""信用+商圈治理""信用+社区治理""信用+乡村治理"等试点类型。

这种模式是全国各地基层信用体系建设牵头部门或专业领域信用建设部门实践智慧的结晶，主要是自下而上探索的结果，是褒奖诚信、惩戒失信机制在各个具体领域的生动实践。

（二）基本特征

在平台基础方面，该模式依托各地区的社会信用信息平台或者专门信息平台，主要记载被评价对象在遵纪守法、诚实守信方面的情况，信用评价结果更多依赖定性的判断和相关治理结构的处罚奖励结果。该模式以评价结果为依据，在基础事务办理的过程中区别对待，能够节约社会治理资源，降低交易成本。

在资源配置方面，该模式配置的主要是便利性，基层治理主体对信用评价较好的机构可以提供更好的服务，或者更低频次的监管检查、更为简化的办事手续。其本质是降低各类信用主体的交易成本，为评价良好者提供更好的做事机会。

在互动价值上，该模式同样强调良性互动带来的示范效应，做到奖优罚劣。社会信用评价的结果将成为相关主体的通行证，显著降低其交易成本，节约时间和资金，促进无形资产与有形资产有机结合。

（三）经验启示

"基层治理+信用"模式依托大量非经济类信用数据，要求相关公共部门信息积累到一定程度，这是其发展的底层基础。在制度层面，这种模式的实施背景是我国持续推行的简政放权，通过放开前端、管住后端等"放管服"改革的举措来实现。

三 新型农业经营主体信用模式

（一）模式概述

新型农业经营主体信用模式主要是指以农业产业化龙头企业为主导的农业产业链融资模式。新型农业经营主体的经营规模大，带动性强，以农业产业化龙头企业的信用信息、供应链信息为切入口解决相关方融资需求问题。

（二）基本特征

在平台基础方面，该模式的核心是依托龙头企业的信用信息和产业链上各类主体的信息，以经营性业务产生的订单、现金流等信息为主要关注点，通过核实其真实性，作为供应链融资的重要依据。其中，龙头企业的市场地位、业务稳定性、合规守法情况等信息至关重要，直接影响着上下游企业的兴衰。

在资源配置方面，该模式配置的主要是资金，商业银行参与其中，在资源配置模式上不再单纯依赖信用评价结果，而是更加依赖具有稳定现金流的财务信息，将并不可靠的信用评价结果转为更具真实性和可控性的业务本身。在此过程中，产业龙头实际上起到了增信的作用。

在互动价值上，该模式的产业龙头是总枢纽，它直接决定上下游的供给和需求，其"抱团取暖"行为可以实现合力，谋求共同发展。这种机制是"一荣俱荣，一损俱损"，各方具有共同的利益绑定行为。

（三）经验启示

新型农业经营主体信用模式是适应农业产业整合发展的趋势而提出的，农业发展最终要向规模化、商品化过渡，龙头企业在其中发挥着不可替代的作用。分散化、细碎化的传统生产经营模式向集约化、规模化、专业化的现代化农业经营模式转变，农业产业链、产业综合体等多产融合、多功能型经营模式成为农业供给侧生产的新型模式。以龙头企业为主的模式对龙头企业的要求很高，隐藏着潜在的资金链风险，容易引起风险传染，这是一把"双刃剑"。

第四节 乡村振兴战略中农村信用发展面临的
现实阻碍与原因分析

一 乡村振兴战略中农村信用发展面临的现实阻碍

（一）农村信用信息碎片化，导致数据获取与管理难度增大

信用信息的覆盖范围广，涉及领域多，信息碎片化程度高，农村信用信息的碎片化程度更高。一是基本信用信息碎片化。农村信用信息的主体主要是农户和新型农村经济主体，其组织结构、财务状况等基本信用信息的规范化程度比市民、工商企业更低，离散特征明显，真实性复核难度大，导致核实、校正、加工、评价等难度更大。二是信用主体核心交易数据碎片化。农村信用信息主体市场化程度低，其交易呈现离散、小额、随机的特征，导致交易数据获取、采集等的难度成倍增大。三是信用信息分布领域碎片化，涉及部门更多。涉农经济主体的信用信息与其经营特征高度相关，涉及土地承包经营权、粮食安全、土地红线、食品安全、农田水利、农村集体经济的"三农"问题等核心议题，与土地、村民、合作社、村集体、乡镇、农经站以及农林水利等部门密切相关，其涉及领域与涉及主体比市民和工商企业更为广泛。碎片化的直接结果是信息获取和管理难度显著增大，交易成本显著增加，导致投入产出效益比下降，降低了参与主体的积极性。

（二）农村信用标准特色化，导致重复征信与数据整合困难

市民和工商企业市场化程度较高，市场化过程中需要按照市场标准来参与经济活动，其整齐化程度高。农村信用主体主要经营农业，农业经营与土地、水利、气候等自然特征密切相关。中国幅员辽阔，地形地貌复杂，南北气候差异巨大，这就导致中国农村的农业生产、村落积聚、成员构成、经济状况、风俗习惯、文化传承等千差万别，其信用标

准难以"一刀切"。从全国各地农村信用体系建设实践看，其信用标准差异较大，"特色化"显著，指标内容、权重等各有特色，充分显示了信用特征的"本土资源"。"特色化"的副作用就是行政区域各自为政、各行其是，缺乏自上而下的通用标准，甚至上级与下级的标准不统一、不兼容。一方面，重复征信，按不同层级的建设标准反复采集数据，导致信用主体不堪其扰；另一方面，数据整合困难，难以通过标准的计算软件及时处理，导致数据的及时性不足，容易在不同标准下形成不同的评价结果。

（三）农村信用主体不齐全，导致农村信用共同体难以建立

农村信用主体的基础是千家万户的农户，在合作过程中会形成村庄、乡镇、合作社、新型农业经营主体等组织，这些组织往往是阶段性局部利益的共同体。当个人利益显著大于集体利益时，信用共同体可能面临"坍塌"情况。以最简单的多户联保和"信用村"为例，从农村金融服务机构经营角度出发，实行农户多户联保贷款，利用农户差别进行风险共担，是规避涉农贷款风险的最佳选择。在现实的运行中，农户之间的思想不统一，无法形成联保组合，农村金融信用担保的覆盖面受到限制，农户之间获得贷款的权利出现明显差异。在"信用村"这种集体授信模式下，农户个人的利益可能远大于集体利益，在共同体组成的人员数量不断增加时，"信用村"可能会出现经济学中所谓的"公地悲剧"，每个个体可能会出现"搭便车"行为，而不去维护集体信用，个人甚至通过"败德行为"获利，增大了"信用村"信用维护的难度。

（四）农村信用制度不完善，导致现实成效偏离政策目标

从信贷供给角度看，由于信用制度不完善，金融机构难以精准评估农户信用状况。例如，没有完整的信用记录系统，银行无法清楚地了解农户的还款能力和信用历史，这就使得银行在发放贷款时会很谨慎，可能会减少信贷供给额度或者提高信贷门槛。这样一来，既有政策通过增

加农村信贷投入以促进农村经济发展的目标就难以实现。从农户角度而言，信用意识也可能因制度不完善而较为薄弱。在没有完善奖惩机制的情况下，一些农户可能不重视自身信用的维护。这会导致金融机构不良贷款率上升，影响金融机构在农村开展信贷业务的积极性，最终使得农村金融生态难以达到政策预期的活跃状态。

二 乡村振兴战略中农村信用发展面临阻碍的原因分析

（一）农村特殊的信用属性

农村信用的属性主要有以下几个特征。第一，个人属性较弱，集体属性较强。城市信用主体的个人属性较强，成年的个人参与社会分工和劳动，个人拥有稳定的收入、银行账户、社交网络，同时拥有丰富的信用信息，可以获得独立的信用评价。多数农村信用主体是以家庭为单位参与到信用体系中的，除户主之外，个人的生产、消费、储蓄等经济金融活动都以家庭为单位开展。在当前城市化、市场化快速推进的背景下，大量的农村个体涌入城市，到私营企业就职，他们虽脱离农村，但未能完全融入城市，这就导致在新旧身份转换过程中，重建这些新型农民工的信用体系因没有相关主体的信用评价而出现信用体系覆盖面不广的情况。第二，区域性向社会性过渡。多数农村信用主体的活动范围局限于一定的地理空间内，其生活范围有明确的地理限制，其交易交往对象几乎完全是所在区域的居民。这就导致当前农村信用体系建设以所有行政辖区为主，当大量农村信用主体市民化、城市化、企业化后，需要将其农村信用向城市信用转移，由此出现转移的对接问题。第三，道德属性为主，金融属性为辅。农村社会更注重人际交往，加上民间信贷盛行，这就导致农村信用更多体现为熟人社会关于人性道德的评价，而非城市以陌生个体之间市场交易的金融属性评价为主。这些特征导致在城市信用体系建设中探索出来的经验、指标、模型、框架，在农村信用体系建设中需要重新根据本土特色来改造。

（二）双重部门领导的张力

我国信用体系建设期初由中国人民银行主导，其建设偏重于金融机构高度重视的金融基础信用信息数据库。1999年，中国人民银行在全国开始主导建设个人信用信息基础数据库。2002年11月，党的十六大提出整顿和规范市场经济秩序，健全现代市场经济的社会信用体系的目标，这是党中央首次提出"社会信用体系"的概念。2012年7月，《国务院关于同意调整社会信用体系建设部际联席会议职责和成员单位的批复》（国函〔2012〕88号）明确国家发展改革委、中国人民银行为社会信用体系建设"双牵头"单位，国家发展改革委所主导的社会信用体系建设侧重于将信用的范畴显著扩张，将社会道德、履约守信等情况纳入。国家发展改革委与中国人民银行对信用体系建设的定位存在差异，导致地方层面的农村信用体系建设各行其是。主要表现为：有的地方成立了专门机构，有的地方则依赖协调机构，而协调机构并未配备专职人员。这种上层领导机构的双重格局导致在基层的信用工作实践中工作边界难以有效界定，工作职责划分不清，考核管理指标难以落实到位。另外，对于不同的机构而言，其注重的领导权威不同，这直接导致在具体工作中承担机构和人员主观判断自己工作的着重点出现差异，有针对性地取舍加剧了信息的割裂，也导致大量的重复工作。一般情况下，基层金融机构注重中国人民银行主导的征信标准及其信用体系建设，以能否提供金融信用信息、能否对发展贷款业务提供帮助为依据，而不关心社会信用中不可量化的其他信息，其信用平台建设也以实用为主要目标。在工商、税务、国土、市场监管等部门采集信用信息时，注重的首先是自上而下有无垂直管理的信用监管要求，其次才是国家发展改革委主导的社会信用体系，更加注重守法合规指标，较少注重金融机构所关注的财务信息等高频量化指标。在跨部门的合作中，各部门之间也存在天然壁垒，加上中国人民银行体系的垂直领导，导致纵横之间的合作不畅，各行其是，影响了工作向纵深推进。

（三）现代信用与传统信用不融合

现代信用与传统信用存在多方面的不融合情况。在信用评估体系方面，现代信用依靠复杂的金融数据、信用评估模型等进行评估，传统信用在农村或者一些较为传统的交易环境中，往往是基于人际关系和口碑。例如，在传统的乡村集市贸易中，人们更多的是凭借对方在村子里多年的信誉、家族名声等来判断是否值得信任，这种基于人情和长期交往形成的信用评估很难与现代以数据为核心的评估体系对接。从信用范围来讲，现代信用涵盖范围广，包括金融信贷、商业信用、消费信用等诸多领域；传统信用范围则比较窄，主要集中在熟人之间的借贷。当传统小范围信用活动面对现代经济中大规模、跨区域的信用交易要求时，就会出现不融合状况。在信用保障机制上，现代信用需要借助法律法规来实现，而传统信用往往是依靠社会道德、习俗来约束。在传统信用环境下，违背信用约定可能主要是受到舆论谴责，这种相对薄弱的保障机制和现代信用保障机制难以融合。

（四）法律法规保障滞后

我国农村信用体系建设虽然走过了多年的发展历程，但是我国农村信用领域并未制定专门的法律法规，导致农村信用信息收集、评估和应用，以及农户信用信息的隐私数据保护等缺乏法律保障，更为严厉的奖优罚劣也缺乏具体的法律依据。这种法律法规层面的滞后导致很多工作无章可循、无规可依。这既与我国社会信用体系的整体立法欠缺有关，也与信用体系建设依然处在"九龙治水"、不断变化发展的实际情况有关。法律法规滞后直接造成以下三个后果。一是信息提供主体担心隐私泄露，主动参与的意愿低，配合起来也是疑虑重重，对个人信息的重要部分可能避而不谈或者避重就轻，严重降低了收集信息的质量。二是增加信用信息平台建设成本，导致大量重复建设。由于缺乏明确的法律依据，各地自行其是，各条线单兵作战，导致各平台名目繁多、标准不一、模型千差万别，既增加了当期的建设成本，又增加了未来统一的成本。三是应用价值降低，激励惩罚体系难以落地。没有上位法的支持，各种信用评估结果的落地应用面临权威性的挑战，难以发挥有效的激励约束作用。

第五节　乡村振兴战略中农村信用的中国特色经验

一　乡村振兴战略对农村信用的重塑机制

（一）提高农村市场经济程度，重塑农村信用环境

提高交易频次，构建重复博弈机制。信用是一种资源，在重复博弈的场景下，单次博弈的重要性降低，广大农户为了获得长期更大的利益，更加重视个体信用。当前数字经济蓬勃发展，互联网、区块链等技术可以将与陌生客户偶然一次的陌生交易，变为面对很多陌生客户的重复交易，客户的口口相传可以提高对守信者的奖励，这就是最典型的声誉激励机制。

消除数字鸿沟，构建信号传递机制。在陌生交易场景中，信息不对称影响交易双方的信心，但是农村电商网络的普及可以消除数字鸿沟，大量交易支付信息、购物消费信息、社交娱乐信息等有了归集加工的可能，通过整合这些信息，出现了网络平台的"信用分"，这些分数日益成为一种信号显示机制，将个体的信用状况传递给对方，增加对方交易的信息。

明晰产权权属，构建契约治理机制。有恒产者有恒心，通过明晰产权，界定产权归属，能够改变农村集体经济中存在的"公地悲剧"问题，让所有者通过市场交易、市场契约来主张自己的权利，也为法律契约这种外部治理机制的事实提供现实土壤。

（二）发挥农村社会资本优势，重塑农村信用行为

依托农耕文化，建立产业互信机制。农耕文化的特征是经常需要集体合作来应对自然灾害的挑战，这在中国南稻北麦的不同农耕区域有着淋漓尽致的体现。发挥农村社会资本优势，依托中国传统农耕文化及其合作，形成产业互信机制，避免陷入"囚徒困境"的不利局面，争取有利的结果。

依托村规民约，建立村庄信任机制。村规民约是一种非正式制度，但在基层治理中扮演着重要角色，体现了共同的价值观。成立由村民代表组成的信用监督小组，负责监督村规民约中信用条款的执行情况，受理村民的信用投诉和举报，确保信用机制的公正运行，提高村民对信任机制的信任度。

依托乡风民俗，健全社会规范机制。挖掘乡风民俗中尊老爱幼、邻里和睦、诚信友善、乡贤议事的优秀传统，利用文化礼堂、宗族祠堂等平台加以宣扬，通过日常生活中的潜移默化和自觉遵循，强化社会规范意识。

依托自主组织，建设自主治理机制。鼓励成立各类社团、协会或合作社等自主组织，明确治理范围以及成员的权利和义务，实现自我管理和自我服务。建立协商机制，在自主组织内部和不同组织之间搭建协商对话平台，定期召开会议，针对涉及村庄公共利益的问题寻求共识和解决方案，培养村民的民主意识和协商能力，增进成员互信。

（三）提高农村政策供给水平，重塑农村信用制度

完善法律保障，形成外部约束机制。加快信用立法，尽快出台相关法律法规，做到有法可依、有法必依，使受害者能够及时有效地主张权利、保护利益。同时，对失信人的惩罚惩戒执行到位，提高其失信违约成本，增强信用的威慑力。

完善守信激励、失信惩戒，形成内部激励机制。激励在驱动人的行

为时发挥着重要作用。通过形成严苛的失信联合惩戒制度，使守信者得到基本的心理平衡，提升社会信用水平。在农村信用制度建设上，一方面，构建联合惩戒制度，从经济社会生活的方方面面对失信者进行限制、惩罚，倒逼人们产生"不想失信、不敢失信"的心理；另一方面，加大对守信者的奖赏力度，让人们的正面行为得到褒奖。通过拉大奖惩差距，实现更加有效的激励。

二 农村信用对乡村振兴战略的支撑机制

（一）农村信用对乡村产业发展的支撑作用

产业层面，农村信用赋能特色产业，做好"土特产"文章。前文提到各类金融机构根据不同地方的农业特色，因地制宜开发各种富有"土特产"气息的贷款产品，如槟榔贷、林果贷、油茶贷、甜蜜贷、辣农贷、茶农贷等，这些特色产业信贷产品为当地农村产业化注入源源不断的资金，为其发展壮大保驾护航。

主体层面，农村信用缓解信贷约束，支撑经营主体发展。通过构建金融信用信息平台、社会融资平台，大量的农户和新型农村经济主体获得了宝贵的信贷资源，有效突破了金融抑制对其发展壮大的制约。过去数年，大量资金投资到农业产业化龙头企业、绿色低碳农业领域，有力地支持了其转型升级和技术创新，为其持续发展注入了强大动力。

村庄层面，农村信用搭建融资平台，壮大集体经济实力。农村的发展繁荣离不开集体经济实力的增强，发展壮大经济需要产业先行。农村产业化、三次产业融合需要有助推器，关键时刻的助推器就是资金保障。通过搭建农村信用融资平台，政策性银行为老少边穷地区的农村基础设施更新提供大量支持，使得这些地区的集体经济发展具有可行性。

（二）农村信用对乡村建设的支撑作用

农村信用推动人居环境整治。一方面，通过信用村、信用乡（镇）

的创建，有效获取金融机构的资金支持，实施农业农村污染综合治理、垃圾处理、国土绿化等公共工程，改善村庄整体的生产生活生态环境；另一方面，通过良好的农村信用，争取各级财政帮扶资金开展农村道路硬化、厕所改造、光伏设施建设和房屋更新，改善居住环境。此外，通过农村信用体系建设，推动村民树立良好的环境保护意识。

农村信用推动基础设施建设。通过健全农村信用体系，加大开发性金融对乡村道路网络、供水保障、防汛抗旱、仓储物流等基础设施的投资，降低中长期项目的融资成本，改善农村基础设施的供给格局。

农村信用推动基本公共服务水平提升。强化关乎民生的教育、医疗、养老、殡葬等领域的融资支持，加大基本公共服务供给，优化生活环境。通过发展普惠金融、便民服务等，提升基层在金融、科技等领域的公共服务水平。

（三）农村信用对乡村治理的支撑作用

自治层面，巧用积分制，带动主体参与。在信用评价的打分指标设置和权重上，鼓励各地因地制宜，将主动权下放到基层村级治理相关方，引导各村挑选符合其自然禀赋、文化资源、产业发展、价值取向的特色自治指标，引导村民关注村庄利益，提升自治的参与度。通过积分兑换物质或给予荣誉激励，鼓励村民积极参与积分项目，主动参与村庄公益活动，提升各方自治的获得感。

德治层面，融合党建与乡风文明，推动乡村善治。结合党建和乡风文明建设，弘扬社会主义核心价值观，开展"最美诚信人""诚信家庭"等创建活动，为活动的胜出者挂匾授牌，营造积极向上的诚信氛围；将信用积分作为参军入伍、发展党员、争优评先的重要依据，强调以德服人、以德为先，引导形成"有德者治之"的局面；结合新乡贤建设，挖掘本土的乡贤文化，传颂诚信齐家的故事，建设友爱互利的乡村善治文化。

法治层面，结合法律宣传，筑牢道德底线。通过宣传栏、广播、电视、网络等多种形式，普及法律和信用知识，提升农户、农村经济主体和金融机构的信用意识。结合实际情况，开展多种形式的信用教育活动，如信用讲座、信用知识竞赛等，提高农户、农村经济主体和金融机构的信用素质。通过宣讲指标体系和评分规则，实施正向积分、反向扣分，打破"做好做坏一个样，做多做少一个样"的大锅饭形式。以加分正向激励，以扣分负面约束，在促进推动乡村振兴的前提下，提醒村民守底线、不逾矩。

第四章

乡村振兴战略中农村信用发展
水平测度、时空演进与影响因素

　　物质文明与精神文明相协调是中国式现代化的内在要求。换言之，推进中国式现代化既要注重夯实经济基础，又要依托经济基础持续完善上层建筑。从事物之间的发展与联系看，市场经济是物质文明与精神文明相互融合的主要场域，社会信用成为经济主体之间实现价值交换的关键纽带。从政策维度看，党的二十大报告将社会信用体系确定为市场经济基础制度之一；党的二十届三中全会进一步提出"高水平社会主义市场经济体制是中国式现代化的重要保障"；2025 年 3 月，中共中央办公厅、国务院办公厅发布了《关于健全社会信用体系的意见》，开篇便点明"社会信用制度是市场经济基础制度"。这充分表明了社会信用体系在市场经济中的基础作用。

　　当前，随着社会信用体系所涉及的领域不断拓展，信用属性的载体逐渐从无形的道德、文化样态转化为数据要素的具象态，规模庞大的信用数据维持着市场经济的平稳运行。值得指出的是，中国式现代化是人口规模巨大的现代化，既包括城市居民也包括农村居民。占中国人口比重 36.11% 的农村人口若要实现现代化，仍需借助农村市场经济的持续发展。因此，社会信用体系建设对完善农村市场经济体制的重要性显得尤为突出。从发展趋势判断，虽然数字经济发展给社会信用体系建设带来了深刻变革，但如何提高社会信用体系的普惠性，尤其是如何在广袤的农村地区实现高效的信用采集、应用拓展以及风险管理等，仍旧是亟待解决的重要难题。

在脱贫攻坚战取得全面胜利的历史节点上，党中央将实施乡村振兴战略作为"三农"工作的新重点，这对农村信用发展提出了新的时代要求。但不可否认的是，以农村信用体系建设为核心的工作推进机制在现实中遭遇了采集成本高、认定标准不一、应用场景难以创新等问题。多种现实难题也使得社会信用体系的建设重点长期聚焦在城市地区，各类信用监测服务很难覆盖到农村地区。

在现有农村信用研究领域，多数学者将评价视角集中在微观层面，侧重于识别和测度涉农金融机构、涉农企业以及农户等主体的信用风险水平，并分析其对农村生产生活的影响。从涉农金融机构看，信用贷款占总贷款的比重（张龙耀、袁振，2022）与不良贷款比例（亓浩等，2024；刘波等，2021）常被用于衡量涉农金融机构的信用风险水平。从涉农企业看，与企业违约点的距离（李延敏、章敏，2016）、违约风险概率（梁伟森、温思美，2019；付玮琼，2020）、是否有信用评级记录（胡俊波等，2021）等是多数研究选取的测度指标。从农户信用评级看，现有研究更多运用了以支付宝芝麻信用评分为代表的第三方数字信用（孙光林等，2021；曾福生、胡特，2024）、金融机构对农户的信用评级（张三峰等，2013；张宁等，2022b）以及道德、人品等"无形资产"（国家金融监督管理总局浙江监管局课题组，2023）指标。此外，部分研究通过优化现有信用评价模型来测度微观层面的信用水平，如石宝峰和王静（2018）以指标体系为基础，构建了农户小额信贷的信用评级模型；杨莲等（2022）基于 LDAMCE 函数，构建了反向传播神经网络的农户信用评级模型。

与微观层面多维度的信用评价相比，由于农村汇集信用数据的难度较大，针对农村地区的区域信用研究相对滞后。在这些研究中，大多基于农村信用体系建设中的"三信"［信用户、信用村、信用乡（镇）］建设进度来衡量农村地区的区域信用水平（周群力、丁骋骋，2013；权飞过、王晓芳，2021；胡学东等，2023；张宁等，2024）。除此之外，王三川和范从来（2021）、胡伟斌和黄祖辉（2022）使用农户对社会的信任程度来衡量农村地区的社会信用水平；潘妍和余泳泽（2023）采用地级市每万人失信人数来指代农户所处的社会信用环境。

上述文献极大地丰富了农村信用的评价研究，也为后续的农村信用体系建设提供了理论基底。从推进农村信用体系的政策初衷来看，仍然具有相当广阔的拓展空间。具体而言，在微观主体的信用评价中，多数研究将评价视角集中在商业信用，从而忽视了在农村社会差序格局影响下，更需要农村信用体系建设发挥社会治理功能。同时，由于农村地区信用信息的获取有一定难度，现有研究的微观样本往往局限于个别特定地区以及特定群体，缺乏大范围的微观基础研究。在对农村地区的区域信用评价中，"三信"建设作为农村信用体系建设的长期工作重点，可以很好地评价一个地区农村信用的整体发展水平，但现实中各个行政部门与金融机构执行着差异化的创建标准，造成难以依据该指标进行区域间的横向对比。同时，运用"社会信任"和"地区失信情况"也存在一定意义上的局限，如前者过于强调农户个体的主观性，后者仅考虑失信惩戒而忽略了守信激励，并且以地级市为评价单元也难以精准识别到农村地区。

总体而言，现有研究尚未全面测度中国农村地区的信用发展水平，对农村信用发展的理解还停留在微观层面以及部分特定区域，尤其是结合当下乡村振兴战略的研究仍然较少。因此，本章以全国30个省份（西藏、港澳台除外）为研究案例，科学评价乡村振兴战略实施以来农村信用的发展水平。本章致力于回答以下问题：在乡村振兴战略推进过程中，从哪些维度评价农村信用的发展水平？当前中国农村信用的发展水平究竟如何？是否存在区域间差异以及动态演进特征？农村信用发展水平的影响机制是什么？

第一节　指标体系构建基础

在科学评价农村信用发展水平之前，需要明确整个指标体系的构建依据与原则。具体而言，评价体系构建基础包括时代性要求、人民性要求和导向性要求，强调农村信用体系在推动乡村振兴、服务共同富裕和发展数字金融中的关键作用。其特征表现为科学合理、可比性强和重点突出，确保指标体系能够真实反映农村信用发展现状，具备跨区域、跨时间的比较能力，并重点关注信用环境、体系构建及应用效果。

一　指标体系构建依据

本指标体系基于全面推进乡村振兴、服务农村共同富裕和发展数字普惠金融的要求，明确农村信用在推动产业振兴、优化社会治理、培育诚信文化、促进城乡信用一体化、提升物质富裕与精神富裕水平等方面的评价要求，旨在增强指标体系的针对性、协调性和可操作性。

（一）全面推进乡村振兴的时代性要求

2017 年党的十九大报告首次提出"实施乡村振兴战略"，其核心内容包括"产业兴旺、生态宜居、乡风文明、治理有效、生活富裕"20字方针。2022 年党的二十大报告再次提出"全面推进乡村振兴"，这既是立足新的历史阶段对乡村振兴战略的全面升级，也是打赢脱贫攻坚战后"三农"工作重心的历史性转移。从制度变迁的视角看，全面推进乡村振兴更加强调政策执行的系统性与协调性，尤其是强调围绕五大振兴形成统筹部署、协同推进的一体化格局。在此背景下，农村信用要素兼具优化社会治理与助力经济发展的双重优势，使得农村信用体系成为全面推进乡村振兴的社会基础设施。从中央一号文件来看，全面推进乡村振兴以来，信用概念逐渐融入乡村振兴多元投入机制中，成为其重要维度之一。例如，2023 年中央一号文件提出"加强农业信用信息共享"，2024 年中央一号文件提出"推进农村信用体系建设"，2025 年中央一号文件提出"深入推进农村信用体系建设，加强涉农信用信息归集共享"。具体来看，全面推进乡村振兴对农村信用发展的时代性要求包括：以信用的无形资产属性为基础，助力信用数据转化为产业振兴所需的信贷资金；以优良的信用环境为引领，吸引与培育优秀的乡土人才；以信用为软约束，推动形成农村人居环境的长效治理机制；以诚信文化的氛围培育为抓手，最大限度地丰富文化振兴内涵，推动农村地区的社会主义核心价值观建设；依托村社组织建设，以信用信息为媒介，创新一系列自治形式、信用评价、奖惩制度，实现乡村信用治理。总体上，在全面推进乡村振兴的时代背景下，更加强调农村地区信用要素发挥的积极作用。

（二）服务农村共同富裕的人民性要求

共同富裕作为党和政府对人民的庄严承诺，是中国共产党以人民为中心的集中体现。21 世纪初，中国城乡发展不均衡体现为矛盾突出的"三农"问题，其中促进农户农村共同富裕是关键。因此，从 2004 年开始，中央一号文件连续 22 年以"三农"为主题，充分体现了农业农村发展的重要性，而农户增收问题几乎每年都有所提及。从共同富裕的"共同"与"富裕"两大维度来看，农村地区的信用发展需要满足以下要求。一方面，共同富裕的"共同"维度要求全体人民共同富裕，体现了覆盖范围的广度。从社会信用体系的建设实际来看，不断优化的社会信用环境为市场经济的持续繁荣提供了基础。但相比城市而言，农村地区的社会信用体系建设相对滞后，城乡间存在极大的不均衡。这种不均衡在现实中体现为农村地区的信用信息碎片化导致多部门执行差异化标准、多数村庄内的信用应用场景创新程度较低、信用惩戒机制难以落地等。另一方面，共同富裕的"富裕"维度既包含物质富裕也包含精神富裕。这种双重属性要求农村信用发展不能只停留在缓解农村信贷配给的金融层面，更加需要考虑诚信文化氛围对乡村治理、农村居民精神文明建设的作用。因此，农村信用发展需要在信用的无形资产转化为货币资产过程中，融合农村正式制度与非正式制度，从物质与精神双向着力，推动农村共同富裕。总体上，农村信用发展在实现农村共同富裕的道路中兼具物质与精神共富的双重功能，有利于逐步缩小城乡差距，形成城乡信用的一体化发展。

（三）发展数字普惠金融的导向性要求

普惠金融最初来源于小额信贷，随后逐渐得到推广。与传统金融不同的是，普惠金融的最大特点在于普惠性，即在传统金融体系中难以获得金融支持的农户、中小企业等主体，可以在普惠金融支持下获得信贷资金。从底层生成逻辑看，普惠金融是在传统金融体系下，农村地区以及中小企业因缺乏抵押物，金融机构向这些群体授信的风险较大，从而造成惜贷现象。利用普惠金融解决该问题的方式之一便是建设普惠性的信用基础设施，将日常守信行为作为授信依据。回归到农村地区，发展普惠金融对活跃农村资本市场、促进农村消费升级、提升农业生产韧性等具有积极作用，发展农村信用更强调信用信息的基础设施功能。具体地，为更好地发展普惠金融，农村信用首先应当具备广覆盖的信用信息收集体系；其次需要针对农村信用数据推出符合风险要求的金融产品；最后应当依托农村村社组织的治理功能设置信用风险的防火墙，保障涉农金融机构推动普惠金融的持续性。当前，随着数字经济的不断发展，我国普惠金融的推广延伸与数字工具的应用加速融合，逐渐演变为覆盖广度、使用深度与数字化程度三者合一的数字普惠金融（郭峰等，2020）。总体上，农村普惠金融的成效是否显著，在很大程度上取决于前期信用基础设施的构建情况，更加需要农村信用体系的标准化与全面化。

二 指标体系构建原则

指标体系构建原则是构建评价体系时需要遵循的基本准则，应确保指标体系科学、合理、可操作。具体包括以下原则：首先，科学性原则要求指标体系真实、客观地反映农村信用发展现状，确保数据准确、减少误差、保持稳定性与一致性；其次，可比较性原则强调指标在不同地区、时间段进行横向与纵向对比，体现区域差异并具有动态性；最后，重点突出原则要求在设定指标时聚焦农村信用环境、农村信用体系和农村信用应用三个方面，突出代表性指标，特别关注信用文化、信用体系建设的有效性及金融服务的覆盖面和风险治理。

（一）科学性原则

科学性原则是构建评价指标体系需要遵循的核心原则之一，特别是在评价复杂社会经济现象时尤为重要。科学性原则要求指标体系真实、客观、有效地反映所评价对象的特征和发展状态。在农村信用发展的水平测度中，科学性原则体现在以下几个方面。第一，客观反映现实情况。科学的指标体系应能够真实、客观地反映农村信用的各个方面，如信用环境、信用体系、信用应用等。此外，需要避免主观选择和人为干扰，确保指标体系能够准确反映农村信用发展的实际水平。第二，减少误差与偏差。科学的指标体系应尽量避免过度依赖单一数据来源，降低测量误差或数据不完备所带来的偏差。特别是在农村信用发展测度中，可能存在不同地区、不同时间段的差异，科学的指标体系需要合理设计并综合考虑多个维度。第三，稳定性与一致性。科学的指标体系应具备较强的稳定性，即指标的含义与测量标准应始终保持一致。第四，独立性与协调性。选取的每个指标应具有独立性，避免内容的重复与冗余。同时，指标之间要保持一定的协调性，各个指标应当有内在的逻辑关系，确保能够共同作用，准确反映农村信用的健康发展状况。总体上，通过科学合理的指标选取，可以真实反映农村信用发展的现状与趋势，确保评价结果具有高可信度和准确性。

（二）可比较性原则

可比较性原则指的是在不同农村地区、不同时间范围、不同经济环境下，能够对农村信用发展水平进行有效的比较和评估，从而确保各项指标具有较强的普适性。具体而言，可比较性原则体现在以下几个方面。第一，选取的各项信用指标必须可以横向对比。在相同时间范围内，农村发展程度或农业生产程度不同的地区需要执行统一的指标计算标准，或者经过权重校准，能够对不同地区的信用状况进行有效的横向比较。第二，选取的各项信用指标必须可以纵向对比。在同一地区的不同时间范围内，选取的指标可以通过历史数据的积累和对比，分析信用发展水平的变化趋势，即选取的指标需要具有一定的时间动态性，不能选取时间范围内变化不大的指标。第三，选取的各项信用指标必须在不同地区、不同时间范围内具有差异性。也就是说，必须选取能够反映区域间差异的指标，不能选取各地区发展水平相似、体现不出差异性的指标。总体上，差异性指标的选择有助于发现不同地区、不同时间范围面临的具体问题，从而为制定更加精准和有效的政策提供依据。

（三）重点突出原则

重点突出原则要求围绕农村信用环境、农村信用体系、农村信用应用三个方面设定指标体系，系统反映农村信用发展的特点。同时，将具有代表性和说服力的指标纳入其中。具体而言，重点突出原则主要表现在以下几个方面。第一，农村信用环境是否和谐健康、诚信氛围是否浓厚，决定了农户和农村企业能否享有公平的信用评估与金融服务。因此，在农村信用环境指标体系的设计上，需要关注影响农村信用体系运行的外部因素，如营商环境与信用文化。第二，农村信用体系建设需要依托一套清晰、可靠的信用评估标准与信息采集手段，并且依靠政府制度保障。需要着重考察当地政府对农村信用体系建设的重视程度，以及农村地区信用信息采集、整理和评估等环节的有效性。第三，农村信用体系建设的核心成效在于提高农户和农村企业的融资能力、促进农产品的交易流通、推动农村经济的发展。因此，农村金融的融资规模、农村信用产品的覆盖面以及农村信用的风险治理能力是直接反映信用体系应用效果的关键指标。总体而言，围绕农村信用环境、农村信用体系和农村信用应用三个方面建立的指标体系，能够有的放矢地反映农村信用发展的现状。

第二节　指标体系构建过程

本节将总结研究内容相近的指标体系，在充分借鉴现有研究的基础上，结合农村信用的发展特征，构建中国农村信用指数指标体系。

一　已有指标体系

已有指标体系在数据采集、分析方法、指标选择和构建框架等方面提供了成熟的经验和参考，不仅涵盖了多个维度，如信用政策、信息基础设施、监管机制等，而且考虑了地域差异、时空变化和多渠道数据来源。通过借鉴已有指标体系，能够为农村信用指数的构建提供科学的框架、方法和数据支持，确保构建的指标体系更全面、精确和具有可操作性。同时，已有指标体系的设计思路，如综合考虑金融服务的可获得性、使用情况和风险管控等，也能为农村信用在金融服务、社会治理等方面的应用提供有益启示。

（一）城市信用监测预警指标

城市信用监测预警指标由国家公共信用信息中心发布[1]，涉及全国

---

[1] 《城市信用监测预警指标（2024 年版）》，信用中国（辽宁抚顺）网站，2024 年 7 月 19 日，https://xyfs.fushun.gov.cn/002/002004/20240719/e1d50111-bd8c-4ffe-a28f-a1bdb27f6864.html。

36 个省会及副省级以上城市、261 个地级城市、383 个县级市和 40 个
地州盟。该指标自 2015 年 6 月开始发布，主要通过各级部门上报与大
数据挖掘实现对公共信用信息的动态监测。该预警指标为区域信用的
政府官方评价，由于本章研究范围为农村地区，同样属于区域信用评
价，所以该预警指标具有较大的借鉴意义。由于该指标体系进行过多轮
动态修改，故本节仅对最新出台的《城市信用监测预警指标（2024 年
版）》做简要介绍。2024 年版的指标包括信用政策制度贯彻落实，信
用信息基础设施建设，事前、事中、事后信用监管等 9 个一级指标，国
家层面政策文件落实情况、信用信息归集情况、经营主体信用承诺情况
等 22 个二级指标，以及 36 个三级指标。相关信息的获取方式主要包括
大数据监测、城市报送、各相关部门报送以及全国信用信息共享平台归
集数据统计等。

上述已有指标体系的借鉴意义在于以下几个方面。第一，城市信用
监测预警指标体系在数据采集和分析方法上为农村信用指数构建提供
了重要参考。城市信用监测主要依靠大数据、城市报送、相关部门报送
以及全国信用信息共享平台等多渠道数据来源，这些数据不仅覆盖了
政府政策执行的情况，而且涵盖企业经营、社会组织活动等多方面信
息。对于农村地区而言，虽然信息采集难度较大，但借助大数据、物联
网、移动互联网等现代信息技术，可以在一定程度上克服这一挑战。第
二，城市信用监测预警指标中的事前、事中和事后信用监管体系为农村
信用体系建设提供了有益启示。对城市信用状况的监控不仅仅是收集
数据和发布信息，更注重信用行为的动态监管。通过事前的信用教育与
政策引导、事中的信用行为监控、事后的失信行为处置等环节，建立全
方位、立体化的信用监管监测体系。对于农村信用指数而言，也应当充
分体现动态监管监测。第三，城市信用监测预警指标强调了政策支持和
制度保障的重要性。其评估体系中包括政策制度贯彻落实、信用信息基
础设施建设等关键因素，这些因素对社会信用体系的有效运行至关重

要。同样地，农村信用指数也需要体现地方政府在政策支持和制度保障上的"积极作为"。

（二）乡村振兴评价指标

乡村振兴涉及维度较广，学术界对如何科学评价乡村振兴水平仍然存在分歧。例如，张挺等（2018）基于产业兴旺、生态宜居、乡风文明、治理有效、生活富裕五个方面构建了包含 15 个三级指标的指标体系，基本覆盖了经济、教育、制度体系等多个领域，其数据来源于依托中国乡建院开展的乡村振兴实践调研。贾晋等（2018）从乡村振兴"五位一体"的角度出发，构建了包含 35 个指标的"六化四率三治三风三维"指标体系，其数据来源于各类统计年鉴以及部分微观调查数据。徐雪和王永瑜（2022）同样基于乡村振兴的五大方面，选取了农业生产能力、受教育程度、治理能力、收入水平等 30 个具体指标，但更多从时空分析的角度出发，解构了乡村振兴总体与区域间的差异及其来源，其数据主要来源于各类统计年鉴。在学术界之外，中央与地方政府部门为了更好地推进乡村振兴战略也对应设计了指标体系。如《乡村振兴战略规划（2018—2022 年）》明确提出了 22 个具体指标，其中包括 3 个约束性指标、19 个预期性指标。山东省构建了乡村振兴齐鲁样板指标体系，涵盖产业发展"六化推进"、生态环境"有序建设"、乡风文明"四率提升"、治理有效"三项工程"以及生活富裕"三个维度"。四川省构建了包括粮食综合生产能力、畜禽粪污综合利用率、村综合性文化服务中心覆盖率、村庄规划管理覆盖率、农村居民恩格尔系数等 25 个指标的乡村振兴指标体系。总体上，各类乡村振兴指标体系由于辐射范围存在差异，在五大方面具体指标的选取上未能实现一致，但以上指标体系对农村信用指数的编制仍然具有借鉴意义，原因在于以下两个方面。一方面，本章构建的农村信用指数以乡村振兴战略为基本制度背景；另一方面，农村信用的一些底层功能也会体现在乡村振兴的五大方面中。

具体而言，上述已有指标体系的借鉴意义主要包括以下几个方面。第一，乡村振兴的多维度和综合性特点为农村信用指数的构建提供了必要的框架指引。在学术界和政府部门中，乡村振兴指标体系通常涵盖五个核心领域：产业兴旺、生态宜居、乡风文明、治理有效和生活富裕。这些方面不仅覆盖了经济生产、社会发展、环境保护等领域，而且涉及乡村治理、文化建设等软实力的提升。农村信用指数的构建可借鉴此类软约束与硬约束相结合的框架，将农村经济、社会、治理等多元领域纳入其中，更全面地反映农村信用状况。第二，乡村振兴指标体系中的时空差异性分析为农村信用指数的区域化差异分析提供了有益的参考。例如，徐雪和王永瑜（2022）通过时空分析揭示了乡村振兴在不同区域之间的差异及其来源，认为农村信用指数构建应考虑地域差异。在不同经济发展水平、文化传统和社会治理条件下，农村信用状况可能会存在较大差异。尤其是涉及农业类指标时，农业大省与非农业大省的相关指标并不能直接进行比较。因此，构建全国性、统一化的农村信用指数时，应该根据不同区域的特点，结合本地经济、社会发展特点调整指标权重。第三，乡村振兴指标体系中的数据来源为构建农村信用指数提供了实用经验。农村信用指数除了依赖地方政府和国家层面的统计年鉴外，还可以通过社会调查、农户自报、农村信用平台等多渠道进行数据收集，确保数据的真实性和多样性。

（三）普惠金融评价指标

普惠金融的普惠属性体现在部分宏观信息上，同时又极具微观基础，进而导致在相关指标体系构建中，出现以宏观数据与微观样本为基础的两类研究。从基于宏观数据的普惠金融指标体系来看，焦瑾璞等（2015）通过分析金融服务的可获得性、使用情况和服务质量三个维度，基于31个省份的截面数据，构建了包含19个指标的普惠金融体系，涵盖助农取款服务点覆盖率、个人（企业）征信档案建立率、农户贷款获取率等内容。刘亦文等（2018）从金融服务的渗透性、可得性、使用效益和可负担性四个方面，计算了 2005~2015 年各省份的普惠金融指数。李建军等（2020）从金融服务的广泛包容性、特定化匹配程度和商业可持续性三个视角出发，基于省级面板数据，构建了包含 13 个指标的普惠金融发展框架。从基于微观样本的普惠金融指标体系看，张珩等（2017）基于农村信用社的微观数据，从渗透性、使用频率、效益性和承受能力四个维度，构建了评估农村普惠金融发展水平的指标体系。尹志超等（2019）利用中国家庭金融调查（CHFS）数据，从供给和需求两个方面出发，构建了包含使用性、满意度、渗透性、便利性四个维度和 12 个具体指标的中国家庭普惠金融评估体系。郭峰等（2020）基于全国范围的蚂蚁金服微观数据，从数字金融的覆盖广度、使用深度以及普惠金融的数字化程度三个维度，构建了包含 33 个具体指标的数字普惠金融指数。总体上，两类指标体系的构建思路差异主要体现为研究对象不同，普惠金融的相关指标体系为农村信用的应用层面提供了充分借鉴，如在信贷可得性与风险管控指标上都包含信用属性。

具体而言，普惠金融指标体系的相关研究对本章的借鉴意义在于以下两个方面。一方面，从宏观数据角度来看，普惠金融的核心目标是提高金融服务的可获得性、使用效率和服务质量，这些因素均与农村信用的建设密切相关。例如，焦瑾璞等（2015）通过分析金融服务的覆盖率、征信档案建档率和贷款获得率等宏观指标，强调了金融服务渗透率对提升农村信用的重要性。这表明农村信用建设需要从整体上评估金融资源在不同地区的分布和农户的金融需求，确保更多农村居民享受到信用积累的红利。结合这一点，农村信用指数构建应考虑金融服务的可获得性和广度，尤其是对农业、农村和农户金融服务的渗透和覆盖，反映出农村地区金融服务的普及程度。另一方面，微观数据层面的分析能够为构建更具针对性和实效性的农村信用指数提供支持。因此，构建农村信用指数时，需要结合农户的实际需求、金融产品的适配度以及金融服务的使用效率，体现微观层面农户的信用行为。

二 指标体系构建

中国农村信用指数指标体系构建从三个环节递进展开。首先，基于"农村信用环境—农村信用体系—农村信用应用"分析框架，从宏观到微观、从外部环境到内部应用进行层层分析。农村信用环境构建是基础，强调其对农村信用体系和农村信用应用的支撑作用。其次，在指标选取上，围绕农村信用环境、农村信用体系和农村信用应用的关键维度，分别选取反映信用文化、信用法规、基础设施、信用评价、融资规模等方面的指标，强调指标之间的相互联系，逐步从环境建设到体系完善，再到具体应用，形成链条式递进。

（一）"农村信用环境—农村信用体系—农村信用应用"分析框架

为了更加科学准确地设计指标体系，本小节构建"农村信用环境—农村信用体系—农村信用应用"分析框架，对农村信用发展展开理论性分析。

1. 农村信用环境

信用环境是信用产生和发展的环境条件，由信用主体及其赖以存在的环境构成，包括宏观信用环境和微观信用环境（田侃、夏杰长，2010）。传统意义上的信用环境是由微观个体从社会交往与市场交易中逐渐建立起来的，如中国社会差序格局形成了以个体为中心向外围辐射的"圈子"文化与宗族文化等；现代化的信用环境则更加注重正式制度下的守信与失信记录，一些诚信道德评选记录也逐渐被纳入信用环境范畴。从经济发展层面分析，良好的信用环境在市场经济中可以缓解中小企业融资难、融资贵问题（钱水土、吴卫华，2020），促进家庭创业与股市参与（徐子尧等，2022），降低企业交易成本（黄卓等，2023），提高企业专业化程度（曾艺等，2024）。从社会治理层面分析，以行为积分培育的良好信用环境，推动了数字时代的平台信用治理

（杨帆，2022）、基层共同治理（朱羿锟、张宝山，2024），促进了基层自治、法治、德治的有效结合（肖荣辉，2023）。总体上，信用环境更多起到诚信氛围营造的作用，在商业信用供给以及基层社会治理方面具有显著的促进意义。

结合农村信用发展看，农村信用环境反映了农村地区现有诚信氛围的营造程度，包括守信激励和失信惩戒。从经济发展角度看，良好的农村信用环境为农村经济繁荣提供了有力支撑。在市场经济逐步发展和农村金融体系不断完善的背景下，信用环境改善能够有效解决中小企业和家庭创业的融资难题，降低融资成本，促进资本流动和资源有效配置。从社会治理层面看，农村信用环境在促进基层社会治理方面具有独特优势，能够有效促进基层自治，推动乡村社会更加有序地运转。良好的信用环境有助于实现自治、法治与德治的结合。通过对失信行为的惩戒和对守信行为的奖励，农村地区能够在一定程度上加强对不良行为的制约，通过诚信教育等手段提升农户的道德水平。这不仅是对个体行为的约束，而且能够促进整个社区的合作和互助，形成良好的社会风气。总体来看，农村信用环境逐步向规范化、现代化转型，将进一步推动农村地区整体信用环境的健康发展。

2. 农村信用体系

农村信用体系建设工作最初由中国人民银行负责推动，政策内容主要包括为农村经济主体建立电子信用档案、构建相对应的信用评价体系、提高主体信用意识与改善农村地区信用环境等。近年来，农村信用体系建设工作已成为国家发展改革委、中国人民银行、国家金融监督管理总局（原中国银保监会）、农业农村部等多个部门联合推动的工作，其制度内涵逐渐从单纯的信贷风险防范扩展到更为广泛的社会责任共担（周雨、陈海盛，2024）。从政策支持来看，农村信用的发展依赖健全的法律法规来保障信用行为的规范性和公平性，也需要政府部门通过制定鼓励信贷的政策，提供财政补贴、贷款贴息等正式制度手段加以支持。从信息归集基础设施建设来看，建立统一的农村信用信息归集平台（石宝峰，2024）、加强不同政府部门与金融机构之间的信息共享和互认（潘妍、余泳泽，2023）、推动农村信用信息向数字化转型（冯兴元等，2024）对持续推动农村信用发展具有基础功能。从信用评价来看，当前的农村信用评价集中于"三信"建设，更需要基于农户与新型农业经营主体的信用信息创新评价模型，多渠道增加授信依据。总体上，通过健全的制度体系、完善的信用信息归集基础设施，以及科学的信用评价体系，既能够提升农户的信用意识和行为规范，也能够促进农村金融市场的健康发展。

3. 农村信用应用

农村地区的信用数据在向应用层面转换过程中，面临的现实阻碍之一就是缺乏应用场景，导致守信和失信的激励惩戒机制难以真正体现效果。仅有信用档案而无信用使用记录的主体过多也不利于整个农村地区的信用发展。在接下来的分析框架中，农村信用应用是基于农村信用体系的工具维度，只有高效的农村信用应用才能培育出良好的农村信用环境。从缓解农村信贷配给的角度分析，通过建立信用记录和信息平台，农户能够以信用贷款的方式获取金融支持，不需要依赖传统的抵押物或担保人，从而减少了融资过程中的交易成本。同时，各种应用场景能够优化资源配置，提高信贷资源的效率。例如，金融机构通过数据分析、信用评分等手段，能够更加精确地识别优质借款人，降低贷款违约风险，实现资金的精准投放。从农业可持续发展来看，农户在获取贷款、参与农村合作社或签约农业项目时，往往需要遵循一定的农业生产标准，如种植管理、病虫害防治、环境保护等标准。通过此类质量追溯体系的实施，有助于推动农产品质量认证的标准化，增强农产品的市场竞争力，助力农产品销售（陈珏颖等，2023）。从农村信用的风险管理角度看，农村地区信贷市场的不良贷款率过高，削弱了金融机构在农村地区的信贷供应能力，从而压缩了农户和农村企业的融资渠道

（张宁等，2022a）。有效的信用风险管理应当能够降低贷款违约率，增强金融机构的信贷投放意愿，促进农村信贷市场的稳定发展。同时，信用风险管理应当通过贷款风险分散化与灾害保障机制，降低自然灾害、市场波动等带来的违约风险。

（二）指标选取依据

本小节将从指标的选取理由出发，分析各类指标的选取依据。

1. 农村信用环境指标选取依据

基于上述的理论分析，将信用经营环境和信用文化环境作为衡量农村信用环境的两个关键维度。信用经营环境主要关注直接影响农村金融市场运作与农户信用行为的外部因素；信用文化环境则着眼于农村社会的信用观念、道德规范、社会信任等内在因素，这些因素影响着农户的信用意识和社会整体的信用氛围。

一方面，信用经营环境衡量的是农村地区从事农业生产经营活动所产生的历史信用状况，如农业经营主体能否遵守契约精神、履行承诺，并建立起稳定、可靠的商业信誉。选择信用经营环境作为指标，主要原因如下。从农村市场经济运行来看，由于农村市场相对分散，经营主体之间的信任往往较为脆弱，缺乏有效的信用机制。如果市场中存在大量非诚信的经营行为（如虚假宣传、价格欺诈、伪劣产品等），就会破坏市场的正常秩序，导致竞争失序，影响整个区域的经济发展。而诚信经营能够形成良好的市场规则，促进农村市场的健康发展。

另一方面，信用文化环境指的是农村地区在长期的社会实践中所形成的与信用相关的社会价值观、行为规范、道德标准、文化传统等内在因素，体现了农村社会对信用的认同与遵守程度。选择信用文化环境作为指标，主要原因如下。一是信用规则约束。通过出台有约束力的村规民约，能够塑造遵守信用规则的社会环境。二是道德约束。乡村社会往往存在较强的道德约束力，信用文化环境的建设能够在一定程度上发挥道德力量，引导农户形成遵守信用约定的行为规范。三是社会信用观念的深植。依托农村社会信用榜样的力量，良好的信用文化环境能够增强信用意识，避免发生不良信用行为。

2. 农村信用体系指标选取依据

基于上述的理论分析，将信用制度体系、信用基础设施、信用评价体系作为衡量农村信用体系的三个关键维度。信用制度体系指代地方政府的规则和法律保障，确保信用行为的规范化；信用基础设施指代技术支持，保障信用信息的有效流通；信用评价体系指代信用评价的成效，推动信用活动的规范化和透明化。

第一，信用制度体系是指支撑信用行为规范、信用市场规则、信用法律法规等方面的制度供给，强调政府部门的政策支持力度。信用制度体系涵盖信用行为的法律法规、政策规范、信用保障机制等内容，确保信用活动在法律框架内进行，有助于建立健全的信用秩序。

第二，信用基础设施是指支持信用信息收集、存储、传递和应用的技术、平台和服务体系。具体包括信息收集和处理技术、数据库建设、信息共享平台等，是农村信用体系正常运作的硬件和技术保障。通过建立完善的信用基础设施，尤其是信息共享平台，可以打破信息孤岛，提高信用信息的透明度，帮助农户和农村企业展示其良好的信用记录。

第三，信用评价体系是指用于评估信用主体信用状况的标准、方法和工具，通常包括信用评级模型、信用评级标准等内容，用于对农村经济主体的信用状况进行全面、客观、准确的评估。建立科学的信用评价体系，可以通过多维度、多渠道的数据进行信用评估，提升信用评价的准确性；也可以帮助银行和其他金融机构对农户及农村企业的信用状况进行全面了解，从而做出更加科学的信贷决策。

3. 农村信用应用指标选取依据

基于上述的理论分析，将信用融资规模、信用应用广度、信用风险管理作为衡量农村信用应用的三个关键维度。信用融资规模反映了农村信用体系的资金支持能力和融资可得性；信用应用广度体现了信用信息在各个领域的实际应用效果和创新；信用风险管理则表征了信用体系的稳定性。

第一，信用融资规模是指在农村信用体系下，通过信用手段所能支持的融资总量。具体而言，这一指标反映了农村地区信用体系的资金支持能力及其对农业、农村经济主体的融资覆盖面。信用融资规模的扩大，意味着信用体系在帮助农村经济主体获得融资方面起到了更大的作用。

第二，信用应用广度是指信用信息在农村经济中的具体应用领域和场所，包括农业生产、农产品流通等领域的信用应用情况。信用应用场景的多样化和广泛化，意味着信用体系的实际应用效果和丰富度不断提升。随着信用应用场景的不断拓展，农户和农村中小企业能够在更广泛的领域享受到信用带来的便利，可以降低对传统担保物和人脉关系的依赖。

第三，信用风险管理是指在农村信用体系中对信用风险进行识别、评估、控制和防范的过程。信用风险管理直接影响农村信用体系的稳定性、可持续性和健康发展。农村地区的信用风险主要来自农业生产高度依赖自然环境、市场波动以及农户收入不稳定等因素。

三　指标解析

基于前文的分析，本小节将对农村信用环境、农村信用体系和农村信用应用方面的具体指标选取做简要说明，目的在于明确具体指标的代表性与可度量性。指标解析从原因分析出发，逐层解释每一维度和指标的功能，明确其对农村信用发展、金融支持和风险管控的作用，确保整个体系具备完整性与科学性，准确反映农村信用体系的建设过程和实际效果。

（一）农村信用环境指标解析

根据上述分析，对信用经营环境与信用文化环境选取适当的指标进行度量。在信用经营环境方面，选取国家农户专业合作社示范社经营异常数量占比、农资经营主体经营异常数量占比来衡量，选取的原因如下。经营异常通常代表企业或组织在经营过程中存在一些问题，如未按规定公示年度报告、隐瞒真实情况、弄虚作假等。这些经营异常行为属于信用风险暴露前的指示指标，如《企业经营异常名录管理暂行办法》指出，工商行政管理部门应当在企业被列入经营异常名录届满3年仍未履行公示义务的，将其列入严重违法企业名单，并通过企业信用信息公示系统向社会公示。选取这两类主体的原因在于：二者分别表征了农业生产的上下游，可以很好地衡量农业产业链条上的信用风险，体现了农村地区整体的农业经营环境。由于经营异常数量占比越高，信用风险暴露的概率越高，所以二者均为负向指标。

在信用文化环境方面，选取有村规民约的村庄数量占比、农村文明家庭户数占比、农村道德模范人数来衡量，选取的原因如下。村规民约是乡村社会的一种自我管理和自我约束规范，反映了一个村庄的秩序和农户之间的相互信任程度。村规民约的普及程度越高，说明村庄内的社会秩序越好，信用文化建设越完善，农户在行为规范和相互信任方面具有较高的认同感。从现实看，多数村庄将守信失信的奖励惩戒制度列入村规民约中，促进了连带责任机制落地（印子，2022）。文明家庭与道德模范则体现了家庭和个人的道德风尚，这些家庭和个人不仅在社会生活中遵守法律和道德，而且能够通过榜样作用传递正能量，促进社会整体信用氛围的改善。

（二）农村信用体系指标解析

依据前文对农村信用体系的分析，对信用制度体系、信用基础设施与信用评价体系选取适当的指标进行度量。在信用制度体系方面，选取地方政府颁布的与农村信用体系相关的法律规章数量来衡量，选取的原因如下。在实际推进过程中，地方政府往往根据本地区的实际情况制定和实施相关政策与法律规章，各地在农村信用体系建设方面可能存在差异，部分地区由于经济发展水平较高、信用体系较完善，因此会有更多具有针对性的法律规章出台。地方政府的法律规章数量反映了不同地区对农村信用体系建设的关注程度。

在信用基础设施方面，选取农村金融机构网点密度来衡量，选取的原因如下。金融机构网点增加，意味着更多农户和企业能够参与到信用评价中，积累信用记录，通过金融机构的信用评分系统建立信用历史。在征信网点建设中，中国人民银行授权商业银行提供征信报告服务，该指标可以表征农村信用基础设施建设的水平。

在信用评价体系方面，选取农户贷款占涉农贷款的比例来衡量，选取的原因如下。本质上，信用评价体系的最佳指标应当为"三信"建设进度，但由于各地"三信"建设标准不一，使用该指标不具备区域间的横向可对比原则。本章选取农户贷款占涉农贷款的比例主要源于"三信"建设要求缓解农村信贷配给，农户能够获得信用贷款的额度成为各个省份总结"三信"建设时的主要指标。因此，该指标可以很好地从建设成效角度衡量农村"三信"建设水平。

（三）农村信用应用指标解析

在前文关于农村信用应用指标的论述中，信用融资规模、信用应用广度、信用风险管理成为衡量其水平的三大维度。在信用融资规模方面，选取涉农贷款余额、农业保险保费收入两个指标，选取的原因如下。一方面，涉农贷款余额能够直观地表示金融机构对农村经济的信贷支持力度，反映农业及农村经济领域对资金的需求和融资规模。贷款余额高意味着更多农户和农村企业获得了融资支持，体现了农村信用融资的广泛性。另一方面，农业生产本身具有高度的自然风险（如灾害、气候变化等），农业保险的覆盖面扩大，有助于降低农户面对灾害和不确定性时的收入波动，增强农户对金融服务的信任，从而提升其信用状况和融资能力，在一定程度上也促进了农户的信用积累。

在信用应用广度方面，选取获得贷款支持的家庭农场数量占比、良好农业规范认证数量两个指标，选取原因如下。一方面，家庭农场是农村地区的重要农业生产主体，其规模适中、管理灵活，能够有效推动农业现代化和农村经济发展。获得贷款支持的家庭农场数量占比直接反映了信用在农业领域的渗透情况。其占比越高，说明金融机构对家庭农场的信贷支持越广泛，更多的农户和农业经营者能够通过信用融资获得发展机会。另一方面，良好农业规范认证是一种针对农产品的农业生产管理标准，获得良好农业规范认证的农产品通常具有更高的市场价值和消费者信任度，也能够为农业经营主体积攒商誉。

在信用风险管理方面，选取农村金融机构不良贷款率、农业保险赔付率两个指标，选取的原因如下。一方面，不良贷款率是衡量金融机构贷款质量的关键指标，不良贷款率高意味着金融机构在贷款审核、风险评估、贷后管理等方面存在一定缺陷，导致借款人违约，进而对金融机构的稳定性和农村经济的发展构成威胁；不良贷款率低则表明金融机构在风险控制、信用评估等方面表现较好，能够有效减少违约损失。另一方面，农业保险赔付率反映了农业保险在应对农业风险、保障农户利益方面的成效，高赔付率反映出农村地区农业风险的高频性，对于金融机构来说，信用风险压力将显著增大。鉴于两个指标的特殊属性，均将其设置为负向指标。

至此，本章的指标体系初步构建完毕，构建的中国农村信用指数指标体系见表4-1。

表4-1　中国农村信用指数指标体系

一级指标	二级指标	三级指标	单位	属性
农村信用环境	信用经营环境	1. 国家农户专业合作社示范社经营异常数量占比	%	负向
		2. 农资经营主体经营异常数量占比	%	负向
	信用文化环境	3. 有村规民约的村庄数量占比	%	正向
		4. 农村文明家庭户数占比	%	正向
		5. 农村道德模范人数	人/万户	正向

153

续表

一级指标	二级指标	三级指标	单位	属性
农村信用体系	信用制度体系	6. 地方政府颁布的与农村信用体系相关的法律规章数量	项/万户	正向
	信用基础设施	7. 农村金融机构网点密度	个/万户	正向
	信用评价体系	8. 农户贷款占涉农贷款的比例	%	正向
农村信用应用	信用融资规模	9. 涉农贷款余额	亿元	正向
		10. 农业保险保费收入	百万元	正向
	信用应用广度	11. 获得贷款支持的家庭农场数量占比	%	正向
		12. 良好农业规范认证数量	个	正向
	信用风险管理	13. 农村金融机构不良贷款率	%	负向
		14. 农业保险赔付率	%	负向

第三节　数据来源与研究方法

可靠的数据来源确保了各项指标能够真实反映实际情况，合理的研究方法则通过有效的数据分析和模型构建，将复杂的数据转化为有意义的指标体系。

一　数据来源

本章涉及的数据主要来源于《中国农村合作经济统计年报》、《中国保险年鉴》、《中国农村政策与改革统计年报》、浙大卡特-企研中国涉农研究数据库（CCAD）、北大法宝数据库、中国研究数据服务平台（CNRDS）、国泰安经济金融数据库（CSMAR）、EPS 数据平台。各项指标的具体数据来源、计算公式与部分备注说明见表4-2。

表 4-2　中国农村信用指数指标体系的数据来源与计算公式

指标名称	数据来源	计算公式	备注
1. 国家农户专业合作社示范社经营异常数量占比	浙大卡特-企研中国涉农研究数据库（CCAD）	国家农户专业合作社示范社经营异常数量/国家农户专业合作社示范社总数	
2. 农资经营主体经营异常数量占比	浙大卡特-企研中国涉农研究数据库（CCAD）	农资经营主体经营异常数量/农资经营主体总数	
3. 有村规民约的村庄数量占比	《中国农村合作经济统计年报》《中国农村政策与改革统计年报》	有村规民约的村庄数量/村庄总数	
4. 农村文明家庭户数占比	《中国农村合作经济统计年报》《中国农村政策与改革统计年报》	农村文明家庭户数/农户总数	
5. 农村道德模范人数	《中国农村合作经济统计年报》《中国农村政策与改革统计年报》	农村道德模范人数/农户总数	
6. 地方政府颁布的与农村信用体系相关的法律规章数量	北大法宝数据库、《中国农村政策与改革统计年报》	地方政府颁布的与农村信用体系相关的法律规章数量/农户总数	检索条件：正文中出现"农村信用体系"。仅包含地方规范性文件、地方司法文件以及地方性法规，删除答复函与答复意见等
7. 农村金融机构网点密度	中国研究数据服务平台（CNRDS）、国泰安经济金融数据库（CSMAR）、《中国农村政策与改革统计年报》	农村金融机构网点数量/农户总数	农村金融机构网点数量由两种数据库的合并整理而来
8. 农户贷款占涉农贷款的比例	中国研究数据服务平台（CNRDS）	农户贷款/涉农贷款余额	
9. 涉农贷款余额	中国研究数据服务平台（CNRDS）		
10. 农业保险保费收入	中国研究数据服务平台（CNRDS）、《中国保险年鉴》		

续表

指标名称	数据来源	计算公式	备注
11. 获得贷款支持的家庭农场数量占比	《中国农村合作经济统计年报》《中国农村政策与改革统计年报》	获得贷款支持的家庭农场数量/家庭农场总数	
12. 良好农业规范认证数量	浙大卡特－企研中国涉农研究数据库（CCAD）、EPS数据平台	良好农业规范认证数量×该省份农林牧渔业总产值在全国的份额	由于各省份农产品规模存在区域差异，直接比较认证数量会产生偏误，因此使用"该省份农林牧渔业总产值在全国的份额"为权重进行校准
13. 农村金融机构不良贷款率	中国研究数据服务平台（CNRDS）、国泰安经济金融数据库（CSMAR）、EPS数据平台		
14. 农业保险赔付率	中国研究数据服务平台（CNRDS）、《中国保险年鉴》	赔付支出/保费收入	

注：为防止不同数据来源的村庄数量、农户数量出现偏差，本指标体系所涉及的村庄数量与农户数量数据均来自《中国农村政策与改革统计年报》。

二 数据处理与研究方法

数据处理与研究方法确保了指标的科学性、准确性和可操作性。通过有效的数据清洗、标准化及加权处理，消除噪声与偏差，从而提升研究结果的可靠性。

（一）主客观组合赋权法

单一赋权方法或多或少存在一些不足。主观方法（如专家打分法、德尔菲法等）可能会受到专家个人偏好和偏见的影响；客观方法（如熵权法、AHP法等）通常依赖数据的统计分析，虽然能够从量化的角度给出较为客观的结果，但往往忽略了专家的经验和判断。因此，本章采取"熵权法+专家打分法"相结合的主客观组合赋权法确定指标权重。

1. 熵权法

第一步，由于各指标的单位不一致，需要对数据进行标准化操作，去除指标的量纲。

$$t_{ij} = \frac{x_{ij} - \min x_{ij}}{\max x_{ij} - \min x_{ij}} \text{，正向指标} \tag{4-1}$$

$$t_{ij} = \frac{\max x_{ij} - x_{ij}}{\max x_{ij} - \min x_{ij}} \text{，负向指标} \tag{4-2}$$

其中，t_{ij} 表示标准化后的指标结果，x_{ij} 代表第 i 个省份的第 j 项指标。

第二步，计算第 j 项指标下第 i 个省份占该指标的比重 P_{ij}：

$$P_{ij} = \frac{x_{ij}}{\sum_{i=1}^{n} x_{ij}} \tag{4-3}$$

第三步，计算信息熵 e_j 与冗余度 d_j：

$$e_j = -\frac{1}{\ln n} \sum_{i=1}^{n} P_{ij} \ln P_{ij} \tag{4-4}$$

$$d_j = 1 - e_j \tag{4-5}$$

第四步，计算使用熵权法的指标权重 w_j：

$$w_j = \frac{d_j}{\sum_{j=1}^{m} d_j} \tag{4-6}$$

其中，$n = 30$，$m = 14$。

2. 专家打分法

第一步，根据评估准则，设定 1~9 的比例尺度，用于比较两个因素或方案的相对重要性。在此基础上，专家根据自己的判断对不同因素之间的相对重要性进行评分。

第二步，对每一对准则或方案进行两两比较，构建对比矩阵。

第三步，依托对比矩阵进行特征值分解，使用加权平均法计算得到每个准则的权重向量，并对专家评分进行一致性检验。

3. 组合赋权法

对初始数据进行以上操作后，借鉴梁富山（2013）、李帅等（2014）的研究，使用最小相对信息熵确定组合权重。

第一步，给出组合权重最优化问题的表达式：

$$w_j' = \left\{ \frac{w_{11}w_{21}}{\sum\limits_{j=1}^{m} w_{1j}w_{2j}}, \frac{w_{12}w_{22}}{\sum\limits_{j=1}^{m} w_{1j}w_{2j}}, \cdots, \frac{w_{1m}w_{2m}}{\sum\limits_{j=1}^{m} w_{1j}w_{2j}} \right\} = (w_1', w_2', \cdots, w_m')$$

$$\text{s. t. } \sum_{j=1}^{m} w_j' = 1; w_j' \geqslant 0 \tag{4-7}$$

第二步，根据最小相对信息熵原则确定的拉格朗日函数为：

$$\min F = \sum_{j=1}^{m} w_j'(\ln w_j' - \ln w_{1j}) + \sum_{j=1}^{n} w_j'(\ln w_j' - \ln w_{2j}) \tag{4-8}$$

第三步，求解式（4-8）可得到组合权重 w_j' 的表达式为：

$$w_j' = \frac{(w_{1j}w_{2j})^{0.5}}{\sum\limits_{j=1}^{m} (w_{1j}w_{2j})^{0.5}}, j = 1, 2, 3, \cdots, m \tag{4-9}$$

其中，w_j' 为组合权重，w_{1j} 为采用熵权法得到的第 j 个指标的权重，w_{2j} 为采用专家打分法得到的第 j 个指标的权重，此处 $m = 14$。

（二）Dagum 基尼系数分解法

本章采用 Dagum 基尼系数分解法测度中国东部、中部、西部地区以及粮食主产区、粮食主销区、粮食产销平衡区农村信用发展水平的区域内差距与区域间差距，并且对不同省份的农村信用发展水平展开深度分析。一般意义上，区域内基尼系数越小，表明区域内省份之间农村信用发展水平差距越小；区域内基尼系数越大，表明区域内省份之间农村信用发展水平差距越大。区域间基尼系数则反映了不同区域之间的差异程度。从结构上分析，农村信用发展的总体基尼系数 G 可分解为区域内差异贡献率 G_w、区域间差异贡献率 G_{nb}，以及超变密度贡献率 G_l，三者之和需要满足 $G = G_w + G_{nb} + G_l$。具体计算公式如下。

第一步，给出总基尼系数 G 的表达式：

$$G = \left(\sum_{a=1}^{k} \sum_{i=1}^{k} \sum_{b=1}^{h_a} \sum_{j=1}^{h_b} |x_{ai} - x_{bj}| \right) / 2h^2 \bar{x} \tag{4-10}$$

第二步，给出区域内基尼系数 G_{aa} 的表达式：

$$G_{aa} = \left(\frac{1}{2\bar{x}} \sum_{i=1}^{h_a} \sum_{j=1}^{h_a} |x_{ai} - x_{bj}| \right) / h^2 \tag{4-11}$$

第三步，给出区域内差异贡献率 G_w 的表达式：

$$G_w = \sum_{a=1}^{k} G_{aa} P_a S_i \tag{4-12}$$

第四步，给出区域间基尼系数 G_{ab} 的表达式：

$$G_{ab} = \left(\sum_{i=1}^{h_a} \sum_{j=1}^{h_b} |x_{ai} - x_{bj}| \right) / \left[h_a h_b (\bar{x}_a - \bar{x}_b) \right] \tag{4-13}$$

第五步，给出区域间差异贡献率 G_{nb} 的表达式：

$$G_{nb} = \sum_{a=2}^{k} \sum_{b=1}^{a-1} G_{ab} (p_a s_b + p_b s_a) D_{ab} \tag{4-14}$$

第六步，给出超变密度贡献率 G_l 的表达式：

$$G_l = \sum_{a=2}^{k} \sum_{b=1}^{a-1} G_{ab} (p_a s_b + p_b s_a)(1 - D_{ab}) \tag{4-15}$$

第七步，给出区域 a 和区域 b 之间农村信用发展评价值的相对影响

水平 D_{ab} ，以及区域 a 和区域 b 中符合 $x_{ab} - x_{ij} > 0$ 和 $x_{ij} - x_{ab} > 0$ 的所有样本值加总的数学期望 d_{ab} 与 p_{ab} ：

$$D_{ab} = (d_{ab} - p_{ab})/(d_{ab} + p_{ab}) \tag{4-16}$$

$$d_{ab'} = \int_0^\infty \mathrm{d}F_a(y) \int_0^y (y - x) \mathrm{d}F_b(x) \tag{4-17}$$

$$p_{ab} = \int_0^\infty \mathrm{d}F_b(y) \int_0^y (y - x) \mathrm{d}F_a(x) \tag{4-18}$$

其中，a、b 为不同区域，i、j 为不同省份，k 为区域数量，h_a 和 h_b 分别表示区域 a 和区域 b 中的省份数量，x_{ai} 和 x_{bj} 分别表示区域 a 和区域 b 中省份 i 和省份 j 的农村信用发展程度，$\bar{x}$ 表示所有省份农村信用发展水平的均值。

（三）自适应核密度估计法

为了更好地分析农村信用发展水平的动态变化以及分布特征，本章选取核密度估计曲线（KDE）展开分析。但由于传统核密度估计手工选择带宽会导致实证分析结果不稳定，影响实证分析精度，因此本章采取自适应核密度估计法，具体计算方式如下。

第一步，写出普通核密度估计函数：

$$f(x) = \frac{1}{Nh} \sum_{i=1}^N K\left(\frac{x_i - x}{h}\right) \tag{4-19}$$

其中，N 为数据集内的观测值数量，h 为带宽，$K(\cdot)$ 表示核密度函数。由于高斯核函数在大多数情况下能够平衡计算复杂性和估计精度，因此本章同样选择高斯核函数。x_i 表示独立同分布的农村信用指数观测值，x 为农村信用指数观测值的均值。

第二步，自适应带宽下的核密度估计函数为：

$$f(x) = \frac{1}{\sqrt{2\pi} Nh_N} \sum_{i=1}^N \frac{e^{-\frac{1}{2}\left(\frac{x_i}{\lambda_i h_N}\right)^2}}{\lambda_i} \tag{4-20}$$

第三步,采用期望最大化（EM）算法优化带宽、均值和协方差矩阵。[①]计算过程包括:设置带宽、均值、协方差矩阵和权重的初始值,通过调用 regEM 函数,执行 EM 算法,并返回更新后的参数。每次迭代会返回对数似然值 E_{old},通过 err 的大小可判断是否收敛。

$$err = \left| \frac{E_{new} - E_{old}}{E_{new}} \right| \tag{4-21}$$

其中,E_{new} 为当前迭代的对数似然值,E_{old} 为上一轮迭代的对数似然值。若 err 小于设定的阈值,则停止算法迭代。由于该计算带宽的方法在小样本容量时仍然具有一定的波动性,因此在算法的基础上,我们通过重复执行该命令 1000 次并取均值来缓解不可避免的较弱的波动性。

(四) 马尔可夫链与空间马尔可夫链

马尔可夫链是一个随机过程。其中,系统的未来状态只与当前状态相关,与之前的状态无关。这种特性称为无记忆性,即未来状态的条件概率仅取决于当前状态。其计算公式为:

$$P\{X(t) = j \mid X(t-1) = i_{t-1}, X(t-2) = i_{t-2}, \cdots, X(0) = i_0\}$$
$$= P\{X(t) = j \mid X(t-1) = i_{t-1}\} \tag{4-22}$$

式（4-22）描述的是马尔可夫性质的转移概率,即未来的状态只依赖于当前状态,而与过去的状态无关。将具有不同农村信用发展水平的省份划分为多个群体,其中每个元素 P_{ij} 表示在某个时间点 t,农村信用发展水平从状态 i 转变为状态 j 的概率。运用转移概率 P_{ij} 所形成的状态维矩阵 P,可以推测中国农村信用发展水平分布动态的演进趋势。

空间马尔可夫链是马尔可夫链的一种扩展,通常用于描述具有空

[①] 此处采用的算法程序来自 MATLAB 社区的 akde1d 程序包,详见 https://ww2.mathworks.cn/matlabcentral/fileexchange/58309-adaptive-kernel-density-estimation-in-one-dimension? s_tid = srchtitle_support_results_1_akde1d。

间结构的随机过程。在空间马尔可夫链中，每个状态不仅与时间有关，而且可能与空间位置相关。其计算公式为：

$$\text{Lag}_a = \sum P_b \cdot w_{ab} \tag{4-23}$$

其中，Lag_a 表示省份 a 的空间滞后项，即省份 a 邻近省份农村信用指数的空间加权平均值；b 为与省份 a 空间接壤的省份；P_b 为省份 b 的农村信用发展水平转移概率；w_{ab} 为空间权重矩阵（0-1 邻接矩阵）。

（五）动态模糊集定性比较分析

不同于计量经济学中的回归方程，定性比较分析（QCA）方法通过整体视角和个案分析，关注条件变量的组合（组态）及其与结果之间的因果关系，强调条件之间的相互依赖性（杜运周、贾良定，2017）。模糊集定性比较分析（fsQCA）是一种结合了定性比较分析和模糊集合理论（Fuzzy Set Theory）的方法。它通过对案例数据的多维属性进行分析，识别出在某些特定条件下，多个因素（即条件变量）如何组合在一起，影响某一结果变量的发生。总体上，fsQCA 的核心思想是通过"条件组合"的方式分析因果关系，而不是单独分析每一个因素。但由于传统静态 QCA 方法仅能从截面获得组态信息，无法动态观测组态间的变化，因此学者们呼吁运用动态 QCA 方法开展研究。动态 fsQCA 方法的主要步骤如下。

第一步，在明确研究问题的基础上，选择适合研究的案例，确保有足够的时间序列数据以捕捉动态变化。

第二步，明确分析中使用的条件变量（因素）和结果变量（目标）。

第三步，变量的模糊化与校准。变量的模糊化即将条件变量和结果变量的取值转化为模糊集值，通常使用 0 和 1 之间的数值表示。通过专家判断或统计分析方法设定阈值，将变量的值分配到模糊集的不同等级。例如，定义 0.8 作为"完全高"或"完全好"的标准。

第四步，构建真值表。真值表列出所有可能的条件组合（即不同的条件配置）以及这些组合下的结果。对于每个条件组合，检查其是否导致结果发生。

第五步，稳健性检验。通过提高案例频数阈值（如从 2 调整为 3），检验不同案例频数对结果的影响。提高阈值通常会减少符合条件的案例数量，从而检验结果是否依然稳健。如果结果与原组态有清晰的子集关系，说明结果稳健。或者通过提高一致性阈值（如从 0.8 调整为 0.9），可以验证在更严格的一致性要求下，结果是否发生实质性改变。如果在更高的一致性阈值下，组态之间的关系依旧稳定，说明结果是稳健的。

第六步，结果解释与应用。根据简化后的结果，分析哪些条件组合是结果发生的关键。理解不同因素之间的互动关系，以及如何通过调整条件来影响结果。

第四节　定量测度研究

基于前文构建的指标体系以及选取的研究方法，主要从定量角度分析农村信用发展的区域差异、动态演进以及影响因素。首先，基于中国农村信用指数及其子系统指数的特征对整体信用环境进行定量衡量，为后续研究提供基础；其次，通过区域差异分析揭示不同地区信用发展水平的差异来源；再次，通过动态分布与演进分析明确信用发展趋势；最后，通过影响因素分析帮助识别与信用发展密切相关的多维因素。

一　中国农村信用指数及其子系统指数的特征

（一）指标体系的权重确定

根据熵权法和专家打分法，分别得出采用两种方法的各类指标权重，同时依据组合赋权法，得出最终的权重（见表4-3）。

表 4-3　熵权法、专家打分法与组合赋权法权重

一级指标	二级指标	三级指标	熵权法	专家打分法	组合赋权法
农村信用环境	信用经营环境	1. 国家农户专业合作社示范社经营异常数量占比	0.0091	0.0767	0.0305
		2. 农资经营主体经营异常数量占比	0.0056	0.0667	0.0223
	信用文化环境	3. 有村规民约的村庄数量占比	0.0071	0.0567	0.0231
		4. 农村文明家庭户数占比	0.1528	0.0517	0.1025
		5. 农村道德模范人数	0.0840	0.0500	0.0748
农村信用体系	信用制度体系	6. 地方政府颁布的与农村信用体系相关的法律规章数量	0.1572	0.0733	0.1239
	信用基础设施	7. 农村金融机构网点密度	0.0582	0.0733	0.0754
	信用评价体系	8. 农户贷款占涉农贷款的比例	0.0272	0.0783	0.0533
农村信用应用	信用融资规模	9. 涉农贷款余额	0.1101	0.0800	0.1083
		10. 农业保险保费收入	0.0915	0.0617	0.0867
	信用应用广度	11. 获得贷款支持的家庭农场数量占比	0.1034	0.0783	0.1038
		12. 良好农业规范认证数量	0.1783	0.0783	0.1364
	信用风险管理	13. 农村金融机构不良贷款率	0.0064	0.0967	0.0288
		14. 农业保险赔付率	0.0089	0.0783	0.0304

从最终结果来看，组合赋权法很好地综合了熵权法和专家打分法的信息，缩小了仅依托数据客观信息熵带来的权重差异。

（二）总指数与子系统指数的特征

图 4-1 为 2019～2022 年中国农村信用指数及其子系统指数变化趋势。根据指标体系的测算结果，中国农村信用指数具有如下几大特征。第一，中国农村信用指数较小，最大仅为 2022 年的 0.3231，这表明中国农村信用的发展水平较低。这一结果也表明尽管近年来农村经济发展取得了显著成就，但在信用体系建设方面仍然任重道远，存在较大的提升空间和潜力。因此，2024 年中央一号文件提出发展农村数字普惠

金融，推进农村信用体系建设。这一战略部署的初衷在于发挥数字普惠金融便捷、高效、覆盖面广等优势，为农村信用体系建设提供新思路和新路径。第二，中国农村信用指数总体呈现增长态势，由 2019 年的 0.2826 上升至 2022 年的 0.3231，增幅达到 14.3312%。这一增长态势也反映出中国对农村信用体系建设的高度重视和持续投入，为农村信用的提升创造了良好的环境和条件。第三，2019～2022 年中国农村信用指数的三个子系统指数出现结构式分化，体现出农村信用体系内部发展的不均衡性。具体而言，农村信用环境指数与农村信用体系指数的增长幅度较小，农村信用环境指数甚至在 2021 年有所下滑，但在 2022 年重新回升；相比较而言，农村信用应用指数则呈现较强的增长势头，从 2019 年的 0.1235 上升至 2022 年的 0.1537，增幅达到 24.4534%。以上数据表明，中国农村信用指数的增长较多出现在应用层面，这可能得益于传统金融信贷下乡、农村电子商务、互联网金融等模式创新，但在诚信氛围培育和信用体系建设方面仍然有待加强。

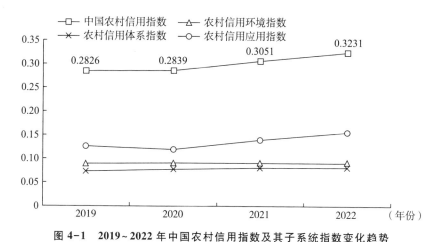

图 4-1　2019～2022 年中国农村信用指数及其子系统指数变化趋势

表 4-4 为 2022 年各省份农村信用指数以及农村信用环境、农村信用体系、农村信用应用三个子系统指数。结合图 4-1 与表 4-4 可知，2022 年中国农村信用指数均值为 0.3231，高于均值的省份共有 10 个，

包括河北、安徽、河南、山东、四川、浙江、广东、江苏、青海、新疆。其中，以地理位置划分，东部地区有 5 个，中部地区有 2 个，西部地区有 3 个；以粮食生产能力划分，粮食主产区有 6 个，粮食主销区有 2 个，粮食产销平衡区有 2 个。这 10 个省份农村信用发展水平高于均值的主要原因略有不同。其中，河北、安徽、河南、山东、四川、广东、江苏主要归因于农村信用应用水平较高，新疆主要源于拥有全国最高的农村信用环境指数，浙江主要源于农村信用环境指数和农村信用应用指数均较高，青海则是由于农村信用体系建设水平较高。低于均值的省份共有 20 个。其中，以地理位置划分，东部地区有 5 个，东北地区有 3 个，中部地区有 4 个，西部地区有 8 个；以粮食生产能力划分，粮食主产区有 7 个，粮食主销区有 5 个，粮食产销平衡区有 8 个。由此可知，农村信用指数低于均值的省份主要集中于中西部地区以及粮食产销平衡区，这些省份的农村信用指数之所以较低，原因较为复杂。一方面，可能是各子系统水平都相对较低，导致整体信用发展水平不高；另一方面，可能是某一方面成效欠佳，如信用环境不佳、信用体系建设滞后或信用应用不够广泛等。

表 4-4　2022 年各省份农村信用指数及其子系统指数

省份	农村信用指数	农村信用环境指数	农村信用体系指数	农村信用应用指数
北京	0.2146	0.0690	0.0731	0.0725
天津	0.2199	0.0717	0.0923	0.0558
河北	0.3235	0.0808	0.0653	0.1774
山西	0.2857	0.0911	0.0848	0.1098
内蒙古	0.3138	0.0613	0.0885	0.1641
辽宁	0.2508	0.0781	0.0583	0.1144
吉林	0.2629	0.0624	0.0717	0.1288
黑龙江	0.3091	0.0646	0.0737	0.1708
上海	0.2559	0.1141	0.0417	0.1001
江苏	0.4699	0.1255	0.0473	0.2972

续表

省份	农村信用指数	农村信用环境指数	农村信用体系指数	农村信用应用指数
浙江	0.4385	0.1183	0.0960	0.2242
安徽	0.3281	0.0802	0.0617	0.1863
福建	0.2637	0.0817	0.0685	0.1135
江西	0.2948	0.0797	0.0701	0.1450
山东	0.3721	0.1029	0.0412	0.2280
河南	0.3293	0.0875	0.0668	0.1749
湖北	0.3207	0.1250	0.0409	0.1548
湖南	0.3218	0.0880	0.0587	0.1751
广东	0.4571	0.0880	0.1111	0.2581
广西	0.2756	0.0726	0.0679	0.1351
海南	0.2798	0.0687	0.1438	0.0673
重庆	0.2201	0.0659	0.0633	0.0909
四川	0.4002	0.0903	0.0780	0.2319
贵州	0.2934	0.0863	0.0636	0.1435
云南	0.2954	0.0855	0.0584	0.1516
陕西	0.2917	0.0821	0.0807	0.1289
甘肃	0.2779	0.0737	0.0971	0.1072
青海	0.4814	0.1434	0.2147	0.1233
宁夏	0.3206	0.0708	0.1188	0.1310
新疆	0.5251	0.2029	0.0718	0.2504

图4-2为2019~2022年不同分区农村信用指数变化趋势。从地理位置分区来看，无论是东部、中部、西部还是东北地区，其农村信用指数总体上均呈现稳步上升的态势，东部与中部地区在2020年后增长速度较快，而西部与东北地区增长速度较为平缓；从农村信用指数分析，结合表4-4结果可知，西部地区农村信用指数低于全国平均水平的省份数量较多，但西部地区的均值在2019~2022年均高于其

他地区，可能的原因是西部地区部分农村信用发展水平较高的省份拉高了整个区域的均值。从粮食生产能力分区来看，粮食主产区与粮食产销平衡区的增长势头不如粮食主销区，可能的原因是粮食主销区更多是经济较为发达的省份，良好的经济环境对农村信用发展起到了助推作用；从农村信用指数分析，2019~2022 年粮食主产区与粮食产销平衡区的农村信用指数高于粮食主销区，可能的原因是粮食主产区与粮食产销平衡区农村信用的初始禀赋较好，但随着农村人口向城市转移，传统上农村的熟人社会功能被削弱，导致农村信用发展水平提升缓慢。

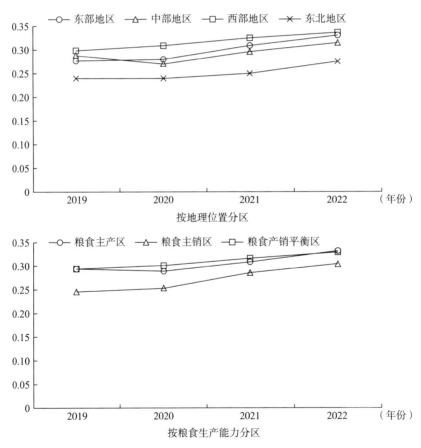

图 4-2　2019~2022 年不同分区农村信用指数变化趋势

二　中国农村信用发展水平的区域差异分析

从前文对中国农村信用指数及其三个子系统指数的分析可知，在区域间或区域内可能存在不同程度的差异。因此，为了更好地理解农村信用发展水平的区域分布特征，借助 Dagum 基尼系数分解法展开分析。表 4-5 展示了 2019~2022 年中国农村信用发展水平的基尼系数及其分解结果。

表 4-5　2019~2022 年中国农村信用发展水平的基尼系数及其分解结果

差异来源		2019 年	2020 年	2021 年	2022 年	均值
全国层面		0.1351	0.1309	0.1291	0.1307	0.1314
区域内差异	东部地区	0.1231	0.1345	0.1362	0.1375	0.1328
	中部地区	0.0592	0.1525	0.1483	0.1590	0.1298
	西部地区	0.1794	0.0460	0.0360	0.0282	0.0724
	东北地区	0.0333	0.0453	0.0356	0.0472	0.0404
区域间差异	东部与中部地区	0.0998	0.1568	0.1521	0.1560	0.1412
	东部与西部地区	0.1617	0.1080	0.1021	0.1021	0.1185
	东部与东北地区	0.1249	0.1366	0.1456	0.1283	0.1338
	中部与西部地区	0.1415	0.1259	0.1220	0.1292	0.1296
	中部与东北地区	0.1011	0.1368	0.1411	0.1442	0.1308
	西部与东北地区	0.1461	0.0696	0.0873	0.0737	0.0942
对整体差异的贡献率（%）	区域内差异贡献率	29.3408	29.3462	29.2157	29.6264	29.3823
	区域间差异贡献率	22.3097	30.4432	26.7915	19.8792	24.8559
	超变密度贡献率	48.3496	40.2106	43.9928	50.4944	45.7619

（一）中国农村信用发展水平的区域内差异分析

从区域内差异的均值来看，2019~2022 年，东部、中部、西部和东北地区农村信用发展水平的基尼系数均值分别为 0.1328、0.1298、0.0724 和 0.0404，这说明东部地区内部农村信用发展水平差异最大，中部地区次之，西部地区第三，而东北地区差异最小。其中，造成东部地区内部差异最大的原因是东部地区内部农村信用发展水平极不平衡。从动态演变趋势来看，2019～2022 年，东部和东北地区内部农村信用发展水平差异波动较小，呈现较为稳定的态势，而 2020 年中部和西部地区内部农村信用发展水平差异出现了较为明显的变化，其中中部地区内部农村信用发展水平的基尼系数从 2019 年的 0.0592 急速上升至 0.1525，西部地区内部则从 2019 年的 0.1794 急速下降至 0.0460。此外，2019～2022 年，东部地区内部农村信用发展水平差异呈现缓慢上升的趋势；西部地区在 2020 年急速下降后呈现缓慢下降的趋势；中部地区在 2020 年急速上升后并无明显的上升或下降趋势；东北地区也无明显的上升或下降趋势。呈现以上趋势的原因可能是：东部地区的农村在城市化进程中吸收了大量外来流动人口，外来冲击重构了农村社会的信任关系；西部地区则可能由于区域间具有相似性，因而提升了相互融入当地社会环境的概率。

（二）中国农村信用发展水平的区域间差异分析

从区域间差异的均值来看，2019～2022 年，东部与中部地区、东部与西部地区、东部与东北地区、中部与西部地区、中部与东北地区、西部与东北地区之间农村信用发展水平的基尼系数均值分别为 0.1412、0.1185、0.1338、0.1296、0.1308 和 0.0942，这说明东部与中部地区之间的差异最大，西部与东北地区之间的差异最小。从动态演变趋势来看，东部与中部地区、中部与东北地区之间的农村信用发展水平差异总体在拉大，东部与西部地区、西部与东北地区之间的农村信用发展水平差异总体在缩小，其他区域间则保持了一定的波动性。其中，2019～2022 年，东部与中部地区之间农村信用发展水平的基尼系数从 0.0998 上升至 0.1560；中部与东北地区之间从 0.1011 上升至 0.1442；东部与西部地区之间从 0.1617 下降至 0.1021；西部与东北地区之间从 0.1461 下降至 0.0737。

（三）中国农村信用发展水平的总体差异分析

从中国农村信用发展水平的区域内和区域间差异分析来看，区域内是东部地区和中部地区差异有上升趋势，区域间则是东部与中部地区、中部与东北地区之间差异有上升趋势，这表明全国农村信用发展水平差异有向东部和中部地区集中、西部和东北地区均衡演化的态势。全国层面农村信用发展水平的基尼系数从 2019 年的 0.1351 下降至 2022 年的 0.1307，总体下降 3.2568%。呈现以上态势的原因可能在于：省份之间的信用发展进度不同，如广东和浙江已经在城市信用建设方面取得了诸多经验，可以利用城市信用建设的先发优势带动农村信用发展，而部分内陆省份的农村信用体系建设仍然需要高成本推进。同时，东北地区现代化农业程度较高，对农村信用产品的应用场景较多。

（四）中国农村信用发展水平的区域差异来源分析及其贡献解构

中国农村信用发展水平的整体差异可以分解为三个部分：区域内差异、区域间差异和超变密度。在样本研究期间，区域内差异贡献率、区域间差异贡献率、超变密度贡献率的均值分别为 29.3823%、24.8559%、45.7619%。由此可见，整体差异的主要来源是超变密度，其次是区域内差异，最后是区域间差异。观察差异贡献率的动态变化可以发现，虽然超变密度对整体差异的贡献率最高，但其贡献率与区域间差异贡献率呈此消彼长的趋势，而区域内差异贡献率几乎保持在一个稳定水平。以上数据表明，中国农村信用发展水平差异主要来自某些地区的快速变化和发展。这可能意味着某些地区在短期内经历了较为剧烈的变化，这些快速变化导致超变密度对整体差异的贡献占主导地位。

三　中国农村信用发展水平的动态分布与演进分析

本小节采用自适应核密度估计、马尔可夫链与空间马尔可夫链对中国农村信用发展水平的动态分布与演进进行分析。一方面，自适应核密度估计分析通过平滑处理数据，能够准确描述中国农村信用发展水平的分布及其演变情况；另一方面，马尔可夫链与空间马尔可夫链分析则关注信用发展水平的动态演变过程，揭示不同地区信用发展的演化轨迹和空间关联性。

（一）中国农村信用发展水平的自适应核密度估计分析

前文基于 Dagum 基尼系数分解法的分析，从区域间和区域内差异角度考察了中国农村信用相关指标的分布及其变化过程。为了进一步展示农村信用的空间差异，本小节采用自适应核密度估计法，并结合三维核密度估计图展现不同年份核密度估计曲线的变化形态。通过对核密度估计曲线的中心位置、形态、延展性和极化趋势的分析，研究 2019~2022 年中国农村信用指数的动态分布特征及其随时间的演变趋势。图 4-3 展示了 2019~2022 年中国农村信用指数的三维核密度估计曲线。首先，虽然某些年份三维核密度估计曲线的峰值出现了左偏，但仍然呈现缓慢的右移趋势，说明在全国整体层面，农村信用发展水平是稳步提高的。其次，波峰高度持续上升和侧峰的出现，反映出一些省份不断提升农村信用发展水平，并与其他地区逐渐拉开差距，这也成为主峰右移的重要表现。最后，核密度估计曲线分布延展性的变化呈现收缩态势，即农村信用发展水平较低的省份逐渐向农村信用发展水平较高的省份移动，说明农村信用发展水平较高的省份稳定性不强，存在向下收缩的风险。总体而言，以 30 个省份（西藏、港澳台除外）为代表的中国农村信用指数存在梯度效应，处于发展水平较高省份的农村信用指数逐渐聚集，有形成侧峰的趋势，而处于发展水平较低省份的农村信用指数则处于缓慢增长的状态。

图 4-4 展示了 2019~2022 年中国东部、中部、西部、东北地区农村信用指数的三维核密度估计曲线。可以看出，四个地区均不同程度地展现出多峰样态，说明四个地区农村信用发展水平差异很大，并且某些

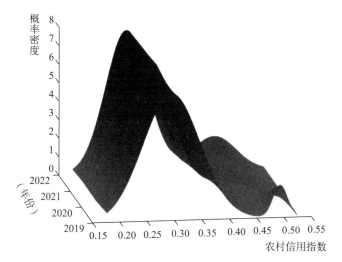

图 4-3　2019~2022 年中国农村信用指数的三维核密度估计曲线

地区受外部冲击的影响很大，这与采用 Dagum 基尼系数分解法得出的结论基本相符。具体而言，东部地区逐渐由 1 个主峰、1 个侧峰演变为双主峰状态，表明东部地区内部差异逐渐增大；中部地区的主峰位置在右偏过程中出现波峰高度骤升的情况；西部地区相对平稳，波峰高度略有上升；东北地区逐渐从双峰状态演变为波峰较低的单峰状态，表明东北地区内部差异缩小。

图 4-5 展示了 2009~2022 年中国粮食主产区、粮食主销区、粮食产销平衡区农村信用指数的三维核密度估计曲线。从粮食主产区来看，核密度估计曲线呈右移趋势，同时与侧峰距离变短，波峰增高，表明粮食主产区的农村信用发展水平逐渐提升，并且集聚程度也在上升。从粮食主销区来看，双峰状态被逐渐强化，即两类波峰均有上涨，表明粮食主销区的两极分化十分严重，农村信用发展水平高的地区正在不断拉开与其他地区的差距。从粮食产销平衡区来看，主峰的波峰显著增高，侧峰在波峰增高的同时伴随左偏，表明粮食产销平衡区存在两极分化，但更多是向低水平集聚。

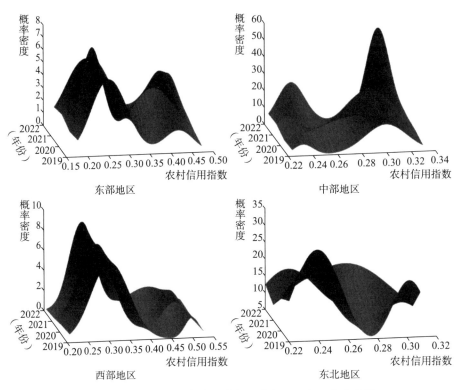

图 4-4　2019~2022 年中国东部、中部、西部、东北地区
农村信用指数的三维核密度估计曲线

（二）中国农村信用发展水平的马尔可夫链与空间马尔可夫链分析

为探讨农村信用发展中的内部流动趋势及其位置变动特征，采用传统马尔可夫转移概率矩阵以及空间马尔可夫转移概率矩阵进行分析。

从传统马尔可夫转移概率矩阵的结果来看，各省份在不同信用水平间的转移概率显示出显著的稳定性。具体而言，低水平、中低水平、中高水平和高水平等级的省份在一年后仍然保持原有等级的概率分别为 73.08%、56.52%、59.09% 和 89.47%，这表明农村信用指数在各等级之间具有较强的惯性，且呈现一定的"俱乐部趋同"现象。进一步分析表明，等级的转变主要发生在相邻等级之间，这意味着农

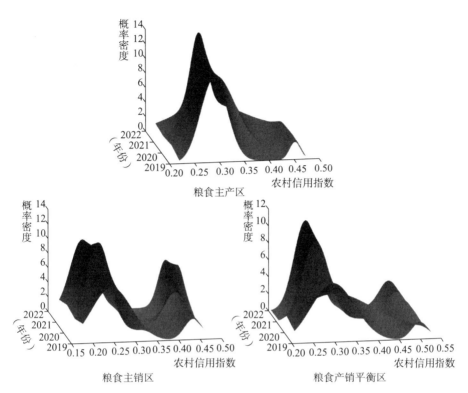

图 4-5　2019～2022 年中国粮食主产区、粮食主销区、粮食产销平衡区
农村信用指数的三维核密度估计曲线

村信用的发展遵循渐进式的轨迹，难以实现跨越式的等级跃升。此外，低水平、中低水平和中高水平的省份在一年后农村信用等级跃升一级的概率分别为 26.92%、39.13% 和 31.82%，这表明农村信用的发展过程充满波动且呈渐进式，不同等级面临的挑战各有差异。同时，中低水平、中高水平和高水平的省份由高向低转移一级的概率分别为 4.35%、9.09% 和 5.26%，这揭示出农村信用发展存在一定的下滑风险，并且呈现"两端低、中间高"的分布格局（见表 4-6）。因此，各省份需警惕可能的信用等级下降，着力巩固已有成果，积极寻求向更高等级的跃升。

表 4-6　传统马尔可夫转移概率矩阵

空间滞后类型	t 期	t+1 期				观测值
		I	II	III	IV	
无滞后	I	0.7308	0.2692	0.0000	0.0000	26
	II	0.0435	0.5652	0.3913	0.0000	23
	III	0.0000	0.0909	0.5909	0.3182	22
	IV	0.0000	0.0526	0.0526	0.8947	19

注：I、II、III、IV分别表示低水平、中低水平、中高水平、高水平省份。

通过对空间马尔可夫转移概率矩阵的分析可以看出本省份农村信用发展与邻近省份的相互影响关系。首先，不同空间滞后类型下的转移概率矩阵存在显著差异，这表明邻近省份农村信用发展水平会对本省份的信用发展产生影响。其次，在不同的空间滞后类型下，转移概率矩阵中的对角线元素并不总是大于非对角线元素，这表明空间溢出效应降低了农村信用发展"等级锁定"的概率。然而，在低水平和高水平的省份中，依然存在"等级锁定"现象。例如，当邻近省份的农村信用发展处于低水平时，本省份的农村信用发展若也处于低水平，则容易陷入"等级锁定"状态。最后，邻近省份的农村信用发展水平对本省份的影响表现出非线性特征，这意味着并非所有靠近高水平地区的省份都能因此而获得推动，农村信用发展并非简单的受到邻近省份影响的线性关系（见表4-7）。

表 4-7　空间马尔可夫转移概率矩阵

邻近省份	t 期	t+1 期				观测值
		I	II	III	IV	
I	I	1.0000	0.0000	0.0000	0.0000	4
	II	0.0000	0.6667	0.3333	0.0000	3
	III	0.0000	0.0000	1.0000	0.0000	1
	IV	0.0000	0.0000	0.0000	1.0000	1

邻近省份	t 期	t+1 期				观测值
		I	II	III	IV	
II	I	0.8750	0.1250	0.0000	0.0000	8
	II	0.0000	0.3750	0.6250	0.0000	8
	III	0.0000	0.0000	0.7500	0.2500	8
	IV	0.0000	0.2500	0.2500	0.5000	4
III	I	0.7500	0.2500	0.0000	0.0000	8
	II	0.0000	0.5000	0.5000	0.0000	6
	III	0.0000	0.1111	0.4444	0.4444	9
	IV	0.0000	0.0000	0.0000	1.0000	7
IV	I	0.3333	0.6667	0.0000	0.0000	6
	II	0.1667	0.8333	0.0000	0.0000	6
	III	0.0000	0.2500	0.5000	0.2500	4
	IV	0.0000	0.0000	0.0000	1.0000	7

注：I、II、III、IV分别表示低水平、中低水平、中高水平、高水平省份。

四 中国农村信用发展水平的影响因素分析

对中国农村信用发展水平的研究涉及多个维度，既包括政府政策、市场机制，也涵盖社会文化因素，通过对影响因素的综合分析，可以更全面地理解和评价农村信用体系的建设进程。下面将运用动态模糊集定性比较分析方法对中国农村信用发展水平的影响因素进行分析。

（一）前因条件与校准

根据已有文献（石宝峰，2024；彭澎、周月书，2022）的判断，本小节基于中国农村信用发展的实际，从政府、市场和社会三个维度，探讨6个前因条件对农村信用发展水平的协同影响，具体指标选取和度量方式如下。第一，农民负担。采用户均行政事务费用来衡量，选取原因为该指标表示政府在基层的制度性成本。第二，农民市场化水平。采用农村居民现金消费支出占总支出的比重来衡量。第三，集体主义文化。集体主义文化是指强调集体利益、群体协作与社会关系重要性的一种文化模式。一般意义上，集体主义文化越浓厚的地区，社会规范越严格，相互之间的信任越强。这里借鉴刘启超和王亚华（2024）的研究，使用稻作文化指代集体主义文化，度量方式为当年该省份稻谷种植面积/粮食作物种植面积来衡量。第四，公共服务供给。采用当年村组织支付的公共服务费用/该省份村庄总数来衡量，选取原因为该指标是村组织采用自有资金开展的公共服务。一般意义上，强有力的公共服务体系能够有效保障社会成员的基本生活需求，从而缓解个体在面临突发情况时的经济压力，降低生活不稳定性。第五，政府支农力度。借鉴行伟波和张思敏（2021）的研究，采用农林水事务支出/农户数量来衡量。该指标旨在度量政府对农村地区的重视程度。第六，基层治理效能。采用村集体违纪单位数/已审计单位数来衡量。该指标旨在度量基层组织的廉政建设情况。一般意义上，廉政建设有助于树立政府及基层组织的公信力，能够为农村信用体系建设提供有力保障，增强农民对政府及相关信用制度的信任。

上述变量的主要数据来源为：农民负担、公共服务供给、基层治理效能数据来自《中国农村合作经济统计年报》《中国农村政策与改革统计年报》；农民市场化水平数据来自《中国住户调查年鉴》；集体主义文化数据来自 EPS 数据平台；政府支农力度数据来自国泰安经济金融数据库。

在对数据进行校准前，由于选取的条件变量既有正向指标也有负向指标，所以在此对所有的指标进行标准化。此外，使用动态定性比较分析方法需要对所有数据进行校准，为各个变量指定一个集合隶属。由于各类指标大小并没有强制规定的外部标准和理论标准，衡量一个地区的农村信用发展、政府支农、市场化、社会和谐等水平通常依据样本变量的相对水平，且农村信用发展本身属于一个相对指标，因此本小节参照 Fiss（2011）、杜运周等（2022）的研究，采用直接校准法。根据变量在样本总体中的分布，将样本的 75% 分位数、50% 分位数和 25% 分位数分别设定为完全隶属、交叉点和完全不隶属的校准锚点。所有数据按照预设的锚点被校准为介于 0 和 1 之间的模糊集。各变量校准信息见表 4-8。

表 4-8　变量校准统计

变量名称	完全隶属	交叉点	完全不隶属
农村信用指数	0.9843	0.9507	0.8324
农民负担	0.7778	0.6111	0.4444
农民市场化水平	0.9776	0.9182	0.8310
集体主义文化	0.0434	0.0219	0.0090
公共服务供给	0.2971	0.0943	0.0550
政府支农力度	0.9776	0.9181	0.8310
基层治理效能	0.9843	0.9507	0.8324

(二) 必要性分析

在组态分析之前，需要对前因条件逐个进行必要性分析，识别其是否为结果发生的必备条件。然而，这并不意味着单一条件的存在必然导致结果发生。判断标准为，当一致性水平超过 0.75 时，表示该条件为结果发生的必要条件；反之则不是。与传统研究方法的不同之处在于，本小节通过一致性水平的调整距离来评估前因条件与结果之间的一致性和稳定性。调整距离越小，表明一致性越高。调整距离越接近 0，前因条件与结果的一致性越精准。表 4-9 展示了 6 个前因条件的必要性分析结果。综合一致性水平来看，无论是在高农村信用发展水平组还是低农村信用发展水平组，所有前因条件的一致性水平均低于 0.9，表明没有单个因素对高农村信用发展水平或低农村信用发展水平构成决定性条件。

表 4-9 必要性分析

条件变量	高农村信用发展水平				低农村信用发展水平			
	汇总一致性	汇总覆盖度	组间一致性调整距离	组内一致性调整距离	汇总一致性	汇总覆盖度	组间一致性调整距离	组内一致性调整距离
高农民负担	0.5930	0.5930	0.3807	0.6153	0.4850	0.5080	0.2136	0.1755
低农民负担	0.5080	0.4850	0.4382	0.6153	0.6110	0.6110	0.1944	0.1674
高农民市场化水平	0.5110	0.5280	0.0548	0.6613	0.5080	0.5490	0.0822	0.1875
低农民市场化水平	0.5630	0.5220	0.0739	0.6268	0.5630	0.5470	0.0904	0.1787
高集体主义文化	0.4780	0.4730	0.2273	0.5923	0.6020	0.6230	0.2437	0.1621
低集体主义文化	0.6190	0.5970	0.1835	0.5233	0.4910	0.4960	0.2273	0.2007
高公共服务供给	0.5650	0.5860	0.1369	0.6440	0.4970	0.5400	0.1972	0.1848
低公共服务供给	0.5570	0.5140	0.1397	0.7130	0.6190	0.5980	0.1315	0.1445
高政府支农力度	0.4460	0.4590	0.1424	0.7015	0.6070	0.6540	0.0602	0.1768
低政府支农力度	0.6630	0.6170	0.0767	0.6498	0.4970	0.4840	0.1588	0.1801
高基层治理效能	0.6190	0.5970	0.1835	0.5233	0.4910	0.4960	0.2273	0.2007
低基层治理效能	0.4780	0.4730	0.2273	0.5923	0.6020	0.6230	0.2437	0.1638

（三）组态分析

设定关键参数进行组态分析。首先，鉴于省份案例研究的重要性，设置样本频数为 1，原始一致性阈值为 0.8，不一致性比例减少（Proportional Reduction in Inconsistency，PRI）阈值为 0.6。其次，由于现有研究关于各前因条件对农村信用发展水平影响的方向未达成一致结论，且各地区发展差异较大，因此前因条件的影响方向无法统一设定。在反事实分析部分，采取谨慎态度，不对前因条件的影响方向做预设。最后，通过组态分析得出复杂解、中间解和简约解。根据中间解，并结合中间解与简约解之间的嵌套关系进行分析。如果某一前因条件同时出现在中间解和简约解中，则认为该条件为核心条件，意味着其对结果的影响较为显著；如果前因条件仅出现在中间解中，则视该条件为边缘条件，表明该条件对结果的影响较小。表 4-10 展示了各省份在实现高农村信用发展水平方面的组态分析结果。

表 4-10　高农村信用发展水平的组态结果

条件变量	组态分析-高	
	组态 1	组态 2
农民负担	⊗	⊗
农民市场化水平	●	●
集体主义文化	●	⊗
公共服务供给	⊗	●
政府支农力度	●	⊗
基层治理效能	●	⊗
一致性	0.917	0.817
PRI	0.835	0.719
覆盖度	0.103	0.091
唯一覆盖度	0.08	0.068
组间一致性调整距离	0.1260	0.1068
组内一致性调整距离	0.3048	0.4428
总体一致性	0.917	
总体 PRI	0.835	
总体覆盖度	0.103	

注：①⊗代表低前因条件水平，●代表高前因条件水平。②大圈表示核心条件，小圈表示边缘条件。

由表 4-10 可知，总体一致性为 0.917。根据张明和杜运周（2019）的研究，总体一致性高于 0.8，说明条件组态可视为高农村信用发展水平的充分条件组态。2 个条件组态可归纳成 2 种类型，其中组态 1 和组态 2 可命名为"政府—市场—集体多元驱动型""市场—集体双轮驱动型"。

根据组态 1 的分析，较大的政府支农力度、较高的市场化水平和较强的集体行动能力有助于实现较高的农村信用发展水平。这条路径覆盖了 10.3% 的结果案例，剔除与其他组态重合的部分后，这一组态单独覆盖的高农村信用发展水平案例占比为 8.0%。在组态 2 中，较高的市场化水平和较强的公共服务供给也能促成较高的农村信用发展水平，且这一路径覆盖的结果案例占 9.1%。剔除与其他组态重合的部分后，该组态单独覆盖的高农村信用发展水平案例占比为 6.8%。

第五节　主要结论与政策建议

从农村信用指数来看，近年来中国农村信用发展水平尽管有所提升，但整体仍较低，且区域差异明显。针对这一现状，根据实证分析结果，本章提出强化农村信用体系建设的政策建议，旨在通过系统化改革、创新应用场景及加强信用环境建设，推动农村信用全面发展，促进区域均衡发展，最终实现乡村振兴目标。

一　主要结论

本章通过对中国农村信用发展水平进行全面分析，重点测度全国以及 30 个省份（西藏、港澳台除外）农村信用的总体发展水平，分析其区域差异、动态演变、空间效应以及影响因素，主要结论如下。

（一）中国农村信用发展水平整体较低，仍然存在巨大的提升空间

尽管乡村振兴战略在近年来取得了斐然的成绩，特别是在农业生产、基础设施建设以及农村居民收入等方面取得了重要成就，但农村信用体系建设仍然面临较大的挑战。具体来看，中国农村信用指数在 2019~2022 年呈现一定的增长趋势，然而整体水平仍然较低，2022 年仅为 0.3231。这一结果表明，农村信用体系建设仍显滞后，亟须进一步推动系统性改革和创新。这不仅反映了农村信用环境基础的薄弱，也揭示出我国广大农村在信用体系构建、信用文化培育和农村居民信用意识提升等方面仍存在较大的优化空间。此外，信用体系建设的滞后性

还直接影响农村经济的可持续发展、农村金融的普惠性落地和农村社会治理的有效性实施。

（二）中国农村信用应用场景快速发展，相应信用环境与制度体系建设滞后

中国农村信用的整体发展水平仍然较低，各子系统发展不均衡。具体而言，中国农村信用指数由 2019 年的 0.2826 上升至 2022 年的 0.3231，增幅达到 14.3312%。在三个子系统中，农村信用应用指数的增长势头最为强劲，从 2019 年的 0.1235 上升至 2022 年的 0.1537，增幅达到 24.4534%。这表明，随着农村金融、电子商务和互联网金融等新型模式的推广，农村信用应用场景增多，有效推动了农村信用应用的普及和发展。然而，与农村信用应用相比，农村信用环境和农村信用体系建设相对滞后，特别是农村信用环境指数在 2021 年出现下滑，虽然 2022 年有所回升，但整体增幅较小。这种结构性差异反映出农村信用应用的快速发展与农村信用体系建设、农村信用环境培育存在不协调、不匹配的问题，需要加速推进农村信用体系建设，不断优化农村信用环境。

（三）中国农村信用发展区域差异明显，地区农村信用发展不均衡

通过对中国农村信用发展水平基尼系数的分析，得出以下结论。

首先，区域内差异分析表明，中国各地区内部农村信用发展存在明显差异。东部地区内部差异最大，其基尼系数较大，反映出东部地区农村信用发展不均衡。中部和西部地区内部差异次之，尤其是西部地区，经过一段时间的改善，内部差异有所缩小，表现出较为均衡的信用发展态势。东北地区内部差异最小，呈现相对稳定的信用水平。其次，区域间差异分析显示，中国不同地区之间的信用发展水平差异在逐步变化。东部与中部地区之间的差异较大，且有扩大趋势，表明东部地区农村信

用发展较快；东部与西部地区之间的差异总体在缩小。再次，中国农村信用发展水平的总体差异分析表明，全国层面农村信用发展水平的基尼系数略有下降（从 2019 年的 0.1351 降至 2022 年的 0.1307）。最后，中国农村信用发展水平的区域差异来源分析显示，整体差异的主要来源是超变密度，其贡献率最高；区域内差异的贡献率较稳定；而区域间差异的贡献率则相对较低。

（四）中国农村信用发展出现"俱乐部趋同"现象，空间溢出效应凸显

通过自适应核密度估计和马尔可夫链分析发现，中国农村信用发展过程中出现显著的"俱乐部趋同"现象。具体而言，农村信用指数在不同信用水平之间存在较强的稳定性，尤其是在低水平、中低水平、中高水平和高水平等级的省份中，一年后农村信用指数保持原有等级的概率分别为 73.08%、56.52%、59.09% 和 89.47%。这表明农村信用等级的转变主要发生在相邻等级之间，且农村信用发展呈现渐进式特征，难以实现跨越性跃升。此外，低水平和高水平的省份表现出较为明显的"等级锁定"现象，即处于低水平的省份容易保持在较低发展水平，而处于高水平的省份则保持在较高发展水平。空间马尔可夫链分析进一步显示，邻近省份的农村信用发展水平对本省份的影响存在非线性特征，农村信用发展的路径不仅受到地区相对位置的影响，而且存在较大的地区间差异和空间溢出效应。因此，中国农村信用发展水平的提升过程表现出"俱乐部趋同"现象，不同省份的农村信用发展路径具有一定的惯性，且省份间存在较强的依赖性和局部性。

（五）中国农村信用实践存在两类模式，政府、市场和集体发挥着协同作用

当前，中国农村信用发展主要存在两类实践模式："政府—市场—集体多元驱动型"和"市场—集体双轮驱动型"。"政府—市场—集体

多元驱动型"模式强调政府支农力度、市场化水平和集体行动能力的协同作用。该路径揭示了政府在推动农村信用体系建设中的关键作用，尤其是在财政支出和政策支持方面。同时，市场化水平的提高和集体行动能力的增强也有助于提升农村信用水平。"市场—集体双轮驱动型"模式强调市场化水平和公共服务供给对农村信用水平提升的推动作用。该路径表明，在某些地区，即使没有强力的政府支持，市场化水平的提高和公共服务供给的加强也能有效提升农村信用发展水平。总的来看，两类模式分别代表了不同的驱动机制：一方面是政府、市场与集体的多元协同；另一方面则是市场和集体公共服务的双轮驱动。在不同的地区和发展阶段，这两条路径都为高农村信用发展水平的实现提供了有效的理论支撑和实践路径。

二 政策建议

基于上述定量分析结论，为促进中国农村信用体系的全面发展，提升农村金融服务的普惠性与效率，缩小区域间的信用差距，创新信用应用场景，完善相关信用制度体系，提出以下政策建议。

（一）培育乡村全面振兴的信用环境，全方位推动农村信用发展

加快建设农村信用信息体系，整体提升农户信用意识，培育良好的信用环境，创新社会治理模式，全方位提升农村信用发展水平。第一，建立健全农村信用信息平台。解决农村信用信息体系较为薄弱、信息共享和信用评估机制不够健全，以及农户信用难以有效评估等现实问题，加大政府投入，推动平台建设，整合中国农业银行、村镇银行、电商平台以及农民合作社等多方数据，形成覆盖个人、企业及农产品流通的综合信用评估体系。同时，借助大数据和人工智能技术提高信息的精准度和实时性，避免信息孤立与滞后问题。第二，提升农户信用意识，建立农村信用教育与扶持机制。通过加大信用教育力度，结合乡村振兴和农村文化，开展广泛的信用宣传。通过举办培训班、讲座，开展宣传活

动，帮助农户掌握提升信用意识的技巧，学会利用自身信用积分和信用记录获得金融资源与社会资源。第三，加强农村社会诚信建设。鼓励农户树立诚信意识，借助政策引导和媒体宣传，提升全社会的信用水平。在乡村振兴过程中，注重诚信文化的传承与创新，制定完善的道德规范，营造良好的信用氛围，减少道德风险。第四，建立村级信用档案，并与农户的公共服务和福利挂钩，创新社会治理模式。信用良好的农户可以优先享受政策支持，信用差的农户则可能面临限制，进一步加强社会信任和责任感的培养。

（二）缩小农村信用区域差异，促进不同地区公平发展

加快实现乡村振兴目标，缩小农村信用区域差异，促进不同地区之间的公平发展。第一，加大对中西部地区农村信用发展的支持力度，防止"等级锁定"。通过财政补贴、税收优惠和技术支持等手段，帮助中西部地区建立完善的信用信息平台和评估体系。鼓励政府与金融机构合作，设计适合贫困地区的信用模型，扩大农村金融服务的覆盖面，提升农村金融服务的质量。第二，推动信用信息共享与跨地区流动。通过建立跨区域的涉农信用信息共享机制，消除信息孤岛，确保各地区金融机构能够获取其他地区农户的信用记录，避免信息不对称造成的融资困难。推动信用信息标准化，确保不同地区的信息互认与对接。第三，完善乡村振兴项目与信用挂钩的机制。乡村振兴战略是当前中国农村发展的核心任务，而农村信用在乡村振兴过程中起着关键作用。优先支持信用较好的地区和农户参与各类乡村振兴项目，包括基础设施建设、产业发展等。激励农户提高信用水平，有效推动乡村振兴战略落地。

（三）创新农村信用应用场景，推动农村经济可持续发展

创新农村信用应用场景，有效提升农村信用体系的适用性和影响力，推动农村经济和社会全面发展。第一，创新基于信用的农业贷款产品。鼓励金融机构与农业大数据平台合作，结合农户的历史信用、土地

管理和合作社参与等因素，开发个性化的贷款评估模型，提供差异化的金融服务。第二，拓展农村电商领域的信用应用场景。支持电商平台与地方金融机构合作，运用大数据和区块链技术评估农户卖家和买家的信用，加强农村电商的信用体系建设。第三，发展农村社交信贷和邻里互助平台。支持乡村振兴项目与社交信贷相结合，通过乡村互助组织和合作社等社会组织推广信用应用，激活农村经济。第四，扶持设立农村数字金融机构。推动金融科技公司与地方金融机构合作，搭建数字化金融服务平台，提供便捷的小额贷款和金融服务，扩大农村金融服务的覆盖面，提升农村金融服务的效率。

（四）完善农村信用制度体系，保障农村市场规范有序发展

完善农村信用制度体系，不断创新农村信用监管模式，强化农村失信惩戒机制实施，加强农村信用风险防控，推广农村信用法律文化宣传教育。第一，完善农村信用监管机制。制定相关法律法规，规范农村信用市场，打击不法信用行为，维护农村市场秩序。加强对金融机构、农村信用联合社的监管，确保其在信贷活动中遵守相关法规。同时，对信用信息提供方进行严格监管，确保信息的真实、完整和准确，避免虚假信息的传播，防止不良信用记录的滥用。第二，强化失信行为惩戒机制。根据农户的信用记录，建立失信黑名单制度，将失信行为纳入个人信用记录，限制其享受金融服务、社会福利等权利，推动其主动改正，并引导其进行信用修复。第三，健全信用风险防控机制。推动涉农金融机构使用风险控制工具，如保险、担保、担保基金等，确保贷款风险得到有效分担和化解。第四，推动农村信用法律知识的普及。通过政府主办、农村信用组织和金融机构协办等形式，在农村地区开展法律知识宣传活动，尤其是关于信用信息保护、贷款政策、失信惩戒等方面的知识，帮助农户了解自身的权利和义务。

第五章

农村信用助力乡村全面振兴典型案例

近年来，各地高度重视农村信用体系建设工作，将其作为助力乡村全面振兴的重要举措，涌现出一批好做法好经验。为发挥先进典型的示范引领作用，本章选取东部地区的江苏省、浙江省、河北省，中部地区的山西省、湖北省，西部地区的内蒙古自治区、重庆市、四川省、青海省，东北地区的黑龙江省、吉林省、辽宁省等典型省份，对这些省份以农村信用发展为抓手、助力乡村全面振兴的案例进行分析，探讨农村信用助力乡村全面振兴的实现路径，持续改善农村金融服务，提升农村金融供给能力，有效助力乡村振兴战略向纵深推进。

第一节　东部地区农村信用助力乡村全面振兴典型案例

本节选取江苏省宿迁市、连云港市、昆山市，浙江省丽水市、温州市、台州市，河北省保定市、唐山市、晋州市等城市，分析其推动农村信用体系建设、赋能农村普惠金融、助力"三农"高质量发展、提升乡村治理的探索实践、成功做法与典型经验。

一　江苏省农村信用助力乡村全面振兴典型案例

江苏省宿迁市、连云港市、昆山市聚焦农村信用体系建设，通过完善涉农信用信息数据采集机制和拓展信用应用场景，创新"信用+N"模式，提升农村经济主体金融服务的可获得性、覆盖率和有效性，激发乡村治理新动能，有效助力乡村振兴、农村经济发展、乡村社会治理效能提升。

（一）宿迁市：信用赋能农村普惠金融和社会治理的"信用+N"模式

作为全国首批社会信用体系建设示范城市和江苏省"四化"同步集成改革示范地区，宿迁市高度重视农村信用体系建设工作，将其作为助力乡村振兴、创新基层治理方式、促进富民增收的重要举措。先后出台《关于完善农村信用体系建设推动信用赋能乡村振兴的实施意见》《宿迁市深入推进农村信用体系建设三年行动计划（2023—2025年）》等文件，确立了农村信用体系建设的推进方向和工作重点。[①] 其中，《宿迁市深入推进农村信用体系建设三年行动计划（2023—2025年）》是江苏省首个以市政府层面出台的专题谋划农村信用体系建设的制度性文件。

深入推进农村信用体系建设，打造全国信用示范城市，宿迁市结合本地实际情况，紧紧围绕信用赋能农村普惠金融和社会治理两个维度，聚焦"信用+融资""信用+农旅融合""信用+富民增收"等应用场景，确立了"四个一"目标，即编制一个涉农信用信息归集目录、建成一个农村信用管理系统、形成一套涉农信用评价与激励体系、打造一批信用富民样板示范，最终建成具有宿迁特色、与农村经济和社会发展相适应的农村信用体系。

宿迁市在推进农村信用体系建设过程中明确了五大重点任务。一是高标准推进涉农主体信用信息共享。强化农村信用体系建设的平台

---

① 《宿迁市出台2024年度推进农村信用体系建设重点任务清单》，信用江苏网站，2024年4月17日，https://credit.jiangsu.gov.cn/art/2024/4/17/art_78319_11220360.html。

支撑和数据支撑，完善农村信用体系管理平台，编制并实施全市统一的涉农信用信息基础目录和各类涉农主体信用信息全面归集。二是高品质打造信用富农样板。通过改善农村融资信用服务，以信用赋能生态富民廊道建设，助力农业特色产业振兴和富民增收。三是高效能激发"信用+基层治理"新活力。探索实施"信用+乡村"积分管理，开展农村领域失信专项治理，加强乡村诚信文化建设，净化农村诚信氛围。四是高水平提升农业领域信用监管。强调推进农产品质量安全、农资领域和粮食企业三方面信用体系建设。五是高质量加强基层政务诚信建设。强调畅通基层信用信息共享应用渠道，构建基层政务失信治理长效机制，完善乡镇和街道守信践诺机制，开展基层信用试点建设。

宿迁市抓细抓实农村信用体系建设。2024 年 4 月 8 日，宿迁市社会信用体系建设领导小组印发《2024 年度推进农村信用体系建设重点任务清单》。该清单结合政府各部门在推进农村信用体系建设工作中承担的工作职责，细化形成 40 项重点任务和 54 项重点举措。

宿迁市通过信用赋能农村普惠金融和社会治理的"信用+N"模式实现了农村信用体系建设的制度创新、载体创新和应用创新，为江苏省乃至全国全面推进农村信用体系建设探索了新的实现路径。

（二）连云港市：信用数据平台赋能"三农"高质量发展

近年来，金融服务乡村振兴进入深水区，农村金融面临农业经济主体"贷款难"和涉农金融机构"获客难"的双重困境。基于此，中国人民银行连云港市中心支行以市场需求为导向，积极践行征信为民，深入推动征信促融。针对农村征信体系的实际，中国人民银行连云港市中心支行创新研发了信息采集的微信小程序，通过持续技术迭代升级搭建了"连云港市信用惠农融资服务平台"，实现了农业经济主体信用信息采集的电子化，搭建了涉农金融机构与农户融资需求高效合作对接的桥梁，有力地助推了当地农业经济的发展，走出了一条征信服务乡村振兴的数字化创新之路。

一是创新农业经济主体信息采集方式，提高数据采集质效。针对纸质档案方式采集农户信用信息效率低、安全性差等问题，中国人民银行连云港市中心支行依托科技赋能，创新研发"农信采"微信小程序，可以一键采集农户基本信息、收入支出、资产负债三类共 17 项数据，同时上传到中国人民银行南京分行农信系统，实现电子化更新。依托"农信采"微信小程序，连云港市 81 万户农村经济主体信息采集成本大幅下降，数据更新效率提升 2.5 倍，数据准确率达到 95% 以上。①

二是架设惠农"金"桥，畅通农银合作对接渠道。在"农信采"框架基础上，中国人民银行连云港市中心支行不断进行技术迭代升级，创新搭建了"信用惠农融资服务平台"。该平台将涉农信息采集、农村经济主体融资需求与涉农金融机构金融产品有效融合，实现了信用信息的"一站式"采集、融资需求的"一键式"对接、信贷产品的"一体化"申请。借助"信用惠农融资服务平台"，农户从线上发起贷款申请到银行信贷资金发放完毕仅需 8 天时间，切实提升了农村经济主体融资的获得感和便利性。

三是拓展平台应用场景，助推普惠金融发展。中国人民银行连云港市中心支行搭建的"信用惠农融资服务平台"吸纳了全市 29 家涉农机构加入，普及农村经济主体 40 余万人。同时，中国人民银行连云港市中心支行积极引导涉农机构整合平台数据及信用评价结果，围绕乡村振兴重点领域创新推出各种特色涉农信贷产品，最大化落实信用惠农政策。据统计，"信用惠农融资服务平台"自运行以来，连云港市农户通过平台发布信贷需求 36695 个，涉农金融机构通过平台发放农户贷款24.6 亿元。②

---

① 《连云港市征信"小平台"助力乡村振兴大发展》，信用江苏网站，2023 年 7 月 28 日，https：//credit. jiangsu. gov. cn/art/2023/7/28/art_78318_10966197. html。
② 《连云港市征信"小平台"助力乡村振兴大发展》，信用江苏网站，2023 年 7 月 28 日，https：//credit. jiangsu. gov. cn/art/2023/7/28/art_78318_10966197. html。

中国人民银行连云港市中心支行开发的"农信采"微信小程序和"信用惠农融资服务平台"实现了征信大数据在农村融资领域的共享应用，不仅让该市农户享受到信用带来的红利，切实提升了农村经济主体金融服务的可获得性、覆盖率和有效性，而且在助力乡村振兴和农村经济发展、加快该市农业农村现代化建设方面发挥了重要作用。

（三）昆山市："大数据＋积分制＋网格化"信用格局赋能乡村善治

推进乡村全面振兴，离不开民主、高效的乡村治理环境。为进一步提升乡村治理水平、提高村民的幸福感，昆山市积极探索和创新乡村社会"智"理新模式，充分发挥网格化、大数据、积分管理制度在乡村社会治理中的导向作用，建立健全乡村治理长效管理机制，推进乡村治理体系和治理能力现代化。

一是通过量化积分标准，构建农村诚信体系。2021年以来，昆山市在新乐村、泾河村、江浦村、南渔村等试点推行诚信积分管理制度。该积分管理制度以村民住宅户为单位，分别选取农村人居环境、美丽庭院、出租房管理、民主法治、乡风文明、垃圾分类等维度，设置标准分值并实行扣分制。[①] 同时，设置一些加分项，实行"每周一测评，每月一登记，每季一兑换，每年一公示"的动态管理。

二是发挥网格化力量，助推"积分制"管理高效运行。昆山市各试点村按照"一人一区、一区一责、一人一考核"原则，将辖区细分为不同的网格，实行专人专岗轮流值班制，做到"每日一次巡查，每周一次例会，每月一次考核"。通过实施网格化管理助推"积分制"运行，构建共建共治共享的网格化治理体系。

三是搭建积分管理大数据平台，激发乡村治理新动能。借助大数据

---

① 《昆山高新区："诚信积分＋大数据＋网格化"构建乡村"智"理新模式》，江苏文明网，2021年11月15日，https://wm.jschina.com.cn/9654/202111/t20211115_7311671.shtml。

技术搭建村民诚信积分管理平台，村民通过积分卡查询家庭积分，日常积分上传、审核、统计、排名等全流程可视化，以数据驱动精细化管理和精准化服务，为乡村"智"理提供平台支撑和数据支撑。

四是深入推进"积分制+N"模式，构建乡村治理共同体。依托村民诚信积分管理平台，深入推进积分制在农村人居环境整治、精细化管理等乡村治理中的导向性作用，不断提升村民诚信意识，实现村民自治与乡村治理融合发展，激活乡村治理新效能，全面提升基层社会治理水平。

五是积极发挥"积分制"的正向激励作用，赋能乡村善治。昆山市各试点村在推行"积分制"过程中，将其与物质、精神奖励挂钩。村民不仅可以将卡内诚信积分通过线上或者线下方式兑换实物，而且可以在线预约各类村级新时代文明实践活动、课程以及参加星级文明户、文明家庭评选。村民在日常生活中可以通过参与普法宣传、人居环境整治、学法答题等各类志愿服务活动获得更多积分，从而有效助推农民社会主义核心价值观宣传教育，助力农村精神文明建设，提升乡村治理效能，构筑平安幸福"共同体"。

通过实施"积分制+网格化+大数据"，构建乡村"智"理新模式，昆山市实现了政府治理与社会调节、村民自治良性互动，构建起人人有责、人人尽责、和谐有序的乡村治理共同体，探索出重塑乡村治理、提升乡风文明的乡村"智"理新路径。

二 浙江省农村信用助力乡村全面振兴典型案例

浙江省丽水市、温州市、台州市通过强化生态信用体系建设、精准刻画涉农经济主体信用画像、推动跨部门信息共享建设，助力高精准融资，使"信用+"成为农村的"硬通货"，有效提升农村金融服务质效，为农村信用助力乡村振兴提供经验借鉴。

（一）丽水市：生态信用体系助力生态产品价值实现

2024 年 7 月，党的二十届三中全会通过的《中共中央关于进一步全面深化改革　推进中国式现代化的决定》指出，要加快完善落实绿水青山就是金山银山理念的体制机制，健全生态产品价值实现机制。作为全国首个生态产品价值实现机制改革试点城市，丽水市紧紧抓住生态产品价值实现机制这一"牛鼻子"，建立健全以实现生态产品价值为导向的生态信用体系，助力生态产品价值有效变现，推进绿色发展，促进共同富裕。

一是建立生态产品价值核算与交易制度体系。生态产品价值可量化是生态产品价值实现的前提。丽水市积极开展生态产品价值核算评估并不断创新核算结果的应用，制定全国首个地市级《生态产品价值核算技术办法（试行）》和《生态产品价值核算指南》地方标准，构建了一套完整的生态产品功能量和价值量核算的技术流程、指标体系与核算方法，实现了全域生态产品价值"可核算"。同时，组建"两山合作社"和"生态强村公司"生态产品市场交易主体，搭建生态资源资产开发经营服务平台和生态产品市场化交易平台。生态产品价值核算与交易制度体系的建立，为金融信贷、市场交易等方式转化生态资源价值提供了重要依据。①

二是建立生态信用制度体系。丽水市制定并颁布《丽水市生态信用行为正负面清单（试行）》《丽水市绿谷分（个人信用积分）管理办法（试行）》《丽水市企业生态信用评价管理办法（试行）》《丽水市生态信用村评定管理办法（试行）》等制度，深化生态信用制度体系建设。《丽水市生态信用行为正负面清单（试行）》确立了 12 个正向激励事项和 10 个负面事项，建立了生态信用守信激励、失信惩戒机制。《丽水市绿谷分（个人信用积分）管理办法（试行）》《丽水市企

---

① 《让绿水青山"生金淌银"　丽水深化生态产品价值实现机制改革拓宽"两山"转化通道》，腾讯网，2024 年 10 月 22 日，https://news.qq.com/rain/a/20241022A01SMT00。

业生态信用评价管理办法（试行）》《丽水市生态信用村评定管理办法（试行）》通过对守信主体采取激励性的措施来增强市场主体和基层村集体的生态意识。

三是建立生态信用数据采集与监管体系。依托丽水公共信用信息平台、"信用丽水"、中国（丽水）生态产品大数据中心、中国（丽水）生态产品交易中心、"花园云"生态环境智慧监管平台、"天眼守望"卫星遥感数字化服务平台，丽水市建立了全方位的生态信用数据库和信用监管平台，依据生态信用数据库，从生态环境保护、生态经营、社会责任、一票否决项四个维度梳理了 22 个指标细项，构建了企业生态信用评分模型。

四是创设生态产品价值实现的金融产品供给。基于生态信用体系，丽水市相继推出 GEP（生态系统生产总值）未来收益权、取水权等 15 类"生态抵质押贷"，实现了生态产品可质押、可融资，初步解决了生态产品融资"抵押难"问题。截至 2024 年 6 月末，"生态抵质押贷"余额为 325.55 亿元。[①] 创新与生态信用相挂钩的"生态信用贷"等信贷服务，差异化赋值授信额度和给予相应的信贷利率优惠。截至 2024 年 6 月末，"生态信用贷"余额为 45.18 亿元。[②] 探索区块链信贷模式创新，推出"茶商 E 贷"，有效解决了茶商企业规模小、发展不稳定、抵押物缺失、业务票据难以查证真伪等银行贷款难问题，同时大幅缩短了茶商贷款审批时间。[③]

丽水市生态产品价值实现机制试点，为普惠金融服务乡村振兴提供了"丽水模式"。

---

① 《让绿水青山"生金淌银" 丽水深化生态产品价值实现机制改革拓宽"两山"转化通道》，腾讯网，2024 年 10 月 22 日，https://news.qq.com/rain/a/20241022A01SMT00。
② 《让绿水青山"生金淌银" 丽水深化生态产品价值实现机制改革拓宽"两山"转化通道》，腾讯网，2024 年 10 月 22 日，https://news.qq.com/rain/a/20241022A01SMT00。
③ 《丽水创新信用金融助推生态产品价值实现新模式》，丽水市发展和改革委员会网站，2022 年 8 月 22 日，https://xyls.lishui.gov.cn/art/2022/8/22/art_1229640583_34927.html。

（二）温州市：信用应用场景助力农业经营主体发展

2006 年，习近平同志在温州提出，"要把建立和发展农民专业合作、供销合作、信用合作'三位一体'的农村新型合作经济，作为推动现代农业发展的重要举措"。2017 年中央一号文件首次提出，要以农业供给侧结构性改革为主线，积极开展生产、供销、信用"三位一体"的综合合作。2021 年中央一号文件再次提出开展生产、供销、信用"三位一体"综合合作试点。为贯彻落实党中央、国务院的决策部署，温州市农业农村局率先探索"政府主导+主体参与+市场运作"的信用评价机制，从信用建设"常态化"、数据归集"规范化"、主体画像"精准化"、主体信用"指数化"四个方面入手，加快构建完善的农业经营主体信用体系，使"信用+"成为农村的"硬通货"，助力乡村振兴。[1]

一是"信用+质量安全"。借助信用评价指数建立农产品红黑榜制度，以此推动农业经营主体提高信用风险控制能力和农产品质量安全水平。经过征集、申报、审核等程序，温州鸿成禽业有限公司等 26 个主体获得 2023~2024 年度食用农产品生产主体"红榜"主体。[2]

二是"信用+金融信贷"。借助数字化赋能农村普惠金融发展，挖掘农业经营主体信用评价金融价值，提升金融服务的便捷性，有效解决农业经营主体发展中的融资难、融资贵问题，助力乡村振兴。截至2023 年 6 月末，温州农商银行系统普惠服务覆盖全市 1/2 的农户贷款、1/3 的涉农贷款，授信新型农业经营主体户数 6325 户、金额 39 亿元，用信余额 22 亿元。[3]

---

① 《温州农业经营主体信用应用场景》，信用中国（浙江）网站，2023 年 2 月 3 日，https://credit.zj.gov.cn/art/2023/2/3/art_1229713957_3118.html。

② 《关于 2023—2024 年度食用农产品生产主体"红榜"名单的公示》，温州市农业农村局网站，2024 年 7 月 22 日，https://nyncj.wenzhou.gov.cn/art/2024/7/22/art_1229206951_4247350.html。

③ 《温州农商银行系统存贷款规模率先突破10000 亿元》，搜狐网，2023 年 8 月 10 日，https://www.sohu.com/a/710581322_121124615。

三是"信用+监管服务"。构建以信用为基础的新型监管机制,进一步提高监管效能,赋能农业经营主体高质量发展。对信用良好的农业经营主体在评优评先、品牌推选、展示展销等方面予以优先考虑,对信用评价较低的农业经营主体有针对性地做好技术指导、服务,鼓励和帮助其不断增强农产品质量安全诚信意识,加强生产经营管理,提高信用评价等级。

四是"信用+示范认定"。以农业经营主体信用为依据,评选市级农业龙头企业、示范性农民专业合作经济组织、示范性家庭农场和粮油骨干企业。根据信用评级结果,2023 年度新认定 21 家市级农业龙头企业、22 家市级示范性农民专业合作经济组织、48 家市级示范性家庭农场、9 家市级粮油骨干企业。[①]

五是"信用+项目申报"。将信用评价结果作为参与项目申报的前置条件,坚持项目申报、信用优先。强化市县联动,合力营造农业农村领域诚实守信的良好营商氛围,让守信主体获得更多重点支持和优先便利,助力农业农村发展。温州市农业"双强"项目全部由信用评分高的农业经营主体申报成功。

(三)台州市:跨部门信息共享平台助力高精准融资

近年来,台州市立足本地实际,以中国人民银行台州市中心支行牵头搭建的金融服务信用信息共享平台为依托,深入开展以涉农信用信息数据跨部门共享与多主体多维度信用评价为主要内容的数字化农村信用体系建设,助力涉农经济主体高效融资,取得了较好的效果。

一是搭建金融服务信用信息共享平台,打破部门信息壁垒。中国人民银行台州市分行在台州市政府的支持下牵头搭建了金融服务信用信息共享平台,以有利于金融机构风险甄别为原则,统一标准化整合、归

---

① 《温州市人民政府办公室关于公布 2023 年度温州市农业龙头企业、示范性农民专业合作经济组织、示范性家庭农场和粮油骨干企业名单的通知》,温州市人民政府网站,2024 年 4 月 3 日,https://www.wenzhou.gov.cn/art/2024/4/3/art_1229117802_2032119.html。

集分散在发改委、经信局、科技局、税务局、公安局、人民法院、人力社保局、自然资源局、市场监管局等 30 多个部门的涉农信用信息，实现了各平台涉农信用信息数据融合。依托金融服务信用信息共享平台，为金融机构提供涉农相关的特定信息，使得各金融机构能够针对涉农用户刻画出完整的信用画像，进而提供精准的金融服务。

二是多主体多维度刻画涉农主体信用画像，提供特色金融产品供给。例如，针对农户的小额信用贷款，创新"农户家庭资产负债表"评价方式，制定《农户家庭资产负债表参考标准》，明确固定资产、权益类资产、活体资产等六大类 25 项资产端内容，以及银行借款、民间借贷、其他负债等四大类 14 项负债端内容，并对各类资产建立评估测算公式，推动各金融机构建立适合自身的农户小额信用贷款评估模型；针对农业创业人才的经营性贷款，创新"农创客"评价方式，考察相关经营主体的资本实力、运行能力、盈利能力、偿付能力、发展潜力五大维度，并综合考量行业、技能、学历等指标，智能评定农业创业人才的发展状况与潜力，动态监测其风险状况；针对规模较小的农民专业合作社等涉农经营主体的融资，创新"农村小微经营主体资金流量"评价方式，重点考察涉农经营主体的经营性和非经营性收入与支出情况，同时综合考量其资产、负债和负面信息，通过刻画资金流动性状况和风险对其生产经营情况进行评价。在上述多主体多维度信用评价的基础上，凭借各个涉农数字化应用场景，针对不同涉农主体的融资需求，鼓励和支持金融机构开发特色融资产品，如杨梅贷、西瓜贷、粮食贷等，提高农村金融服务的精准度。①

台州市通过不断加强数字化农村信用体系建设，拓展涉农信用信息数据的维度并迭代升级涉农主体的信用评价模式，持续破解涉农融资过程中的信息不对称难题，有效提升农村金融服务质效，取得了显著

---

① 《台州探索数字化农村信用体系建设新模式》，信用中国（浙江）网站，2023 年 1 月 16 日，https://credit.zj.gov.cn/art/2023/1/16/art_1229636050_3049.html。

成效。通过将技能等因素纳入信用评价指标，促进金融机构将 23.26 亿元农户担保贷款转为纯信用贷款，缓解了农户融资过程中的担保难题；通过将经济合作社股权、海域使用权等权益类资产，以及种植物等活体资产纳入资产范畴，促使农户人均授信额度提升 16.26 万元；通过涉农数字化应用融资对接功能模块，促成农银双方线上融资对接，提高了融资效率，降低了融资成本，如仙居县依托"亲农在线"应用推出"杨梅贷"特色产品，2023 年授信额度达 25.14 亿元。截至 2024 年 7 月末，台州市推动辖内农村商业银行累计为 162.69 万农户建立信用档案，评定信用户 125.02 万户，创建信用村 1542 个、信用乡 32 个。助力推行"整村授信，集中批发"模式，推动金融机构开展农业园区信用评定和监测，累计有 152.36 万已建档农户获得银行贷款，累计贷款发生额达 4762.9 亿元，且银行贷款不良率较低。①

三 河北省农村信用助力乡村全面振兴典型案例

河北省保定市、唐山市和晋州市在推行乡村振兴战略过程中，聚焦激活乡村新兴业态发展动能和产业发展潜力，创新开展党建引领信用建设，持续开展信用村建设活动，以"信用"带动乡村经济发展，促进乡村产业升级，助力乡村振兴，提升乡村治理质量与效能。

（一）保定市：党建引领信用建设助力新兴业态发展

近年来，保定市将社会信用体系建设作为破解乡村振兴"密码"的重要抓手，创新开展党建引领信用建设，探索抓党建促新兴业态发展的有效途径，助力乡村振兴。

一是坚持党建引领，提升聚焦新兴业态发展的"向心力"。保定市坚持把加强党的领导贯穿始终，充分发挥基层党组织的战斗堡垒作用，

---

① 《更高效触达"最后一公里""信用+"赋能乡村振兴》，经济参考报网站，2024 年 9 月 25 日，http://jjckb.xinhuanet.com/20240925/0604acb56cdd4bfa9203fab7ef789709/c.html。

构建党委领导、政府推动、多方协同、群众参与的工作机制。每年组织对全市村（社区）党组织书记进行培训，深化村党组织"争先创A"行动，大力推行村党组织分类管理。截至 2024 年 7 月底，全市 A 档村党组织达到 1403 个，占比为 27.4%。①保定市组织开展分级创建党建示范点活动，建设"红色驿站"，建立传统节假日慰问机制，推动新兴业态党建工作。例如，满城区委组织交通、市监等 13 个部门成立"党群暖新联盟"，开展"暖新慰问"，设置"暖新驿站"，累计为千余名新业态群体提供服务。中国联通保定市分公司党委选派优秀党员干部驻村，通过开展村居干部队伍"源头工程"、"领头雁能力提升"、主题党日系列活动，提高基层党员的政治素质和基层党组织建设水平，为农村新兴业态发展奠定了坚实的组织基础。

二是搭建载体，激发服务新兴业态发展的"原动力"。党建引领信用建设，通过搭建载体，优化制度供给、政策供给、服务供给，激发新兴业态发展的内生动力。保定市以党支部领办土地合作社为重点，围绕盘活土地资源，发展新型农村集体经济。高碑店市大铺村通过党支部领办合作社，吸纳全村 137 户和 500 余亩土地入社，并与中化集团合作经营建立集体、农户和经营主体三方利益联结机制，2023 年集体收入突破百万元。顺平县蒲阳镇东下叔村由村党支部领办成立顺平县盛泽源种植农民专业合作社，吸纳 4100 亩流转土地入社，由顺平县锦熙农业开发有限公司提供全方位社会化服务，2023 年增加集体收入 30 万元。②截至 2023 年底，保定市 3742 个村推行村党支部领办合作社，占全市七成多的行政村形成以党支部领办土地合作社为基础，民宿旅游、种植养殖、劳务、物业服务等多种形式的合作社共同发展的"1+N"支部领办合作社体

---

① 《保定"乡村强基引智"为全面振兴注入新动能》，保定市人民政府网站，2024 年 7 月 31 日，https://www.baoding.gov.cn/content-173-420904.html。

② 《党旗飘扬千帆竞　强基固本万象新——保定市基层党建工作综述》，澎湃网，2024 年 6 月 28 日，https://www.thepaper.cn/newsDetail_forward_27891988。

系，为村集体经济增收 1.07 亿元。① 中国联通保定市分公司选派优秀驻村党员干部通过将驻村农业生产与乡村旅游、农产品加工等产业相结合，打造综合性乡村产业体系，拓展乡村经济发展的新空间。此外，保定市立足 22 个县（市、区）的资源禀赋、产业基础和市场需求，促进农文旅融合，形成"农业+加工业""农业+服务业""农业+乡村旅游""农业+电商"等"农业+"农村产业融合发展新模式，实现了产业转型升级和高质量发展。

党建引领信用建设工作，促进保定市基层党建工作实现"提档升级"，提升了基层党支部组织力，助力当地农村新兴业态发展，激发了乡村发展新活力。

（二）唐山市：信用服务扎根基层推动产业兴旺

中国邮政储蓄银行唐山市分行切实履行国有大型商业银行社会责任，深入贯彻乡村振兴和普惠金融发展国家战略，立足"三农"，聚焦激活乡村产业发展潜力，持续开展信用村建设活动，以"信用"带动乡村经济发展，促进乡村产业升级。

一是打造涉农信贷专职队伍。通过"整村+农户"的信用村模式开展农村信用体系建设与惠农合作，选择特色产业突出、市场需求量大、信用环境好的乡村试点，在人员、绩效、考核等方面强化服务支撑，通过绩效激励引导信贷人员积极开展信用村建设和信用户评定。

二是借助科技赋能提升金融服务质效。中国邮政储蓄银行唐山市分行不断推动加强科技赋能，专门为信贷经理购置移动展业设备，充分利用移动展业开展信用户、信用村信息采集和主动评级授信，实现线上信息采集以及系统自动评分、分级和预授信；推出"线上信用户贷

① 《抓党建促乡村振兴系列报道 ①乡村振兴，如何下好人才先手棋——河北保定市创新建设现代农村产业人才体系观察》，共产党员网，2024 年 4 月 15 日，https://www.12371.cn/2024/04/15/ARTI1713147717923222.shtml。

款"，农户通过手机银行可以在线申请，并且可以"一次核定、余额控制、额度循环支用、动态调整"，实现金融服务全程电子化。

三是深入推进乡村普及宣传，加强金融产品与服务创新。中国邮政储蓄银行唐山市分行聚焦普通农户和新型农业经营主体，加快农村信用体系建设，着力满足农业经营主体多元化的金融需求。中国邮政储蓄银行唐山市分行针对辖内各地不同的地域特色，按照"一村一品""一镇一业"的发展思路，以"极速贷""冀农担"等多种贷款产品进行精准对接，更好地服务信用村、信用户。① 中国邮政储蓄银行唐山市分行以行政村为单位，全面开展信用户、信用村信息采集和评级授信，不断深化银村合作，切实解决农户融资难、融资贵的问题。滦州市东安各庄镇铁局寨村是中国邮政储蓄银行唐山市分行信用村建设的示范地，该村的"东路花生"享誉全国。随着市场知名度的提升以及市场需求的扩大，经营规模也不断扩大，相应的融资需求随之增加。中国邮政储蓄银行唐山市分行信贷专职人员主动入村介绍信用村建设及信用户贷款相关业务，在得到广大村民高度认可的基础上，入户采集相关信息，现场评定信用户名单并进行公示，仅用1个工作日便完成了信用村审批工作。后续有融资需求的农户可凭借信用户评定结果在线提出贷款申请。②

实施乡村振兴战略，是党中央做出的重大决策部署，是全面建设社会主义现代化国家的重大历史任务。③ 中国邮政储蓄银行唐山市分行坚持服务"三农"定位，持续强化科技赋能，提高农村地区金融服务能力和水平，使国家惠农政策和银行服务"三农"宗旨得到有效结合与实

---

① 《邮储银行唐山市分行加快信用体系建设解三农难题》，中国邮政储蓄银行网站，2021年10月15日，https://www.psbc.com/cn/fhpd/hbdq/hbsfh/fxdt_1098/202110/t20211015_129976.html。

② 《邮储银行唐山市分行推进信用体系建设　助力乡村致富梦想》，网易，2022年11月25日，https://www.163.com/dy/article/HN22U0D50514E4TA.html。

③ 《推进中国式现代化，必须全面推进乡村振兴》，中央人民政府网站，2023年4月16日，https://www.gov.cn/yaowen/2023-04/16/content_5751713.htm。

施，为推进农业农村现代化、乡村全面振兴、实现共同富裕贡献力量。

（三）晋州市：信用治理加速形成和谐美丽新村居

党的二十大报告提出，全面推进乡村振兴，建设宜居宜业和美乡村。习近平总书记在 2022 年中央农村工作会议上强调，"农村现代化是建设农业强国的内在要求和必要条件，建设宜居宜业和美乡村是农业强国的应有之义"。近年来，晋州市紧密围绕综合治理和乡村振兴工作，以信用建设为抓手，创新社会治理模式，形成"信用+党建+社会治理+金融服务"的和谐美丽村居建设新模式。

一是搭建信用应用平台。强化村民的信用意识，倡导守信激励与失信惩戒的价值导向，晋州市在试点村制定并印发《刘家庄村民信用积分评价办法及刘家庄村民信用信息指标目录》，将党建领域、新时代文明实践、社会公益、公民公德、居民管理等信息纳入个人诚信积分，营造诚信处处可为、时时可做的良好氛围。[①] 依托村内综合服务站搭建信用应用平台，全面采集信用信息并自动计算村民的诚信积分，根据诚信积分划分等级，引导村民积极参与乡村综合治理，助力乡村基层社会治理。

二是引导多元主体共同参与，激发自治活力。为提高村民的参与积极性，吸引更多村民参与信用村建设，晋州市开设线上线下"诚信积分超市"，完善积分兑换体系，引入金融机构共同参与运营。由金融机构提供超市兑换商品，超市商品以村民日常生活用品为主，如床上用品四件套、空调扇、厨房用品、水壶、水杯、围裙、生活用纸等，不同货品分别标注不同的诚信积分兑换分值。村民利用个人或者家人诚信积分在"诚信积分超市"兑换生活物品，不仅可以通过守信践诺来提高精神文明素养、建设美丽家园，而且能够兑换到生活用品等诚信奖励，

---

① 《河北省晋州市："信用+基层治理"赋能和谐美丽新村居》，新华网，2023 年 12 月 19 日，https://www.xinhuanet.com/2023-12/19/c_1212317518.htm。

这在一定程度上减少了基层治理成本，提高了乡村善治水平和乡风文明程度。在切实保障信息安全和主体权益的前提下，晋州市与金融机构共享"诚信积分超市"运行数据，以支持金融机构创新"订单贷""电商贷""养殖贷"等金融产品和服务，助力乡村振兴。

三是加强诚信文化宣传，增强村民诚信意识。在信用村建设过程中，晋州市在村委办公室打造诚信文化墙，在村民服务中心、主干街道设置诚信文化知识宣传专栏，运用微信群、广播等媒介，普及信用政策法规、信用知识和典型案例，提高村民对信用重要性的认识。印发《做诚信村民　建美丽乡村》倡议书，让村民了解信用村建设的要求和意义，增强村民"重信、知信、守信、用信"意识。

晋州市信用村建设工作开展以来，在村内形成了信用积分与乡村治理的良性互动，提高了村民诚信水平，提升了乡村治理的质量与效能，增强了村民的荣誉感、幸福感、获得感，形成了和谐美丽村居建设的"晋州模式"。

第二节　中部地区农村信用助力乡村全面振兴典型案例

本节选取山西省大同市、运城市、晋中市，湖北省咸宁市、黄石市等城市，分析其在金融服务乡村振兴的大背景下，优化农村信用环境、助推乡村振兴发展的探索实践与典型经验。

一　山西省农村信用助力乡村全面振兴典型案例

山西省大同市、运城市和晋中市在推进乡村全面振兴过程中，加强政府、中国人民银行、金融机构、征信平台协同联动，以"整村授信""三信评定""信用审批改革"为抓手，创新特色信贷产品供给，助力农村特色产业发展，为农村经济高质量发展奠定信用基石，为乡村全面振兴注入新活力。

（一）大同市：机构协同凝聚信用服务合力

农村信用是农村金融服务体系的重要一环。大同市充分发挥中国人民银行大同市分行和大同市发改委在信用体系建设中的"双牵头"作用，用好农村信用体系建设常态化工作联系机制，精准识别各类涉农经济主体信用状况，协同联动、多措并举加大征信有效供给，做好农业经营主体信用评价，以信用建设和信用评价结果运用推动农村信用工作提质增效，为农村经济高质量发展奠定信用基石，为乡村振兴注入新活力。

一是建立信用建设常态化工作机制。大同市发改委联合中国人民银行大同市分行、大同市农业农村局、国家金融监督管理总局大同监管分局制定《大同市农村信用体系建设实施方案》，成立由大同市发改委、中国人民银行大同市分行、大同市农业农村局、国家金融监督管理总局大同监管分局、各县（区）发改局、各县（区）农业农村局组成的工作领导小组，统筹多方主体参与农村信用体系建设，加强部门间沟通交流，形成市县同步的工作机制，确保农村信用体系建设各项政策措施落实到位，为农村经济高质量发展奠定基础。

二是加强与征信机构合作，加大金融服务供给。中国人民银行大同市分行联合大同市发改委推动农村商业银行（农村信用社）与个人征信机构合作；引导农村商业银行（农村信用社）与持牌征信机构对接，在涉农信贷服务合规的前提下，与百行征信有限公司建立数据调用及信息分析长期合作关系；鼓励涉农金融机构借助百行征信数据库为信用"白户"提供信贷供给。截至2024年6月末，大同市8家农村商业银行（农村信用社）通过百行征信有限公司共计为20191户客户放贷，金额达33.51亿元。[1]

---

[1] 《人民银行大同市分行："五化"机制推动农村信用体系建设提质增效》，中国金融新闻网，2024年8月8日，https://www.financialnews.com.cn/2024-08/08/content_406079.html。

三是加大农村信用体系建设成果应用力度。推进涉农信用信息进一步整合，引导涉农金融机构扩大"三信"评定范围。截至 2024 年 6 月末，大同市共评定信用户 17 万户、信用村 1295 个，共计为 4.2 万户信用户发放信用贷款，贷款余额为 50.75 亿元，同比增长 24%。鼓励涉农金融机构聚焦农业科技园区、农业科技服务等重点领域，以高质量金融服务赋能当地智慧农业发展。截至 2024 年 6 月末，全辖区累计发放活体抵押贷款 2.6 亿元，同比增长 2.3 倍。指导农信系统以信用评级为载体，以"整村授信"为抓手，大力提升农户及新型农业经营主体信用贷款的可获得性与便利性。推动大同农村商业银行创新开展"985"授信模式（农户建档至少 90%，签约户数至少 80%，授信户数至少 50%），并为信用村村民提供审贷绿色通道、专项优惠利率等服务。截至 2024 年 6 月末，全市农村商业银行（农村信用社）已在 1426 个行政村开展整村授信工作，授信金额达 59.17 亿元。[①]

四是积极开展宣传教育。中国人民银行大同市分行联合大同市发改委印发《关于开展"6·14 信用记录关爱日"征信宣传活动的通知》，并制定《"6·14 信用记录关爱日"征信宣传活动方案》，推动各县（区）金融机构深入社区及农村开展宣传，累计发放宣传折页 6000余份，受众人群达 7.6 万余人，互动答疑多达 350 余次。[②]

（二）运城市：整村授信做大做强特色产业

在金融服务乡村振兴的大背景下，整村授信这一普惠金融服务新模式在全国各地逐步推广实施。2020 年以来，运城市认真贯彻落实《农村信用体系建设"百县千村"示范工程实施方案》，在全市大力实施"百县千村"信用示范工程。按照党建标杆、特色产业和乡村旅游

---

① 《人民银行大同市分行："五化"机制推动农村信用体系建设提质增效》，中国金融新闻网，2024年 8 月 8 日，https://www.financialnews.com.cn/2024-08/08/content_406079.html。

② 《人民银行大同市分行："五化"机制推动农村信用体系建设提质增效》，中国金融新闻网，2024年 8 月 8 日，https://www.financialnews.com.cn/2024-08/08/content_406079.html。

等六个方面的评价标准，开展整村建信、授信和用信工作。整村授信工作的推进，促进了农村信用环境的改善，提升了金融服务水平，助力运城市特色产业做大做强。

一是搭建乡村资产数字化服务平台，以资产数字化推动农村普惠金融发展。由运城市农业农村局牵头建立运城市乡村资产数字化服务平台，将农业农村、自然资源和规划等部门管理的农村集体产权制度改革、农户土地承包经营权确权、农户宅基地确权、林权、村集体组织股民确权等数据进行归集，实现资源共享。在中国人民银行运城市分行的推动下，运城市各商业银行积极对接乡村资产数字化服务平台，按照标准对区域内涉农数据资源进行归集分类与共享。同时，中国人民银行运城市分行协调完成省级地方征信平台农业保险信息在乡村资产数字化服务平台的归集与共享。截至 2023 年 10 月末，运城市已实现了对全辖区 2172 个行政村"整村授信"全覆盖，累计为 72 万户农户、1335 个新型农业经营主体开展信用评定，共发放信用贷款 118.3 亿元，依托信用工程建设为金融服务乡村振兴提供了有力支撑。[1]

二是构建政银企协作平台，推动"金融+财政"协同发力。建立市县两级农业农村局、乡村振兴局等八部门协作联动机制，定时互联互通；建立重点涉农融资企业名单推送机制、融资对接问题反馈解决机制[2]；设立政府专项风险补偿基金，降低金融机构投资风险。

三是聚焦特色优势产业，创新信贷产品及服务模式。各金融机构围绕县域优势特色产业，创新信贷产品供给及服务模式，打造"信用工程+特色农业"服务模式，促进地方特色产业发展。聚焦"运城果业"，

---

① 《人民银行运城市分行："四个精准"深耕农村信用体系建设　助力乡村经济高质量发展》，中国金融新闻网，2023 年 11 月 15 日，https://www.financialnews.com.cn/qy/dfjr/202311/t20231115_282378.html。

② 《人民银行运城市中心支行推动"金融+财政"协同发力　支持特色产业发展　助力乡村振兴》，中国人民银行网站，2022 年 1 月 14 日，http://www.pbc.gov.cn/goutongjiaoliu/113456/113475/4448018/index.html。

创新推出"南果贷""果库贷""果品行业流水贷""果商贷""果贸贷"等产品，截至 2024 年 4 月末共发放果业贷款 76.45 亿元，惠及经营主体 8.9 万户[①]；聚焦河津小梁乡建筑行业客户群体，创新推出"鲁班贷"产品，截至 2024 年 4 月末共办理"鲁班贷"授信业务 847 户，授信金额 12091 万元，用信 9936.36 万元[②]；聚焦"稷山板枣"，创新推出"金枣丰""红枣贷"等产品；聚焦"新绛蔬菜"，创新推出"蔬菜贷"产品；聚焦"闻喜中药材"，创新推出"药材贷""丰收贷"产品；聚焦"永济全域旅游"，创新推出"致富贷""政府投资+银行贷款""民间资本+银行贷款"等信贷产品及服务模式，支持永济沿黄河流域生态保护和文化旅游产业。[③]

运城市开展的"整村授信"工程打破传统放贷流程，改变过去村民被动申贷为银行主动送贷服务，降低农户融资成本，优化农村金融生态环境，推动当地产业升级，助力乡村振兴。

（三）晋中市：信用县创建助推服务标准化

为贯彻落实党的二十大报告中提出的关于"全面推进乡村振兴""健全农村金融服务体系"的重要论述，晋中市借助信用县创建的契机，以信用县创建工作为抓手，持续优化地区信用环境，提升金融服务质量，助推乡村振兴发展。

一是搭建涉农大数据信用信息共享平台，建立统一的农户信用评价体系。借助晋中市"中小企业信用信息数据库服务系统"，建立晋中市农户信用信息数据库，整合农村信用合作社、中国农业银行、中国邮

[①] 《让金融"活水"涌流乡村》，新浪财经，2024 年 7 月 1 日，https://finance.sina.com.cn/jjxw/2024-07-01/doc-incaqvnq3215909.shtml。

[②] 《三年经营综合排名提升 44 位，河津农商银行启示——识难，方能克难》，运城新闻网，2024 年 5 月 27 日，http://www.sxycrb.com/m/content_344037.html。

[③] 《人民银行运城市中心支行推动"金融+财政"协同发力 支持特色产业发展 助力乡村振兴》，中国人民银行网站，2022 年 1 月 14 日，http://www.pbc.gov.cn/goutongjiaoliu/113456/113475/4448018/index.html。

政储蓄银行等金融机构涉农评定指标及方法，由系统自动生成农户的信用评定结果。截至2024年4月末，晋中市农信社整村授信行政村覆盖率达到100%，评定信用户24.93万户，授信金额205.57亿元，用信122.87亿元①；中国农业银行晋中分行农户信息建档系统已覆盖1826个行政村，建档农户4.2万余户，授信农户达到2.2万户。②

二是通过简政放权与优化服务，深入推进"信用审批"改革。深化证照分离改革，实行事项清单动态管理；创新"容缺等级"信用承诺制度；将39个"优化审批服务"事项纳入"实行告知承诺"事项的范围，使"实行告知承诺"事项占所涉及许可事项总数的比例由22.22%提升到61.61%；推行"一表备案、部门代办""申请表格制式化+申请材料格式化"的"标准件"服务，承诺时限减少60%以上。③

三是创新综合监管模式，营造公平竞争市场环境。晋中市市场监管部门制定并印发《晋中市企业信用风险分类管理实施方案》，依据信用水平和风险等级实施差异化监管；制定经营主体信用合规指引，为经营主体提供信用修复高效办成"一件事"政务服务；制定经营异常信用修复工作指引，规范信用修复程序；牵头31个部门，制定涵盖55个行业、83个事项的《晋中市市场监管领域部门联合"双随机、一公开"监管抽查事项清单（第三版）》（"一业一查"清单），制定《晋中市市场监管领域部门联合"双随机、一公开"抽查工作细则》等制度性文件，逐项明确发起部门、配合部门和抽查层级；针对多重监管、重复交叉执法领域，制订联合检查计划；制定晋中市市场监管领域行政执法裁量基准。

---

① 《山西晋中农信社"四全"管理助力业务发展更"周全"》，新浪财经，2024年6月11日，https://finance.sina.com.cn/jjxw/2024-06-11/doc-inayipef2569391.shtml。
② 周丽君：《晋中分行多措并举助农兴农促振兴》，《中国城乡金融报》2024年11月22日。
③ 《以"无形"信用赋能"有形"发展——晋中市以"信用审批"改革助推更优营商环境打造》，黄河新闻网晋中频道，2023年11月24日，https://jz.sxgov.cn/content/2023-11-24/content_13118396.htm。

四是推进"百乡千村"治理行动，提升乡村治理效能。为深入学习践行"千万工程"经验，全面推进乡村振兴，晋中市出台《晋中市学习践行"千万工程"经验 实施"百乡千村"治理行动工作方案》，并明确提出各项工作标准。例如，针对城乡生活垃圾治理，搭建农村生活垃圾治理（分类）监管平台，出台全市生活垃圾分类管理办法；针对人居环境改善，制定精品示范村建设标准、综合治理（提档升级）村建设标准、环境整治村要求；明确提出2024~2026年，每年建设30个以上精品示范村，辐射带动260个左右行政村开展综合治理、提档升级。到2027年，全市建成100个以上精品示范村，辐射带动1000个左右行政村完成综合治理、提档升级。"百乡千村"治理行动的实施，旨在重塑乡村治理机制，改善农村人居环境，提升农村基础设施建设和服务水平，进而提升乡村治理现代化水平和效能，激发乡村振兴的内生动力和活力。①

晋中市信用县创建活动助推服务标准化，全面提升了社会信用体系建设水平，助力乡村全面振兴取得新成效。

二 湖北省农村信用助力乡村全面振兴典型案例

湖北省咸宁市、黄石市在推进乡村全面振兴过程中，以数字化农村信用体系建设为抓手，积极探索农村信用信息归集和应用创新，建立完善精细化风险监管机制，走出了一条数字化农村信用体系带动乡村振兴之路。

（一）咸宁市：打造全覆盖农村信用平台，打通资金融通障碍

信用信息缺失是普惠金融工作中的痛点，全面推进乡村振兴，扎实做好金融服务农业农村现代化，关键是解决农村地区信息不对称、信用

---

① 《晋中市出台〈晋中市学习践行"千万工程"经验 实施"百乡千村"治理行动工作方案〉》，黄河新闻网晋中频道，2024年3月28日，https://jz.sxgov.cn/content/2024-03/28/content_13195518.htm。

不健全问题。为此，咸宁市政府高度重视农村信用信息平台建设，率先在湖北省实现农村信用信息市域全覆盖，打通农村信用体系建设"最后一公里"，农村信用体系建设进一步完善。

一是以创建信用体系建设示范城市为抓手，推动农村信用信息平台优化升级。咸宁市政府成立全市农村信用体系建设领导小组，将"升级建设全市农村信用信息平台，打造全省农村信用体系建设先行示范市"列入咸宁市改革创新项目。制定并发布《咸宁市农村信用信息平台升级建设方案》，为平台升级建设提供坚实的制度保障。按照"政府主导、人行主推、部门协作、银行使用、主体受益"的原则，明确由咸宁市信用办、中国人民银行咸宁市分行牵头组织相关部门和各金融机构合作开展农村信用信息平台（咸宁市农村金融服务网）升级建设工作。

二是多部门协调联动，推动涉农信用信息共享和使用。为顺利推进平台升级，咸宁市信用办协调组织中国人民银行咸宁市分行与当地金融机构召开咸宁市农村信用信息平台建设专题会议，制定湖北省首个《新型农业经营主体数据采集规范》，统一农村经济主体信用信息数据采集标准。借助农村网格化管理平台采集和共享信用信息，建立信用信息采集应用的长效机制。推动与咸宁市政银企金融服务平台（咸融通平台）实现"互联互通"，打破部门间的"信息壁垒"，拓展信用信息归集共享的深度和广度。咸宁市农村信用信息平台成功采集了包括农业产业化龙头企业、农民专业合作社、家庭农场、农业社会化服务组织在内的 8136 户新型农业经营主体的相关信息[①]，如基础信息、生产经营信息、涉农补贴保险信息等，在湖北省率先建立覆盖全市的新型农业经营主体信息数据库，实现对涉农经济主体的全方位信息展示和信用画像，为银企融资对接提供了强有力的信用信息支持。

[①] 《咸宁市政府新闻办召开咸宁市农村信用信息平台建设新闻发布会》，咸宁市人民政府网站，2023 年 9 月 28 日，http://www.xianning.gov.cn/gzhd/xwfbh_3134/wqfbh/202309/t20230928_3296695.shtml。

三是实施农村信用培植工程，不断扩大农村信用主体基础。组织涉农金融机构大力开展"整村授信"工程，努力培育农村信用细胞。截至 2024 年 9 月，咸宁农商行对全市 943 个行政村进行"整村授信"，覆盖面达到 100%；为 33.34 万户农村家庭建立信用档案，预授信 26.67 万户。[①]

咸宁市搭建的覆盖全市的农村信用信息平台有效缓解了"三农"融资难题，推动了涉农贷款的快速增长。截至 2024 年 9 月末，咸宁农商行为 6.07 万户签约农村家庭户发放 22.7 亿元贷款，为 6947 户农村新型经营主体提供 79.29 亿元贷款，并针对建档授信农户开发了"荆楚小康贷""农 e 贷""共同富裕贷"等纯信用贷款产品。[②]

（二）黄石市：建立精细化风险监管机制，营造诚信社会氛围

农村信用体系建设既是社会信用体系建设的重要组成部分，也是推进农业农村高质量发展和乡村全面振兴的重要内容。为此，黄石市农业农村局多措并举推进农业农村领域的信用体系建设，营造包容审慎的监管环境，引导农业生产经营主体诚信经营、乡村振兴建设从业者诚信参与，共创诚信营商环境，助力乡村振兴和农业农村高质量发展，提升全社会信用体系建设水平。

一是推进涉农信用信息常态化归集。黄石市农业农村局制定并发布《市农业农村局关于建立信用信息核查应用制度的实施方案》，建立信用信息核查应用工作推进机制。按周按月按年建立信用信息台账，做好分类归集，按时将信息归集至黄石市信用信息平台和黄石市政务信息资源交换平台。

二是创建包容审慎性行政执法环境。全面推行行政执法三项制度，

---

① 咸宁农商行：《听党指挥　服务地方》，腾讯网，2024 年 11 月 26 日，https://news.qq.com/rain/a/20241126A06PTD00。
② 咸宁农商行：《听党指挥　服务地方》，腾讯网，2024 年 11 月 26 日，https://news.qq.com/rain/a/20241126A06PTD00。

制定并发布《黄石市农业农村局重大行政决策和规范性文件合法性审查办法》。根据黄石市加强法治政府建设领导小组办公室《关于印发〈关于推进包容审慎行政执法工作的实施方案〉的通知》等法律法规及相关文件，制定并发布《黄石市农业农村领域包容审慎行政执法"四张清单"》，"四张清单"分别规定了不予处罚、从轻处罚、减轻处罚、免予行政强制的事项名称、实施机关、适用条件以及法律依据，从制度上规范了行政执法行为。

三是全面落实信用承诺制度。全面推行信用承诺涉企许可、证明事项等相关工作制度和流程，制定并发布《黄石市农业农村局实行告知承诺制证明事项目录清单》，明确信用承诺、工作流程及信用监管措施等事项。鼓励和引导涉农经营主体开展主动型、自律型承诺，及时上报信用平台，并通过黄石市农业农村局网站进行公示，接受社会监督。

四是积极开展信用修复工作。黄石市农业农村局严格落实行政处罚信用修复主动告知制度，执法人员执法时将处罚决定书与信用修复告知书一并送达，并告知行政相对人失信惩戒带来的负面影响和信用修复流程等内容。同时，加大核查力度，筛选满足修复条件的企业主动联系对接并上门服务，对申请信用修复的企业及时出具证明材料并完成信用修复，尽最大努力让企业少跑路、快修复。

五是对失信对象实施联合惩戒。实施信用分级分类监管。通过"信用分级""红黑名单"等制度，实现差异化、精准化监管。对失信主体在公职人员（员工）招录（聘）及考核、评优评先、优惠性政策服务、财政资金支持、招标投标和政府采购等方面予以限制。

六是加强信用宣传，营造诚信氛围。黄石市农业农村局结合信用惩戒与信用修复机制，进一步加强对监管对象的诚信守法教育，增强从业人员的法治意识和社会责任意识，积极营造"守信者荣、失信者耻"的营商环境。

第三节 西部地区农村信用助力乡村全面振兴典型案例

本节选取内蒙古自治区包头市、巴彦淖尔市，重庆市巴南区、云阳县，四川省甘孜州、绵阳市，青海省海东市、海北州等地，分析其积极探索"信用+科技"融合、打造"信用+'三农'+金融+产业发展"模式、助力扶贫与脱贫、壮大农村集体经济发展、推进乡村全面振兴的实践经验和典型案例。

一 内蒙古自治区农村信用助力乡村全面振兴典型案例

农村牧区信用体系建设在服务牧区普惠金融发展、助力牧区振兴方面发挥了基础性、支撑性作用。内蒙古自治区包头市、巴彦淖尔市将完善牧区信用体系建设作为重点工作，建立农畜产品质量安全信用奖惩机制，创新牧区征信驿站，加强信息、信用、信贷联动，探索农牧区信用助力乡村振兴的特色路径。

（一）包头市：建立信用奖惩机制，保障农畜产品质量安全

畜牧业是关系国计民生的重要产业，在一定程度上，农畜产品质量安全事关农业高质量发展，事关全面推进乡村振兴目标的实现。为保证农畜产品质量安全，确保老百姓"舌尖上的安全"，包头市多措并举，"坚持最严谨的标准、最严格的监管、最严厉的处罚、最严肃的问责"保障农畜产品质量安全，助力现代农牧业高质量发展。

一是建立完善农畜产品质量安全监管体系。包头市先后出台《关于加快现代农牧业发展的实施意见》等政策性文件，明确、规范了对农畜产品的监管工作。建立市级农产品质量安全中心和检验检测中心，并在县、镇和基地设立监管机构，形成市、旗县区、苏木乡镇、基地四级监管检测体系。包头市农畜产品质量安全检验检测中心是内蒙古自治区首家通过"双认证"（实验室资质考核认证和计量认证）的盟市级

检测机构，也是首批农产品质量安全风险评估实验室。① 2023 年 6 月，包头市农畜产品质量安全中心顺利通过了内蒙古自治区市场监督管理局检验检测机构资质认定（CMA）和内蒙古自治区农牧厅农产品质量安全检测机构考核（CATL），成功获得"农产品质量安全检测机构考核合格证书"和"检验检测机构资质认定证书"，进一步提升了包头市农畜产品质量安全检验检测能力和农畜产品质量安全监管水平。②

二是建立农畜产品质量追溯体系。建立市、旗县区、基地三级追溯信息平台，形成从田间到市场前的全程可追溯，实现农畜产品监管追溯全覆盖。③ 截至 2021 年末，包头市 200 家企业（合作社）被纳入追溯管理，在国家追溯平台登记注册企业达到 83 家，"两品一标"认证产品达到 193 个。④

三是加大农畜产品质量安全监管力度。认真履行农产品质量安全监管责任，包头市创新实施农畜产品质量安全"五三五"工作法，即"五严抓""三紧盯""五到位"。⑤ 全力推动市、县、乡、村四级联动的农畜产品质量安全监管体系建设，做到全市 10 个旗县区、47 个涉农涉牧苏木乡镇（街道办事处、管委会）、512 个网格监管工作全覆盖。⑥加大执法检查力度，对相关企业及合作社的产地环境、生产档案、生产资料出入库记录、投入品使用记录、产品销售记录、质量控制措施、包装标识使用情况等进行监督检查。包头市农畜产品质量安全中心还定

---

① 《包头市农畜产品质量安全监管体系初步形成》，内蒙古新闻网，2016 年 2 月 24 日，https://inews. nmgnews. com. cn/system/2016/02/24/011890472. shtml。
② 《包头市农畜产品质量安全中心实验室顺利通过自治区 CMA 认证和 CATL 考核现场评审》，包头市农牧局网站，2023 年 5 月 20 日，http://nmj. baotou. gov. cn/zwdt/24989970. jhtml。
③ 《包头市农畜产品质量安全监管体系初步形成》，内蒙古新闻网，2016 年 2 月 24 日，https://inews. nmgnews. com. cn/system/2016/02/24/011890472. shtml。
④ 《包头市质量安全追溯体系有序建成》，《内蒙古日报》2022 年 2 月 10 日。
⑤ 《筑牢质量"安全线" 守护群众"舌尖安全"》，新浪财经，2024 年 10 月 17 日，https://finance. sina. com. cn/jjxw/2024-10-17/doc-incsuzhp6410505. shtml。
⑥ 《筑牢质量"安全线" 守护群众"舌尖安全"》，新浪财经，2024 年 10 月 17 日，https://finance. sina. com. cn/jjxw/2024-10-17/doc-incsuzhp6410505. shtml。

期召开安全生产专项工作会议，安排部署农畜产品质量安全生产重点工作，开展产品质量安全专项检查。

四是推进畜牧业标准化生产。制定修订农业标准化生产规程 51 项，推行"五统一"的标准化生产，强化生产环节质量安全。[①] 鼓励、支持经营主体开展"三品一标"认证。截至 2024 年 8 月，包头市新增 66 个有机产品，共计有 7 家企业的 86 个产品获得有机产品证书。[②]

五是强化技术培训，提升监管执行力。组织市、旗县区监管人员以及企业相关技术人员，针对农畜产品质量安全网格化监管、农畜产品质量安全日常监管、科学使用农药、产品抽检、检验检测理论与实操技术等内容，采取线下集中培训、线上培训、现场指导等形式进行技术服务和巡回培训。

六是积极开展诚信宣传活动。先后印制发放《推行承诺达标农产品合格证》《农产品质量安全告知书》《畜产品质量安全告知书》等宣传资料。在服务站点、生产基地等位置摆放宣传展板，张贴相关宣传图片。开展一对一指导服务，强化农牧产品生产主体责任，极大地增强了生产者的自律意识。

（二）巴彦淖尔市：创建乡村征信驿站，加强信息、信用、信贷联动

针对辖区牧区金融生态环境脆弱、信用缺失等问题，中国人民银行巴彦淖尔市分行大力推进农村牧区信用体系建设，锚定"数据采集提档升级、信用创建迈向纵深、信用成果多元应用、融资渠道日益畅通、信用环境持续优化"五项目标，紧扣农村经济主体发展需求，实现信息、信用、信贷"三联动"，成功探索出农村信用体系建设助力乡村振

---

① 《包头市农畜产品质量安全监管体系初步形成》，内蒙古新闻网，2016 年 2 月 24 日，https://inews. nmgnews. com. cn/system/2016/02/24/011890472. shtml。
② 《包头市今年新增 66 个有机产品》，内蒙古新闻网，2024 年 9 月 27 日，https://inews. nmgnews. com. cn/system/2024/09/27/030046876. shtml。

兴的特色路径，绘就乡村振兴的"信"画卷。①

一是搭建涉农大数据信用信息共享平台，推进信用信息数据归集共享。涉农经营主体信用信息分散、数据更新慢、主体覆盖不全面等问题，导致金融机构"获客难"和农村经济主体"贷款难"的双重矛盾。为从源头上缓解涉农信息采集困境，中国人民银行巴彦淖尔市分行采取试点先行、全面推进的工作方法，依托农信系统和政府搭建的平台，积极引进地方征信平台参与农牧户及新型农业经营主体信用信息的归集，畅通数据采集更新渠道，提升涉农大数据信用信息建档入库质量和效率，实现了辖区涉农经营主体信用信息、政务公共信息、融资需求等多类信息的融合共享和数据更新动态可持续。② 截至 2024 年 3 月末，巴彦淖尔市完成 6523.03 万户农牧户和 4284 户新型农业经营主体七类 65 项信息的采集入库工作，包括基本信息、经营信息、财务信息、参保信息、补贴信息等，实现了以旗县为单位对涉农信息采集、建档、更新的全覆盖。③

二是以"信用村"建设为抓手，强化融资需求对接。为推动辖区牧区信用体系建设与乡村振兴工作深度融合，中国人民银行巴彦淖尔市分行积极组织涉农金融机构全面开展信用户、信用村、信用乡（镇）评比创建，探索开发新型信用类金融支农产品和服务。截至 2024 年 3 月末，巴彦淖尔市已评定信用户 19.68 万户、信用村 393 个、信用乡（镇）26 个，信用户贷款平均利率降低 2.84 个百分点，涉农金融机构"整村授信"服务模式为农村地区提供了更加方便快捷、利率优惠的金

---

① 《人民银行巴彦淖尔市分行：深耕农村经济"信用田"》，新浪财经，2024 年 5 月 30 日，https://finance.sina.com.cn/jjxw/2024-05-30/doc-inawywqa4675144.shtml。
② 《人民银行巴彦淖尔市分行：深耕农村经济"信用田"》，新浪财经，2024 年 5 月 30 日，https://finance.sina.com.cn/jjxw/2024-05-30/doc-inawywqa4675144.shtml。
③ 《人民银行巴彦淖尔市分行：深耕农村经济"信用田"》，新浪财经，2024 年 5 月 30 日，https://finance.sina.com.cn/jjxw/2024-05-30/doc-inawywqa4675144.shtml。

融服务，真正实现了信息、信用、信贷"三联动"。[①]

三是拓展信用评定结果应用，延伸金融服务半径，提升金融服务质效。中国人民银行巴彦淖尔市分行积极整合财政、担保和再贷款等政策资源，鼓励涉农金融机构将支农贷款与评级结果挂钩，将"整村授信"与信用评定结果相结合，从增加贷款额度、降低贷款利率和加大信用贷款投放等方面加大对农户及新型农业经营主体的融资支持力度，最大限度地激活信用价值。据统计，巴彦淖尔市信用户平均贷款利率与普通农户相比降低 3.14 个百分点。在信用村试点乡镇，巴彦淖尔市将"三信"评价融入乡村文明建设，拓展评定结果使用覆盖面，推进乡风文明建设，助力乡村振兴。鼓励涉农金融机构创新金融产品供给，先后上线"金葵贷""乳源贷""兴畜贷""仓储贷""新型农业贷"等面向新型农业经营主体的纯信用产品。截至 2024 年 3 月末，巴彦淖尔市 11.06 万户农牧户和 3390 户新型农业经营主体获得 14 家涉农机构金融支持，金额分别为 132.38 亿元和 26.87 亿元。[②]

四是创建"征信驿站"，推进农村信用环境持续优化。中国人民银行巴彦淖尔市分行借助"征信驿站"创建契机，推进在牧区持续开展诚信文化教育工作，扩大信用培育服务范围。据统计，仅 2023 年巴彦淖尔市就举办各类征信活动 40 余场，覆盖 70 多个行政村约 12 万人次，辖区农村地区信用贷款不良率下降 2.94 个百分点，牧区整体信用环境得到极大改善。[③]

---

① 《人民银行巴彦淖尔市分行：深耕农村经济"信用田"》，新浪财经，2024 年 5 月 30 日，https://finance.sina.com.cn/jjxw/2024-05-30/doc-inawywqa4675144.shtml。

② 《人民银行巴彦淖尔市分行：深耕农村经济"信用田"》，新浪财经，2024 年 5 月 30 日，https://finance.sina.com.cn/jjxw/2024-05-30/doc-inawywqa4675144.shtml。

③ 《人民银行巴彦淖尔市分行：深耕农村经济"信用田"》，新浪财经，2024 年 5 月 30 日，https://finance.sina.com.cn/jjxw/2024-05-30/doc-inawywqa4675144.shtml。

二　重庆市农村信用助力乡村全面振兴典型案例

重庆市巴南区、云阳县以数字赋能"三农"信用为抓手，积极探索"信用+科技"融合，构建数字普惠金融新模式，破解农村金融难题，助推乡村产业发展。

（一）巴南区：金融科技助力风险透明化、产业绿色化、产品精准化

近年来，中国人民银行巴南分行以信用体系建设为抓手，紧紧围绕乡村振兴战略，聚焦"信用+科技"融合，不断创新信贷服务供给，推动农村地区信用环境持续优化，助力金融科技支持乡村振兴。

一是金融科技深度赋能，搭建"一站式"涉农信贷服务平台，夯实信用基础设施。针对农村地区信息不对称问题突出，以及银行贷前调查效率低、贷后管理难度大等问题，中国人民银行巴南分行从农村经济发展和农业项目生产经营实际出发，创新开发了基于互联网架构的农村信用大数据平台——"兴农通"App。该平台直连中国人民银行重庆营业管理部"1+2+N普惠金融到村"服务平台，构建了完善的贷前对接、贷中调查、贷后跟踪等核心功能，借助互联网、大数据、人工智能等科技手段，实现了数据实时更新、信用精准画像，打造了服务乡村振兴的数字基础设施。"兴农通"App实现了信用户融资线上对接、供给端线上审核，即从贷款发起、产品选择到银行放款全流程在线上完成，极大地提升了融资对接效率，降低了银行展业成本。经中国人民银行、农业农村部、工信部等七部门审核通过，该平台获评"重庆市金融科技赋能乡村振兴示范工程"。[①]

二是构建数字普惠金融新模式，助力科技赋能乡村振兴。"兴农

---

① 《人民银行巴南分行：锚定五大重点领域　提升金融服务质效》，中国人民银行重庆市分行网站，2024年1月9日，http://chongqing.pbc.gov.cn/chongqing/107665/5198017/index.html。

通"App 上线后，中国人民银行巴南中心支行将其作为一项农村金融制度供给，积极引导各金融机构依托平台创新金融产品供给。引导涉农金融机构以信用为核心，重点支持有政策支撑、有自身优势、有市场前景、有带头能人的"四有"产业和项目，全方位打造绿色示范信用村，助力乡村产业振兴。[1] 例如，重庆巴南浦发村镇银行针对巴南区天星寺镇芙蓉村"黑玉米"生态农业、"老院子"文旅康养产业，开展"整村授信"深度合作，向该村致富带头人发放贷款超 200 万元。[2] 中国农业银行巴南支行支持国家地理标志"接龙蜜柚"，以接龙镇自力村为中心辐射周边 5 个信用村，已带动上百户农户致富。[3] 重庆三峡银行巴南支行对接优荣农业公司，将公司土地使用权作为抵押物发放贷款 500 万元，这成为重庆市首笔农村集体经营性建设用地使用权抵押贷款。涉农银行依托平台组织开展农户信息建档，仅 1 天时间就完成 40 户农户建档入库，大大降低了银行信息收集成本。该平台已覆盖全区所有信用村，上线特色支农信贷产品 30 余款，累计实现贷款对接 700 余笔，发放贷款超 2 亿元。[4] 依托该平台的数据统计以及远程资产动态追踪等功能，极大地提升了银行信贷管理能力，降低了银行信贷风险，通过平台融资的涉农经济主体贷款不良率远低于平均贷款不良率。

中国人民银行巴南分行持续推动互联网技术与金融深度融合，显著提升了辖区金融服务质效，释放了数字经济新活力，助推乡村振兴。

---

[1] 《人民银行巴南中心支行推动农村信用体系建设扩面提质增效》，人民网，2022 年 12 月 11 日，http://cq.people.com.cn/n2/2022/1211/c367643-40227326.html。

[2] 《重庆巴南：以信用体系建设为抓手助推乡村振兴》，信用中国网站，2023 年 7 月 4 日，https://www.creditchina.gov.cn/chengxinwenhua/chengshichengxinwenhua/202307/t20230704_318735.html。

[3] 《人民银行巴南中心支行推动农村信用体系建设扩面提质增效》，人民网，2022 年 12 月 11 日，http://cq.people.com.cn/n2/2022/1211/c367643-40227326.html。

[4] 《重庆巴南：以信用体系建设为抓手助推乡村振兴》，信用中国网站，2023 年 7 月 4 日，https://www.creditchina.gov.cn/chengxinwenhua/chengshichengxinwenhua/202307/t20230704_318735.html。

（二）云阳县：信用画像助力信用数据治理高效化、标准化、增值化

随着乡村振兴战略的不断深入，新型农业生产体系、产业体系、经营体系等综合多元的金融需求日益增加。由于农村信用环境建设薄弱，农村金融需求难以满足。为提升金融服务"三农"能力，云阳县积极开展农户信用试点，以数字赋能"三农"信用为抓手，全面推进农村信用体系建设，为金融服务乡村振兴增效赋能。

一是构建涉农数据字典，推动"三农"场景数字化。在重庆市发展改革委和重庆市信用中心的指导下，云阳县立足"三农"业务场景，建立"政府+技术公司+银行"共建的信用工作机制，从人、事、物、产、房五个维度采集"三农"数据，在此基础上，系统梳理"三农"工作核心业务，确定具有金融价值的涉农数据字典496个。在数据字典的基础上，建立"基本信息+家庭财产+工作技能+保险+政府补贴+种植养殖+公共事业费+信用风险"八大类涉农信用数据目录，实现"三农"工作场景数字化。

二是开展动态核查清洗，确保采集数据标准化。建立"制度+技术+干部"协同模式，发挥基层干部作用，通过自研前端采集系统和重庆市"一表通"对村社原始数据进行动态采集。推动县级数据汇聚，同时对接县级政务服务数据和市级行业部门数据并定期更新，打破了部门间的信息孤岛，促进了信用信息的共享直连。目前，已归集行政许可、行政处罚、行政强制、行政检查、行政确认、公共事业缴费等17类信用信息1392万余条，累计采集医保、社保、宅基地等106项1659个字段数据资源、2266万条涉农数据，按"三农"信用数据目录进行三轮数据核查清洗，提升了数据的精准性和可用度。[①]

[①] 《云阳探索数字赋能"三农"信用，打造乡村金融服务新样板》，上游新闻网，2024年10月11日，https://www.cqcb.com/county/yunyang/yunyangxinwen/2024-10-11/5674431_pc.html。

三是建立多维评价模型，推动信用评级可视化。整合各类涉农信用信息，多维度推进农户信用评级和建档，编制《农户信用信息报告编制指南》《农户信用综合评价规范》。构建 54 个农户评价模型指标，通过 114 个农户信用数据建立农户信用数据分析模型，按照 A、B、C、D、E 五个等级按月评价，实现了对农户的精准画像。截至 2024 年 4 月，已完成全县 19 万余户数据齐全的农户信用评级工作。借助农户信用数据分析模型，中国建设银行、中国农业银行先后与重庆市发展改革委联合建模，创新打造出具备重庆辨识度的区域性金融产品"裕农快贷""惠农 e 贷"。①

云阳县打造的"信用+'三农'+金融"模式，推动"三农"融资"降利率、降门槛、减时间、减材料、增额度"，贷款年利率从之前的 4.25% 下降至 3.55%，授信额度覆盖率从不足 1% 上升至 45%，贷款申办时间从平均 10 天半缩短至 5 分钟，平均授信额度从 2200 余元增至 3.8 万余元；解决了银行对涉农融资需求"不愿贷、不敢贷"两大核心问题，助力"三农"发展提质增效。② 云阳县"信用画像助力农户融资"作为"'信易+'应用典型案例"在全国推广。2024 年 4 月，国家发展改革委到云阳县调研信用数字化助农惠农工作，并召开"统筹融资信用平台建设 全面提升'信易贷'工作水平"全国现场会。

三 四川省农村信用助力乡村全面振兴典型案例

四川省甘孜州、绵阳市将农村信用体系建设与精准扶贫、精准脱贫相结合，构建"信用+信贷+产业发展"模式，实现了扶贫工作与乡村振兴有效衔接，推动村级集体经济提质增效，以信用赋能农村经济高质量发展，助力乡村全面振兴。

---

① 《云阳探索数字赋能"三农"信用，打造乡村金融服务新样板》，上游新闻网，2024 年 10 月 11 日，https://www.cqcb.com/county/yunyang/yunyangxinwen/2024-10-11/5674431_pc.html。
② 《信用画像助力农户融资》，重庆市农业农村委员会网站，2023 年 12 月 22 日，https://nyncw.cq.gov.cn/zwxx_161/mtbb/202312/t20231222_12734574.html。

（一）甘孜州：以农村信用体系建设巩固脱贫成果

农村信用体系建设是助力乡村振兴、促进富民增收的重要一环。近年来，为服务乡村振兴，中国人民银行甘孜州分行以"农村信用体系建设"为抓手，金融支持精准扶贫取得明显成效。

一是强化顶层设计。建立"州、县、乡、村"四级联动协作机制，制定并发布《州级公共信用信息目录》《公共信用信息管理暂行办法》等文件，构建"政府主导、人行推动、信贷支持、产业扶贫带动、贫困户自我发展"的工作格局，为完善农村信用体系、助力扶贫脱贫提供了强有力的制度保障和组织保障。

二是夯实数字底座，完善信用数据体系。搭建涵盖农村信用信息数据库、中小（微）企业信用信息数据库、金融服务网、"两网三库一平台十应用"的信息服务平台；建立涵盖农户，乡、镇、村，新型农业经营主体的信用评价体系。[①]

三是创新金融产品，优化金融服务，加大金融精准扶贫支持力度。主要表现在以下几个方面。

推进"整村授信"工程，以信促贷助力金融精准扶贫。2016年以来，中国人民银行甘孜州分行将农村信用体系建设与精准扶贫、精准脱贫相结合，按照"政府主导、人行主推、多方参与、重点突破"的原则，探索推广"信用+"模式，即"信用+基层组织+贫困户""信用+产业+贫困户""信用+致富带头人（龙头企业）+贫困户""信用+集体经济（合作社）+贫困户""信用+扶贫政策、信用知识宣传+贫困户"等模式，有力地助推了脱贫攻坚工作。结合农村信用体系建设，创新推出小额扶贫信用贷、农户联保贷、惠农贷、惠农易贷等扶贫信贷产品。借助信用户、信用村、信用乡（镇）评定，探索开展新型农业经营主

---

① 《农村信用体系建设的"甘孜做法"》，中国金融新闻网，2017年11月2日，https://www.financialnews.com.cn/ncjr/focus/201711/t20171102_127046.html。

体（包括龙头企业、农民专业合作社、种植养殖大户）的信用评定工作，以"信用新型农业经营主体+农户"模式，带动更多的农牧民实现增收脱贫。

构建金融扶贫"1+7"模式，扩大金融服务覆盖面。针对全州贫困人口众多的问题，中国人民银行甘孜州分行充分发挥扶贫再贷款引导及资源汇聚作用，探索信用+扶贫再贷款+扶贫小额信贷"1+7"金融精准扶贫到村到户模式（以下简称"1+7"模式），创新金融服务，解决分散村组产业发展及贫困户持续困难问题，取得了较好的效果。"1"即将支持村确定为"扶贫再贷款支持创业扶贫示范村"，通过示范村平台，整合各项惠农金融政策，搭建金融机构、农民专业合作社、财政对接平台，围绕村产业发展规划，为支持村提供全面有效的综合金融服务。"7"即推出7项金融精准扶贫措施。具体包括：为每户农户办理一张银行卡，使其成为连接农户与惠农资金的纽带；建立一个银行卡助农取款点，推动助农取款服务与"新农保"、"新农合"、涉农补贴资金发放相结合，打通普惠金融服务"最后一公里"；评定一批信用户，对每户建档立卡贫困户开展信用评定和诚信教育；探索一种风险分担补偿机制，解决金融不敢进、不愿进的问题；发放一批扶贫小额信贷，实施扶贫小额信用贷款"整村推进"；培育一个产业，结合各村产业发展规划，通过扶贫再贷款的低成本资金，利用"信贷+专业合作社+基地+贫困户"等模式，扶持各村产业，使其成为稳定脱贫的可持续发展路径；创建一个信用村，通过信用村评定，提高贫困户及村民授信额度，不断改善当地金融生态环境，将落后村最终变为示范村。此外，在"1+7"模式的带动下，通过直接对接贫困村产业发展规划，使贫困户利用扶贫小额信贷等方式抱团发展，形成特色产业，成功解决了增收难、稳定难等一系列问题。[①]

---

① 《甘孜信用助力金融"贷"动脱贫攻坚显实效》，甘孜藏族自治州人民政府网站，2018年8月21日，https://www.gzz.gov.cn/bmdt/article/31081。

创新宣传方式，营造牧区良好的信用文化氛围。为营造良好的信用环境，中国人民银行甘孜州分行通过"马背"宣传队宣传、印制藏汉双语宣传资料、新媒体推广、典型事迹宣传报道等方式广泛开展诚信知识教育，着力扩大宣传教育覆盖面，不断提升农牧民诚信意识。

甘孜州信用助力金融"贷"动脱贫攻坚作用明显。近年来，中国邮政储蓄银行甘孜州分行在甘孜州 18 个县域共计建设信用村 246 个，其中共建信用村 150 个、普遍授信信用村 7 个；评定信用户 7081 户，其中共建评定信用户 5209 户；累计为信用村内信用户发放线上贷款2389 笔，金额 6809.55 万元。[①] 截至 2024 年 10 月末，甘孜农村商业银行累计向全辖区 1963 户新型农业经营主体发放贷款 27.78 亿元；向 9.2万户农户发放贷款 65.76 亿元，涉农贷款余额达 116.47 亿元。[②]

（二）绵阳市：以农村信用体系建设壮大集体经济

发展壮大农村集体经济，是提高乡村公共服务能力、完善乡村社会治理、推动实施乡村振兴战略、促进农民实现共同富裕目标的重要举措。近年来，绵阳市聚焦农村信用体系建设发展壮大村级集体经济，推动村级集体经济提质增效，以信用赋能农村经济高质量发展，助力乡村全面振兴。

一是夯实基础工作，建立完善政策支撑体系。通过清产核资建立绵阳市统一的农村集体经济资产信息监督管理平台，实现三级联网运行。建立县级领导干部联系村级集体经济项目制度，构建村党组织、村委会、村集体经济组织、驻村工作队"四位一体"的工作推进机制，按照"一村一档一策一项目"制定发展规划，将发展壮大村级集体经济

---

① 《邮储银行甘孜州分行以"信用体系建设"为载体全力支持大渡河流域乡村振兴》，康巴传媒，2024 年 1 月 1 日，http://www.kbcmw.com/html/xw/jjgz/96062.html。
② 《以金融高质量发展服务中国式现代化甘孜实践——甘孜农商银行成立 4 周年记》，民生网，2024 年 11 月 27 日，https://www.msweekly.com/show.html? id=163761。

纳入基层党建"四互争一流"行动中"互学"的重要内容。① 制定并发布《绵阳市村级集体经济"消薄"三年行动计划（2021—2023 年）》《关于培育壮大村集体经济的工作方案》《关于村级建制调整改革中农村集体资产清查和村级集体经济组织调整的指导意见》《关于开展合并村集体经济融合发展的通知》等文件。启动"金融甘泉促振兴行动"，按每个村不少于 100 万元的标准，向全市 1582 个村进行金融授信 50 亿元，并向其他农业经营主体授信 500 亿元。② 加大财政支持力度，根据年度贷款增量、增长幅度、存贷比等指标，对"村集体经济增收"等金融支持项目开展综合考察，并给予奖励补助。同时，对于向涉农经营主体发放的年度信用贷款中余额增量部分，由财政给予 3% 的专项补贴（最高不超过 50 万元）。

二是创新基层金融服务模式，加大金融服务供给。实施以"一片一行长、一镇一经理"为主要内容的"金融甘泉促振兴行动"。联合绵阳农村商业银行开展"金融甘泉促振兴行动"，向辖内农业产业授信 110 亿元，向 12 个乡镇级片区各选派 1 名专属行长，向 37 个乡镇街道各选派 1 名专属经理，下沉一线开展村集体经济融资、金融产品创新等服务。推广"农户+专合社+企业+农商银行"的"1+N"农业产业链融资模式，为新型农业经营主体"一户一策"制订金融服务方案，累计为 4436 户新型农业经营主体投放贷款 16.8 亿元。推进实施"整村授信"工程。中国邮政储蓄银行绵阳市分行全力推进信用村建设，累计建成信用村 1582 个，实现所有建制村全覆盖，完成信用村线上信用户授信 16964 户，授信金额达 6.8 亿元，向农业产业、新型农业经营主

---

① 《绵阳游仙：多点发力 推动村级集体经济提质增效》，腾讯网，2024 年 6 月 21 日，https://news. qq. com/rain/a/20240621A082DR00。

② 《为乡村振兴添薪助火 绵阳市夯实推进农村金融信用建设》，信用中国（四川）网站，2022 年 10 月 11 日，https://credit. sc. gov. cn/xysc/c100540/202210/734b993f8fb244238f5b5c8f25832237. shtml。

体、农村集体经济等累计投放贷款 1.2 万笔，放款金额 4.6 亿元。[1] 绵阳农村商业银行累计建立农户经济档案 18.19 万户、授信金额 90.8 亿元，实现符合授信条件农户 100% 全覆盖，累计投放小额农户贷款 234.15 亿元，小额农户贷款余额为 58.71 亿元。[2] 量身定制专属信贷产品，创新信贷融资模式。梓潼县围绕"一片区一主业一特色""一村一品"，深挖产业发展金融需求，创新助力片区产业、培育新型农业经营主体等五大业务模块，推出"农易贷、乡村振兴贷、助农振兴贷"等 10 余种专属信贷产品，向各类新型农业经营主体发放贷款 4.38 亿元，发放政银担贷款 2291 万元，向村集体经济组织及其利益关联体发放贷款 1465 万元。[3] 三台农村商业银行建立"银行+农担+村集体经济合作组织"协同发展新融资模式，支持村集体经济发展，2023 年累计投放村集体经济组织贷款 1.32 亿元，发放农户小额贷款 56748 户、76.09 亿元，依托商易贷、蜀信 e 小额农贷等支持新型农业经营主体 1032 户、贷款 7.11 亿元。[4]

绵阳市以农村信用体系建设壮大集体经济，破解村级集体经济发展难题，助推乡村振兴跑出"加速度"。

四 青海省农村信用助力乡村全面振兴典型案例

青海省海东市、海北州以信用村建设和信用户集中授信工作为抓手，创新"农村信用创建+整村授信"模式和信用惠民便企举措，大力拓展信用多维价值，为产业发展、乡村振兴提供了坚实的金融支撑。

---

[1] 《中国邮政储蓄银行绵阳市分行：金融活水来 乡村产业旺》，绵阳新闻网，2023 年 12 月 1 日，http://www.myrb.net/html/2023/news/12/370041.html。

[2] 《金融活水浇灌丰收田》，中国农村金融网，2024 年 9 月 26 日，http://www.zgncjr.com.cn/content/2024-09/26/content_11390.html。

[3] 《创新金融"甘泉贷" 乡村振兴活水来》，新浪财经，2022 年 9 月 23 日，https://finance.sina.com.cn/jjxw/2022-09-23/doc-imqqsmrp0142345.shtml。

[4] 《"金融+"赋能乡村产业振兴》，中国农村金融网，2024 年 3 月 18 日，http://www.zgncjr.com.cn/content/2024-03/18/content_9074.html。

（一）海东市：动态管理授信额度，满足实际资金需求

近年来，海东市依托"整村授信"工程，聚焦信用村建设和信用户集中授信工作，创新"农村信用创建+整村授信"模式，大力推进农村信用体系建设，推进普惠金融深入农村，为乡村产业发展和乡村振兴提供金融支撑，为增进民生福祉、实现经济社会高质量发展提供坚实支撑。

一是强化领导，完善工作机制。建立市、县（区）、乡（镇）三级农村信用体系建设工作领导小组，组织海东市金融办对县（区）农村信用体系建设工作进行全面考核。构建"政府组织、人行推动、金融机构参与、整体联动"的运行机制和"信用户""信用村""信用乡（镇）"三级信用创建网络，建立"农村信用社+商业银行+政策性银行"信用创建和评级机制。制定并发布《海东市农村信用体系建设实施方案》《海东市推进信用普惠提质升级的实施细则》《海东市信用村镇创建实施方案》《海东市信用社区创评工作指导意见》等文件，规范统一评定"三信"操作流程、评价指标、档案资料，为全市开展农村信用体系建设工作提供组织保障和制度保障。

二是大力开展"整村授信"，动态管理授信额度。不断深入探索金融服务乡村振兴新模式，中国人民银行海东市分行引导全市农村商业银行持续开展"信用县""信用乡（镇）""信用村""信用户"创建，优化农村信用环境，开展信用村"整村授信"，对农户进行多维度信用画像，精准对接农户需求，有效化解农户融资难、融资贵难题。截至2024年3月，海东市累计创建信用县5个、信用乡（镇）80个、信用村1279个、信用户22.22万户。[①]海东市5家农村商业银行累计完成1036个行政村的授信工作，贷款余额为46.2亿元，惠及涉农主体

---

① 《人民银行海东市分行扎实推进征信体系建设》，中国金融新闻网，2024年4月1日，https://www.financialnews.com.cn/qy/dfjr/202404/t20240401_290225.html。

11.92万户。① 对评选出的信用户建立信用档案和贷款台账，实行动态管理。在整村信用评价的基础上，对评定信用户一次核定最高授信额度，采取"一次核定、随用随贷、余额控制、周转使用"的管理办法。

三是依托"整村授信"，创新特色信贷产品。中国人民银行海东市分行引导辖区金融机构聚焦特色产业创新信贷产品，推出了"拉面产业振兴贷""拉面复工贷""拉面信用贷"等金融产品，满足乡村振兴多样化、多层次的金融需求，不断提升农村金融服务能力和水平。中国邮政储蓄银行循化县支行用"拉面循环贷"优化贷款期限，建立"2+2"授信模式，客户首次贷款期限满两年后，无须提供任何资料，即可在线上自主申请延续两年；化隆农村商业银行打造首家"拉面产业综合金融服务中心"，下调拉面贷利率至4.55%，较同类产品下浮3.71个百分点；循化农村商业银行量身定制"拉面贷款创业备用金"信贷产品，为店铺合伙人联合增信，最大限度地满足拉面经营户的资金需求。②此外，互助农村商业银行推出"七彩易贷"；海东农村商业银行针对辖区产业特点推出"高原牦牛贷""商户创业贷"；民和农村商业银行推出"惠商贷""创业贷"。③

（二）海北州：多元主体协同发展，拓展信用多维价值

农村牧区大多分布于偏远地带，在一定程度上限制了信用体系的发展。完善的信用体系是提升牧区金融服务水平的重要保障，伴随牧区市场经济的发展变得日益重要。近年来，海北州高度重视牧区信用体系建设，部门协同联动发力，夯实信用基础，创新信用惠民便企举措，农牧户信用意识得到显著提升，牧区信用环境明显改善。

---

① 《青海海东："整村授信"助力乡村振兴》，中国金融新闻网，2023年8月26日，https://www.financialnews.com.cn/qy/dfjr/202308/t20230826_277647.html。

② 《青海海东：拉面店重起炉灶 "拉面贷"风生水起》，新浪财经，2023年5月30日，https://finance.sina.com.cn/jjxw/2023-05-30/doc-imyvpqee7574669.shtml。

③ 《青海海东："整村授信"助力乡村振兴》，中国金融新闻网，2023年8月26日，https://finance.sina.com.cn/jjxw/2023-08-26/doc-imzippaz4336237.shtml。

一是构建多方联动协调机制，完善工作保障体系。为加强农村信用体系建设，海北州成立了1个州级、4个县级、29个乡（镇）级领导小组，形成了州、县、乡（镇）、村四级的"四位一体"工作领导机制，制定并发布《海北州关于在"信用县"实施金融优惠政策的指导意见》《海北州村级信用体系建设工作实施方案》，创新"一县一特色"农村信用体系建设模式。中国人民银行海北州分行联合州政府、州财政局等多部门推动《推进海北州普惠金融综合示范区升级发展实施方案》《海北州民营和小微企业信贷风险补偿基金管理办法》《金融服务乡村振兴海北行动方案》等多项"1+N"工作机制落地，指导金融机构与海北州政府签订乡村振兴战略合作协议，推动政银通力协作。

二是推进信用信息数据归集共享，夯实信用评定基础。建立金融村官与村委行长相结合的"双基联动"机制；构建农牧户信用信息数据库暨"惠农服务平台"，借助数字技术，通过进村入户、摸底调查、自主申报、数据共享合作、数据接口对接等方式提升信用信息平台建档入库质量和效率，拓展信息采集维度和深度；建立完善的信用信息更新机制，确保农牧户征信信息采集的"全""准""快""新"；建立统一评价标准，在对传统农牧户信用评级工作的基础上，针对辖区能人大户、农牧民专业合作社等新型农业经营主体制定出台《农村信用体系建设信用户、村、乡（镇）、县、新型农业经营主体、其他主体信用评定管理办法》，明确各类经营主体信用评定工作内容，构建新型农业经营主体"三维信用画像"。

三是推行"信用+"应用场景，推动信用"变现"。海北州以信用创评为基础，对农村各类信用主体实施贷款优先、利率优惠、额度放宽、期限延长、手续简便的多项优惠政策，帮助农牧民获得信贷支持，以信用享受政策优惠。借助集合信用户、信用企业和信用新型农业经营主体的一村和多村两类信用共同体，以及"信用户+农户联保+信用专业合作社"等多种信用建设模式，海北州各县形成了以村带户、以强扶弱的乡村产业发展方式，有效盘活了村级集体经济，以农村经营组织发展带动乡村产业兴旺。其中，海晏县59名能人大户建立了农户跟着能人走、能人跟着产业项目走、产业项目跟着市场走的"三跟三走"模式，带动223户农户人均增收2100元以上，为206户脱贫户发放奖励性分红资金93.8万元。信用评定已成为牧区自发的道德达标考试，农牧民信用意识普遍得到提升，实现了从"要我还贷"到"我要还贷"的积极转变，社会诚信文化渐入人心（张一帆，2024）。

四是开展"三信"认定工作，推动"信用"转"信贷"。截至2024年2月，信用乡（镇）评定率达93.34%，信用村评定率达96.73%，信用农户评定率达84.31%，中小企业信用建档率达56.87%，成功打造3个省级信用县、1个州级信用县，有效提升了牧区基础金融服务可得性。①其中，海北州门源县共评定新型农业经营主体567户、信用村109个、信用乡（镇）12个，覆盖率达100%；信用户共计29301户，授信金额为17.61亿元，农牧户信用评定覆盖率达到85.48%；累计发放"530脱贫小额信用贷款"13733户4.36亿元，余额为1532户6721.02万元；累计发放产业脱贫贷款22210万元，带动脱贫户2493户9345人，余额为12户4128万元；不良贷款率为1.63%，较上年同期下降0.11个百分点。②

第四节　东北地区农村信用助力乡村全面振兴典型案例

本节选取黑龙江省牡丹江市、鹤岗市，吉林省白城市、延边朝鲜族自治州，辽宁省辽阳市、大连市等地区，分析其在推进乡村全面振兴过

---

① 《人民银行海北州分行："六项举措"推动普惠金融高质量发展》，新浪财经，2024年2月19日，https://finance.sina.com.cn/jjxw/2024-02-19/doc-inaiqnmh5228267.shtml。
② 《门源县：成功创评青海省"省级信用县"》，海北新闻网，2024年1月3日，http://www.haibeinews.com/system/2024/01/03/030143672.shtml。

程中，积极探索创新农村信用体系建设路径，有效化解农户融资难、融资贵问题，提升乡村治理能力，探索信用助力乡村高质量发展路径的实践经验和典型案例。

一 黑龙江省农村信用助力乡村全面振兴典型案例

牡丹江市通过"三精"模式有效解决农户金融供需不平衡、不充分问题，提升农村金融服务的覆盖率和可得性；鹤岗市以信用监管为突破口，探索"信用+智慧监管"模式，提升了信用监管的规范化、精准化、智能化水平，助力乡村全面振兴的实现。

（一）牡丹江市：创新授信广、信贷足、氛围好的农村信用"三精"模式

"整村授信"作为农村信用体系建设的关键措施，是惠及千家万户的"民心工程"。近年来，中国人民银行牡丹江市分行以推进"整村授信"为抓手，探索创新农村信用体系建设的有效路径，通过"三精"模式改善农村信用环境，有效破解农户"贷款难""贷款慢""贷款贵"问题，助力当地乡村振兴和实现共同富裕。

一是精准评级。中国人民银行牡丹江市分行制定并发布《整村授信支持乡村振兴工作实施方案》，积极引导辖区金融机构与乡政府、村两委对接，以党员带队的征信服务队进村开展农户信息采集。依靠互联网、大数据等科技手段赋能整村授信，利用电子系统线上采集、存储、分析农户信息，全面掌握农户基本情况，确保采集数据全面精准，提升了信息采集的工作质效。根据农业经营主体贷款金额小、经营稳定的特点，采取"背靠背"评议，制定"白名单"，强化整村授信落地的实际效果，有效解决了农户信用评价中信息不对称、授信梗阻问题。通过精准评级，有效解决了农户金融供需不平衡、不充分问题。

二是精准授信。坚持科技赋能，充分开发手机银行线上信贷产品，实现业务受理、审查审批、贷款支用的全流程数字化操作，农户用信可

以自主操作、随借随还、循环使用，解决了无有效抵押物的融资难题，提高了农户使用小额信贷的便利性和可获得性，提升了金融服务的覆盖率和可得性。例如，中国建设银行牡丹江市分行积极运用金融科技工具，广泛对接外部涉农数据，构建差异化信用评价模型并进行评分授信，相继推出"农户信用快贷"和"垦区快贷"等线上产品，有效解决了特色产业种植户资金短缺难题。[①] 中国邮政储蓄银行牡丹江市分行围绕牡丹江市农业农村局发布的"一村一品"示范村镇名单，通过"党建+信用村""移动展业+信用村""特色产品+信用村"等多种模式，建成信用村549个，评定新用户16290户，推出线上信用户贷款，开辟信贷全流程"绿色通道"，实现信贷资金当日申请、当日放贷。[②] 截至2024年5月末，林口县柳树镇已创建信用户344户，贷款授信123户，授信金额1714万元。[③] 通过精准授信，有效解决了农户担保难、抵押难问题。

三是精准匹配政策。中国邮政储蓄银行牡丹江市分行以整村授信为重要抓手，针对区域特色细分优势产业，创新特色化金融服务，量身定做产业贷金融产品，截至2024年5月末，共发放产业链贷款2019笔、金额3.66亿元；积极推广线上"极速贷"，该信贷产品当天申请、当天放款，农民足不出户就能享受到贷款便利。中国邮政储蓄银行宁安市支行在前期调研的基础上将光明村建成信用村，进行整村授信，助力村民扩大种植规模，带动了马铃薯种植产业的发展。通过精准匹配政策，有效解决了农户贷款手续多、成本高的问题。

"三精"模式有效实现了农户授信覆盖面、信用贷款支持占比的

---

① 《中国建设银行牡丹江分行为牡丹江市高质量发展贡献金融力量》，"人民资讯"百家号，2022年4月17日，https://baijiahao.baidu.com/s? id=1730357025592907114&wfr=spider&for=pc。

② 《邮储银行牡丹江市分行：金融助力绘就农村特色产业新图景》，新华网，2024年7月1日，http://www.hlj.xinhuanet.com/20240701/a57c115617cb46128879af60126c5746/c.html。

③ 《邮储银行牡丹江市分行：金融助力绘就农村特色产业新图景》，新华网，2024年7月1日，http://www.hlj.xinhuanet.com/20240701/a57c115617cb46128879af60126c5746/c.html。

"双提升"，扩大了普惠金融覆盖面，通过信用村、信用户评定，更多农村经济主体主动守信，形成了良好的信用环境，有力地推动了牡丹江市农村信用体系建设。截至 2023 年 1 月，中国人民银行牡丹江市分行指导辖区金融机构共评出 200 个信用村，为近 3.5 万户农户建立了信用信息档案，为 2 万户符合授信条件的农户开展了评级授信，授信总额近30 亿元，授信率达 100%。[①]

（二）鹤岗市：创新"信用＋智慧监管"模式，实现全流程动态监管

鹤岗市林业和草原局以信用监管为突破口，创新监管方式，探索建立"信用＋智慧监管"模式，全面提升信用监管精准化、效能化水平。

一是实行"清单+告知+承诺"。鹤岗市林业和草原局深入推进"信用审批"改革，不断更新信用理念、信用制度和信用服务，按照直接取消审批、审批改为备案、实行告知承诺、优化审批服务四种方式对相应企业办理经营许可业务实施分类管理，按照"谁审批、谁监管，谁主管、谁监管"的原则，明确监管标准、监管方式和监管措施，健全"双告知、双反馈、双跟踪、双随机、双评估、双公示"的协同监管机制。通过执行告知承诺制、签订信用承诺书等措施，精简到申请人仅需提供申请表及信用承诺书即可办理相关经营许可事项，大大降低了办理难度，同时通过一次性告知，使办事人"零跑腿"。建立检查事项清单。其中，联合抽查 1 项，内部抽查 2 项，监管事项 3 项。

二是推行"互联网+政务服务"。鹤岗市林业和草原局通过优化办事流程，推行涉企经营许可事项从申请、受理到审核、发证全流程"一网通办""最多跑一次"，让企业更加便捷地办理各类许可业务。

[①] 《黑龙江牡丹江信用赋能　助力桑蚕产业发展》，中国人民银行网站，2023 年 2 月 15 日，http://www.pbc.gov.cn/goutongjiaoliu/113456/113475/4794404/index.html。

三是强化信用分级分类监管。鹤岗市林业和草原局多措并举推进信用分级分类监管，推进信用风险分类与差异化监管深度融合，不断提升信用监管能力和水平。鹤岗市林业和草原局以"互联网+监管"中的"双随机、一公开"监管为基本手段，以 B 级企业为重点监管对象，组织检疫员对随机抽取的 12 家种苗、花卉繁育单位按照《林业植物产地检疫技术规程》《产地检疫合格证》等制度规定进行苗木产地检疫。相关检查企业中信用评价 A 级企业有 9 家，B 级企业有 3 家。在产地检疫过程中，对苗木检查合格的企业发放"苗木产地检疫合格证"，对苗木检查不合格的企业不予出圃并签发"检疫处理通知单"，责令其进行除害处理，同时向企业宣传植物检疫的必要性、病虫害防治措施及相关法律法规。加强"互联网+监管"平台建设及维护，将检查结果全部录入黑龙江省"互联网+监管"系统中。①

鹤岗市林业和草原局通过构建信用分类分级评价指标体系，开展信用监管业务协同应用，不断探索信用监管与"互联网+监管"融合路径，以数字化手段助力提升信用监管规范化、精准化、智能化水平。

二 吉林省农村信用助力乡村全面振兴典型案例

白城市构建以"德治"建设为导向的基层社会治理和精神文明创建新格局，走出乡风文明和基层治理新路径；延边朝鲜族自治州创新"信用+农村金融"供应链综合服务模式，借助信用赋能农村金融，保障国家粮食安全，助力乡村振兴。

（一）白城市：信用制度建设先行，树立乡风文明新风尚

积极推动基层治理方式转变，发挥信用对乡村治理的促进作用。白城市高度重视社会信用体系建设，创新"小积分"激活"大德治"村

---

① 《鹤岗市林业和草原局：双"管"齐下，信用监管与"互联网+监管"融合创新提升政府监管效能》，信用中国（黑龙江鹤岗）网站，2023 年 7 月 12 日，https://credit.hegang.gov.cn/572/4518.html。

民自治方法路径，推广"德治建设+积分奖励"工作模式，构建以"德治"建设为导向的基层社会治理和精神文明创建新格局，走出乡风文明和基层治理新路径。

一是党建引领践行积分制，开创乡村治理新模式。积极推动"小积分"激活"大德治"体系建设工作，白城市因地制宜、一村一策推行"德治建设+积分奖励"工作模式。从顶层设计与基层规范落实上着手，形成上下联动、城乡互动、村民主动的基层治理工作机制。成立专门的"德治积分体系管理办公室"，每个乡镇派驻一名新时代文明实践专职工作者，配合乡镇、服务各村，全力抓好"小积分"激活"大德治"体系建设工作；印发《全面推行"小积分"激活"大德治"体系建设实施方案》，明确工作开展的原则、标准及目标成效；鼓励各村采取"固定评委+流动评委"模式，组建赋分小组；开发"小积分"激活"大德治"数字化管理平台，实现后台赋分、前台兑换以及活动开展的实时管理，实现积分兑换"T+1"资金到账。

二是精心制定积分细则，筑牢乡村治理新根基。组建《村规民约》修订小组，多方征询意见后修改《村规民约》《村规民约加减分细则》，经村民代表大会表决同意后实施。对环境卫生、公序良俗、职业道德、家庭美德、个人品德、中心工作6大项58小项内容进行细化量化，合理设计加减分项目，形成《村规民约加减分细则》。[1] 由驻村干部牵头成立"考评小组"进行定期和不定期抽查，为村民评比赋分，由村监委成员和"五老"人员组成监督组，监督考评小组的工作开展情况，检查考评成效。[2] 设计统一的积分卡，原则上按照1分1元的标准进行

---

[1] 《"文明"换积分 积分换实物 全县一卡通——通榆首创"小积分"激活"大德治"体系成全省样板》，新浪财经，2023年10月25日，http://jilin.china.com.cn/2023-10/25/content_42566683.html。

[2] 《"文明"换积分 积分换实物 全县一卡通——通榆首创"小积分"激活"大德治"体系成全省样板》，新浪财经，2023年10月25日，http://jilin.china.com.cn/2023-10/25/content_42566683.html。

赋分，各行政村用于积分体系建设的资金一般不低于当年村集体收入的20%，依据村集体收入实际情况可以提高或降低赋分标准。只要有符合《村规民约》要求的行为或是参加村里组织的义务活动，就能得到相应的积分。此外，子女升学、保家卫国、尊老爱幼、打扫公共区域卫生等行为都可以获取"文明积分"。

三是积分兑换激发自治热情，引领乡村治理新风尚。村民获得的积分可以在各个乡镇"签约商家"处兑换物品，1个积分可兑换1元钱物品。获得的积分越多，得到的优惠越大，大大提升了村民的幸福感和参与积极性。村集体每年拿出收入的20%，作为积分兑换奖励物品的保障资金，这些资金最终成为农民手里的米、面、油等生活用品。

白城市推行的"小积分"激活"大德治"体系建设，引导村民树立正确的价值观和形成良好的行为习惯，推动自治、德治、法治融合发展，助力乡村社会文明提升，进而推动乡村全面振兴。

（二）延边朝鲜族自治州：精细化信用服务，筑牢粮食安全屏障

吉林省延边朝鲜族自治州聚焦粮食安全，以农村信用体系建设为抓手，在持续开展"土地收益保证贷款"业务的基础上，创新"信用+农村金融"供应链综合服务模式，借助信用赋能农村金融，保障了国家粮食安全，助力乡村振兴。

一是搭建农村金融供应链综合服务平台。推动涉农主体信用体系监管精准化，设置市（县）、乡（镇）、村（屯）三级金融服务工作站，对辖区内涉农主体信息进行采集与评定，强化信息共享、推广宣传、涉农融资服务等功能，提供专业化、低成本、更便捷的多样化融资服务，有效降低时间成本，减少前置审批流程。以金融服务站为基础，推进与"农金综服平台"和吉林省农业融资担保有限公司基层业务有机结合，构建"农金综服平台—农担基层业务—金融服务站"一体化信用金融模式，实现基层涉农融资业务网络全覆盖，有

效促进金融服务与"三农"需求对接，切实解决了农民贷款难、融资难的问题。进一步将"农金信用综服"一体化平台对接金融、保险、自然资源、农业农村以及电商等数据，大幅提升了农业产业扶持能力。

二是打通新型农业经营主体的信用融资渠道。通过建立全面的信用评定体系，采集了大量新型农业经营主体的注册和信用信息。基于收集的信用信息，制定了多项扶持政策，如贷款贴息、免担保信用贷款等，显著降低了新型农业经营主体的融资成本。自2023年以来，超过300家农业经营主体获得6.34亿元贷款支持，贷款余额同比增长43.92%。[①] 尤其是优质经营主体，享受到了低利率、免担保的优惠贷款条件。

三是健全农村金融机构监管机制。建立各环节中平台用户账户社会信用管控体系，有助于金融机构有效把控资金流向，增强风险管控能力，降低资金回收风险。通过信息采集工作建立平台大数据库，结合平台历年社会信用记录形成平台社会信用评价体系，进一步推动了农村信用体系建设。

延边朝鲜族自治州创新"信用+农村金融"供应链综合服务模式实施以来，累计办理涉农贷款44笔，总金额达2754万元；归集涉农主体信用数据，涉及人口10150人；办理信用贷款310笔，共计10070万元。[②] "信用+农村金融"供应链综合服务模式有效解决了吉林省延边朝鲜族自治州农村金融服务供给不足问题，提升了当地农村信用体系建设水平，进而对推动社会信用体系建设、保障国家粮食安全、助力乡村振兴起到了重要的支撑作用。

---

① 《延边州完善信用体系建设 助力新型农业经营主体健康发展》，延边朝鲜族自治州人民政府网站，http://www.yanbian.gov.cn/zw/ybyw/202401/t20240105_447843.html。
② 《吉林延边：以精细化金融信用服务助力乡村振兴》，新华网，2024年1月30日，http://www.xinhuanet.com/expo/20240130/4b73bacf7ca84a8d915394b29e43ce9a/c.html。

三 辽宁省农村信用助力乡村全面振兴典型案例

辽宁省辽阳市、大连市聚焦农村产业振兴，实施农村信用体系提升工程，探索"农村信用+数字乡村"路径，深耕"村社户企店"五大客群，打造信用赋能乡村振兴新引擎。

(一) 辽阳市：瞄准"村社户企店"五大客群，全力支持特色产业发展

为加快农村信用体系建设，充分发挥金融助力乡村振兴作用，中国邮政储蓄银行辽阳市分行在辽阳市发展改革委、中国人民银行辽阳市分行的指导下，聚焦农村产业振兴，深入乡村推进信用户、信用村、信用乡（镇）建设，以信用创建发掘特色产业，以创新服务支持特色产业，有效解决了农户"贷款难""贷款慢""贷款贵"的问题，探索出一条金融助力乡村高质量发展的振兴之路。

一是创新"信用村+大数据"的主动授信服务模式。中国邮政储蓄银行辽阳市分行联合各级镇政府、村委会，进村入户宣传银行的乡村振兴相关金融政策，借助金融科技赋能实时采集关键信息，积极对接外部"三农"数据，丰富农户数据维度，为农户精准画像，实现系统自动评分、分级和预授信等功能，构建了中国邮政储蓄银行农户信息大数据平台。通过"线上+线下""人工+科技""银行+政府"等方式，积极建设信用乡（镇）、信用村，评定信用户，为农户普遍授信，并通过"一次核定、随用随贷"向农户提供小额信用贷款。截至2023年末，中国邮政储蓄银行辽阳市分行已完成信用户评定8336户、信用村评定398个、信用乡（镇）评定3个，累计发放信用户贷款2.85亿元。其中，线上信用贷款实现年投放1.61亿元。[①]

---

① 《辽宁辽阳：信用建设"贷"动乡村特色产业发展》，信用中国（辽宁）网站，2024年1月18日，https://xyln.ln.gov.cn/311.news.detail.dhtml? news_id=181130。

二是创新增信与风险分担机制。中国邮政储蓄银行辽阳市分行深化与当地农业农村部门、辽宁省农业信贷融资担保有限责任公司合作，建立"政府+金融机构+担保机构"风险共担机制，加大涉农贷款与个人涉农创业担保贷款的投放力度。通过辽宁省农业信贷融资担保有限责任公司解决农户担保难问题，年投放农业信贷担保合作贷款超 1 亿元。

三是聚焦重点客群创新信贷产品，助推特色产业发展。中国邮政储蓄银行辽阳市分行在信用村创建过程中依托当地资源，努力打造"一村一品""一镇一品"特色品牌，全力推进强村富民，助力乡村振兴。通过发展产业贷产品，聚焦肉牛、肉羊、葡萄、南国梨、榛子、食用菌、淡水鱼等特色产业开展精准营销，同时积极打造辽阳小北河织袜等信用乡（镇）项目。截至 2023 年末，中国邮政储蓄银行辽阳市分行已在辖区县域助力打造出 13 个特色产业，特色产业贷款实现年投放 3.07 亿元。[①] 围绕"一县一业""一县多业"，中国邮政储蓄银行辽阳市分行聚焦特色产业和农村消费市场，以数字化转型为主线，深耕"村社户企店"五大客群，积极推动重点涉农龙头企业客户合作，大力支持农业产业化龙头企业发展。通过深入探索"补环强链""1+N"综合服务模式，2023 年为辽宁鑫金家禽养殖有限公司新增 5000 万元公司授信，投放公司贷款 6300 万元。通过产业链营销，开发龙头企业上下游客户，成功实现蛋鸭养殖户贷款投放 1000 万元。[②]

（二）大连市：探索"农村信用+数字乡村"路径，全力挖掘数据要素潜能

农村信用体系建设是提升乡村治理能力、完善乡村治理体系以及金融赋能乡村振兴的有效手段。大连市实施农村信用体系提升工程以

[①] 《辽宁辽阳：信用建设"贷"动乡村特色产业发展》，信用中国（辽宁）网站，2024 年 1 月 18 日，https：//xyln. ln. gov. cn/311. news. detail. dhtml？news_id=181130。

[②] 《辽宁辽阳：信用建设"贷"动乡村特色产业发展》，信用中国（辽宁）网站，2024 年 1 月 18 日，https：//xyln. ln. gov. cn/311. news. detail. dhtml？news_id=181130。

来，在中国人民银行大连市分行的指导下，强化金融、征信和乡村振兴同频共振，通过"信用村+金融产品+数字乡村"模式，打造征信赋能乡村振兴新引擎，有效化解农户融资难、融资贵问题，创新"三农"领域征信促融资、助力乡村发展路径。

一是加强农村信用体系建设，筑牢农村信用根基。中国人民银行大连市分行指导辖区金融机构大力开展农村信用宣传，通过举办"征信知识进乡村"活动，以通俗易懂的语言向村民讲解如何查询和使用征信，营造了"学征信、用征信、讲诚信"的良好氛围。积极推进农户信用档案建设和信用户评定工作，进一步增强农户信用意识，支持金融机构通过"整村授信"模式加强对信用村的信贷支持，让辖内农户获得及时有效的金融服务。鼓励辖区金融机构积极探索信用贷款模式，在让村民享受普惠金融的同时，营造"信用有价、守信受益"的文明新风尚。截至 2024 年 4 月，大连市完成整村授信涉农行政村全覆盖工作目标，覆盖全部 770 个涉农行政村，累计采集农户信用信息 24.4 万户，授信 55.7 亿元，发放贷款 14.4 亿元，支持农户 1.2 万户，其中使用支农再贷款报销金额 5.6 亿元；累计评定"信用户"2 万户，创建"信用村"474 个，为获评"信用村"农户发放贷款 8.1 亿元；累计升级建成"农村普惠金融综合服务站"220 个，发行乡村振兴主题卡 14.7 万张，拓展农村移动支付商户 2 万余户。①

二是创新农村金融产品供给，助力农村普惠金融发展。聚焦地方特色产品发展，创新特色产品贷。中国农业银行大连市分行立足区域特色产业，首创"整村授信+惠农 e 贷"投放模式，围绕"一地区一产业一方案"服务模式，先后创新金穗樱桃贷、防雨棚贷、渔船贷、草莓贷、葡萄贷、花生贷、牡蛎贷等区域特色产品，2023 年带动投放农户贷款 9.59 亿元，对"都市农业""现代农业"的支持不断加力加速，助推

---

① 《人民银行大连市分行组织召开金融支持乡村振兴工作会议》，中国金融新闻网，2024 年 4 月 22 日，https://www.financialnews.com.cn/qy/dfjr/202404/t20240422_291356.html。

地区特色产业高质量发展。① 为解决地区养牛户融资难题，在中国人民银行大连市分行的支持下，中国农业银行大连市分行依托动产融资统一登记公示系统，创新推出数字化信贷产品——"智慧畜牧贷"，在庄河市栗子房镇实现首笔发放。该产品以活体抵押做担保，通过为牛佩戴智能耳标，实现抵押物实时监测、自动盘点、发送预警等功能，在解决养殖户融资难题的基础上，提高对牧场的管理质量。

三是深耕数字乡村建设，打造农村金融新业态。为进一步做好农村金融服务，助推数字乡村建设，助力乡村治理能力提升，中国农业银行大连市分行积极探索以金融科技助推农村集体产权制度改革和新型农村集体经济健康发展的有效路径。推出服务农村产权改革、农村集体经济组织的三资管理平台并实现了全域覆盖，推进了数字乡村建设。该平台借助数字化的方式为农村集体资产清产核资、统计查询、会计电算化、资金使用及监管、农村产权交易、村集体自治、基层党建等工作提供了管理工具，同时对接工商、社保、户籍、审计、监察等系统，成为数字乡村建设的有机组成部分，为基层村镇政府及百姓提供了便利的金融服务。积极开展数字人民币乡村试点，提升金融科技赋能农村金融服务水平。中国农业银行大连市分行在庄河市徐岭镇复兴村开展数字人民币示范村建设试点，探索打造更多具有区域特色和引领示范效应的数字人民币场景。截至 2023 年 5 月，已开通 613 户个人数币钱包，打造 22 个数币消费场景，为村民开立掌银近 600 户，办理信用卡335 张。②

---

① 《大连召开 2024 年度普惠金融工作会议》，中国银行保险报网，2024 年 4 月 1 日，http://www.cbimc.cn/content/2024-04/01/content_513051.html。
② 《征信赋能乡村振兴，谱写三农新篇章》，网易，2023 年 6 月 14 日，https://www.163.com/dy/article/I76JUA1B05346936.html。

第六章

农村信用发展与乡村振兴的国际比较

农村信用发展与乡村振兴是全球面临的共同挑战，不同国家根据自身特点采取了多样化的发展路径。美国、德国、法国、日本、韩国和印度等国家通过构建坚实的法律框架、推动金融服务创新和加强国际合作，有效地提高了农村金融服务的覆盖率和效率，促进了农村经济的多元化和农业产业的现代化。本章将深入分析这些国家在农村信用体系建设方面的经验，为中国推动乡村振兴、提升农村金融服务的质量和效率提供参考借鉴。

第一节　美国农村信用发展与乡村振兴

当今世界，农业的可持续发展已成为全球关注的焦点，农村信用体系在其中扮演着至关重要的角色。美国乡村振兴的成功在很大程度上归功于其成熟而高效的农村信用体系。本节将深入分析美国通过农村信用体系的构建和优化，促进农村经济繁荣和农业现代化的做法，从中提炼对中国乡村振兴和农村金融改革具有借鉴意义的经验和启示。

一　美国农村信用发展分析

深入了解美国农村信用体系的复杂性，是理解其农业和农村发展的关键。本小节主要分析美国多元市场机构的合作和既灵活又强大的农村金融服务架构，详细讨论这些金融机构，以及美国农业信用管理局在其中扮演的监管角色。

（一）美国农业信用管理局领导下多元市场机构协同的农村金融体系

美国农村金融体系的优势在于其多元市场机构间的协同合作，使得金融资源能够灵活配置，满足不同农户、农业企业和社区的资金需求（龚映梅、张蕾，2017）。

通过协作建立的农村金融体系，不仅为农业和农村经济发展提供了强有力的金融支持，还促进了农业现代化与乡村振兴，成为美国农业发展稳步推进的重要支柱。

该体系汇集了不同类型的金融机构，包括商业性金融机构、合作性金融机构、政策性金融机构、农业保险机构和社区性金融机构等。这些机构通过紧密协作，形成了一个相互补充、全面覆盖的金融服务结构网络。具体结构如图 6-1 所示。

1. **商业性金融机构**

商业性金融机构以联邦储备系统和商业银行为核心，构成了美国农村金融体系的基础。这些机构提供中短期贷款，满足了农村地区日常运营和季节性资金需求。商业银行注重盈利，确保资本流动性，通过严格的风险管理为农业和农村经济提供必要的流动资金。

2. **合作性金融机构**

美国农村金融体系的互助合作精神，体现在联邦土地银行、联邦中期信贷银行以及合作社银行中。这些机构主要通过提供长期贷款和中短期农业贷款，支持农场主和其他涉农生产者的长期投资与运营。由于

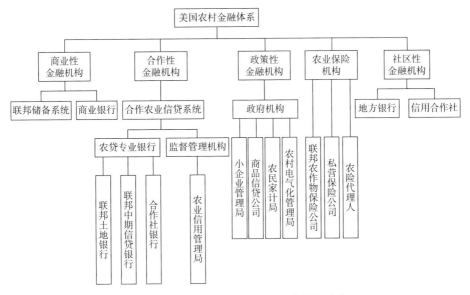

图 6-1　多元市场机构协同的美国农村金融体系

其非营利性质和服务社员的宗旨，因而能够提供更加宽松的贷款条件，满足农村地区对长期资本的需求。

3. 政策性金融机构

政策性金融机构由小企业管理局、商品信贷公司、农民家计局和农村电气化管理局组成，在美国农村金融体系中扮演了关键角色。通过提供信贷资金和金融服务，支持国家宏观农业政策和农村建设规划的实施。其主要任务是为农村地区提供基础设施建设、农业发展和小型企业发展的资金支持，推动政府政策落地。

4. 农业保险机构

农业保险机构由联邦农作物保险公司、私营保险公司及农险代理人组成，主要提供全面的农业生产风险保障。政府通过给予经营管理费和保险补贴等措施支持农业保险机构的稳定运行，帮助农民降低生产风险。

5. 社区性金融机构

社区性金融机构主要包括地方银行和信用合作社，服务于社区内的所有农村居民。其资金来源于社区居民的储蓄存款，为社区居民提供更加灵活、普惠的金融服务。这些机构不仅促进了农村经济的增长，还有效缩小了城乡差距。

6. 农业信用管理局

美国农业信用管理局（FCA）在多元市场体系中扮演着至关重要的监管角色。FCA的主要职责是确保农村金融体系稳健运营、维护社员利益、促进公平竞争（王树礼、丛柳，2018）。通过监管联邦注册的信用联盟，确保其遵守法规，运营国家信用联盟股份保险基金（NCUSIF），为社员存款提供联邦保险。FCA的监管框架包括资本充足性、资产质量、管理能力、盈利能力、流动性和市场风险等方面。FCA还为金融机构提供技术支持，帮助其提高管理水平和风险管控能力。

多元市场机构的协同合作机制是美国农村金融体系的核心。商业性金融机构、合作性金融机构、政策性金融机构、农业保险机构和社区性金融机构之间的紧密配合，确保了各类金融服务能够全面覆盖、精准对接农村的多样化需求。商业性金融机构与合作性金融机构的合作确保了短期与长期资金的高效流动；政策性金融机构则通过提供专项支持落实政府宏观调控目标；农业保险机构为农民提供风险保障，增强了农业生产的韧性；社区性金融机构专注于为本地居民提供服务，进一步推动了农村经济的稳步增长。

（二）政府监管与行业监管并重的农村信用监管制度

美国在乡村振兴和信用发展中展现了政府监管与行业自律相结合的有效模式。政府通过立法确立了农村金融的法律基础，如《农业信贷法》《农业保险法》，这些法律不仅为农村金融活动提供了明确的指导，还强化了金融体系的稳定性和预测性（尹庆伟、田倩，2015）。政策性金融机构，如农民家计局，在政府的严格监管下运作，以确保农业金融政策的执行和农业发展资金需求得到满足。政府的财政支持和税收优惠政策为农村金融机构提供了必要资金，农业信用管理局等监管机构确保了金融资源高效、准确地服务于农业和农村的发展。

在行业监管方面，美国的合作性金融机构展现了自我管理和风险自担的能力。这些合作性金融机构在农业信用管理局的监督下运作，确保了农村资金的有效利用。在农业保险领域，私营保险公司与联邦农作物保险公司合作，遵循行业规定，实现了行业自律，不仅提高了农业保险的覆盖率，也增强了涉农生产者面对自然灾害时的风险管理能力。此外，美国农村金融与金融市场的紧密结合，为乡村信贷提供了大量资金，这种市场运作的监管模式，促进了金融服务的创新和多样性，同时也提高了金融服务的效率。

美国政府监管与行业监管的结合，不仅为农村金融提供了坚实的政策和法律支持，还通过自我管理和市场机制，提高了金融服务的效率和适应性。这种监管模式有效地促进了美国农业的现代化，为农村经济的全面发展提供了动力。美国的经验表明，一个多元化、复合型的农村金融服务体系，在保障金融稳定性的同时，能够满足农业和农村发展的多样化需求。通过这种精细的监管体系，美国成功地将金融资源转化为农村发展的动力，为全球乡村振兴提供了宝贵的经验。这种政府与行业力量相结合的监管模式，不仅促进了美国农业的现代化，也为全球乡村振兴提供了可行的路径。

（三）多层级、宽领域、系统性的农村信用体系

1. 建立多层级的农村信用体系

美国农村信用体系展现了独特的多层级架构，这一架构在美国的立法和监管体系中得到了充分的体现。这种架构不仅确保了金融服务的广泛覆盖，还针对农业的特殊需求进行了精准的政策调整（龚映梅、张蕾，2017）。

在联邦政府层面，建立联邦土地银行系统，专门为涉农生产者提供长期不动产抵押贷款，有效降低农业投资的门槛。联邦储备系统通过对商业银行进行监管，间接影响农村地区的信贷政策，确保了农业贷款的

可获得性和合理性。这些措施体现了联邦政府在农业金融服务中的核心作用。

在州政府层面，各州根据联邦法律的指导原则，结合本州的农业特点，制定了相应的实施细则。这些细则调整了贷款条件，以适应当地农业生产的特定需求，体现了立法对地方实际情况的灵活响应。有些州可能会提供更为优惠的利率或更长的贷款期限，以支持当地特色农业的发展。

在地方政府层面，进一步细化了联邦政府和州政府的法律与规定，确保金融服务能够深入农村的每一个角落。通过地方立法，金融服务的普及性和针对性得到了增强，满足了涉农生产者的具体需求。这种自上而下的立法和监管架构，提高了农村金融服务的效率，增强了其适应性和普惠性。

美国农村信用体系的多层级特点在其立法和监管架构中得到了充分体现，有效地支持了农业经济的发展。联邦政府、州政府和地方政府立法与监管相互配合，形成了覆盖全国、深入农村的金融服务网络，为农业提供了坚实的金融支持。这种多层级的立法和监管体系，不仅提高了金融服务的效率、扩大了金融服务的覆盖面，还确保了金融服务能够根据农业的实际需求进行调整，从而更好地服务于农业和农村社区的发展。

2. 建立宽领域的农村信用体系

美国农村信用体系的"宽领域"覆盖，是其金融支持农业发展的关键特征，这一点在金融服务的全面性和地理覆盖的广泛性两个核心领域得到了充分体现。多元化的金融机构和产品，以及广泛的地理分布，为不同规模和需求的农业经营主体提供了金融支持。

在金融服务的全面性方面，美国农村信用体系呈现复合型、多元化的特点。美国农村金融体系不仅有效促进了美国农场社会化、集约化发展，而且推动了美国农业产业化进程，提升了农业劳动生产率。在美国农村信用体系中，政府农业贷款机构、商业性金融机构提供农业信用贷款，起辅助作用；合作社银行、联邦土地银行、联邦中期信贷银行等提供合作性信贷，起主要作用。这些机构相互配合、分工合作，满足了美国农业经济发展的融资需求。例如，联邦土地银行根据《联邦农业贷款法》相关规定，为农民提供 5~40 年的长期贷款；联邦中期信贷银行则负责农业中短期贷款中的动产抵押业务。根据《美国农业市场法》，合作社基金的设立，主要是为合作社提供贷款，进一步拓展金融服务覆盖面。地理覆盖的广泛性是美国农村信用体系的另一特点。美国农村信用体系通过在全国范围内设立金融机构和服务点，实现了对农村地区的广泛覆盖。

美国农业信贷体系属于多元复合模式，是采用自上而下的方式建立的一种松散的联合体制，以美国中央信用联社为最高统领。这种结构确保了金融服务能够覆盖到农村的每一个角落，使得偏远地区涉农生产者也能获得必要的金融服务。这种广泛的地理分布不仅促进了农业经济均衡发展，也使得农村地区的金融机构大大减少后，农村资金互助社作为正规金融组织的补充机构得以建立起来，其服务宗旨是为农村用户及农村中小企业提供金融服务，进而丰富美国农村金融体系。

3. 建立系统性的农村信用体系

美国农村信用体系的系统性特点在其精心设计的内部协调和有效的外部合作中得到显著体现。这种系统性不仅确保了金融服务的连贯性和有效性，而且通过与其他政策领域的紧密协调，形成了一个全面支持农业和农村发展的政策框架。

在内部一致性方面，美国农村信用体系展现了不同法律之间的无缝衔接。例如，从 1909 年《信用社法案》到后来的《卡伯-沃尔斯坦德法》《联邦农业贷款法》《联邦信用社法》，这些法律相互补充，逐步构筑起一个坚实的法律基础（徐俊，2015）。这种法律间的协调不仅避免了潜在的冲突，而且确保了金融服务的连贯性和有效性，使得农村信用社能够在一个清晰和稳定的法律环境中运作。

在外部协调性方面，美国农村信用体系与税收法律、农业补贴政策等其他相关法律体系紧密协调。这种跨领域的政策协调确保了农村信用体系能够与国家的宏观经济政策相匹配，共同促进农业的稳定和发展。例如，信用联盟享有税收优惠政策，不仅减轻了其财务负担，也使得它们能够提供更优惠的利率和更便捷的服务，更好地服务于社员和社区。同时，监管机构，如美国国家信用社管理局（Credit Union Nation Association，CUNA）和联邦存款保险公司（FDIC）的设立，是确保法律严格执行和金融系统稳定性的关键。CUNA作为全国性信用联盟的监管机构，负责监督信用联盟的运营，确保它们遵守法律法规，保护存款人利益。FDIC为信用联盟存款提供保险，保护消费者免受银行破产的影响。这些监管机构通过定期审查和评估，确保了金融机构遵守法律法规，保护了消费者利益，提升了金融市场的公平性和透明度。

通过这种系统性的立法和监管，美国农村信用体系为农业和农村的发展提供了全面且有效的金融支持。这种体系的建立和完善，不仅确保了金融服务的普及和平等，还通过综合性政策支持，促进了农业的现代化和农村的可持续发展。

二 美国农村信用发展对乡村振兴的促进作用

美国农村信用的发展对乡村振兴具有显著的促进作用，这一点在农场信贷系统（FCS）和美国农业部贷款计划中得到了充分体现（王树礼、丛柳，2018）。本小节深入分析美国农村信用体系通过提供长期、低利率的贷款，帮助农民解决农业生产和经营中的资金难题，以及通过政策性贷款支持农业的现代化和多元化发展，探讨农村信用体系在优化信用治理环境、化解基层治理矛盾、提升涉农生产者金融素养和激活内生发展动力方面的作用。这些经验对理解美国农村信用发展助力乡村振兴及其在全球范围内的推广具有重要意义。

（一）缓解农村信贷约束，满足社员资金需求

美国农村信用体系，特别是 FCS 在缓解农村信贷约束方面发挥了至关重要的作用。FCS 作为一个由涉农生产者和农业企业共同拥有的合作社组织，其主要目标是为农业提供长期、低利率的贷款，特别是帮助涉农生产者解决农业生产和农业经营中的资金难题。农业的特点不仅是生产周期长，而且面临气候变化、市场波动等多重风险。因此，传统的商业银行往往不愿意为涉农生产者提供足够的长期贷款。FCS 通过其合作社性质，为涉农生产者提供了成本较低、方式较灵活的融资方案，有效缓解了这一问题。FCS 的贷款产品包括土地购买贷款、农机设备购置贷款以及用于改善农业基础设施的贷款，这些都极大地满足了农民和农业企业的资金需求。与此同时，美国政府通过农业部贷款计划进一步支持农村金融体系。美国农业部提供的担保贷款和直接贷款，帮助农民解决了土地购买、农机采购、农业基础设施建设等资金需求。特别是在自然灾害频发的情况下，美国农业部贷款计划能够快速介入，为农民提供救急资金，缓解灾后恢复的资金压力。美国农业部贷款计划还鼓励农民发展生态农业、绿色农业等新型农业产业，推动农村经济的多元化发展。通过这些贷款支持政策，美国农村信贷体系不仅缓解了农民的资金困境，还促进了农业生产的现代化和乡村经济的持续增长。

（二）优化信用治理环境，化解基层治理矛盾

美国农村信用体系不仅为乡村振兴提供了资金支持，而且在优化信用治理环境、化解基层治理矛盾等方面发挥了重要作用。通过 FCS 等信贷机构服务，金融服务与农村社区的治理紧密结合，形成了一种具有较高治理效能的发展模式。FCS 通过合作社，让涉农生产者和农业企业作为社员参与决策和治理，这种发展模式使涉农生产者在金融体系中不再是单纯的借贷者，而是具有决策权和影响力的"参与者"。这种

参与感提升了涉农生产者的归属感和责任感，增强了农村社区社员的凝聚力和自我管理能力。

此外，信用合作社还通过强化对贷款的管理和监督，确保了贷款资金的合理使用，降低了腐败和滥用现象的发生。FCS 不仅提供资金，还通过对贷款使用情况的持续跟踪与评估，确保贷款得到有效利用。这种机制有效减少了基层治理中的资金管理漏洞，提高了地方政府和金融机构的透明度。随着信用合作社制度的成熟，美国农民的信用意识逐步增强，乡村社会的信用环境也得到了显著改善。这些变化使得农村地区的基层治理逐渐从传统的"政府主导"模式向更加"自治"与"自我管理"转变，为乡村振兴营造了更加稳定的社会环境。

（三）提升个人金融素养，激活内生发展动力

美国农村信用体系不仅提供金融支持，还注重提升农民的金融素养。通过 FCS 和农业信用合作社等机构，美国涉农生产者和农业企业能够接触到多样化的金融服务，这些服务不仅仅局限于传统的贷款，还包括财务规划、风险管理、财务分析等教育和培训。FCS 和其他金融机构通过定期的金融教育项目，帮助农民理解贷款利率、风险评估、信用评分等关键概念，提升涉农生产者的财务管理能力和风险控制意识。这不仅强化了涉农生产者对金融产品的理解，也提升了他们理性消费和贷款的能力，避免了债务危机的发生。与此同时，美国农业部通过一系列金融教育项目，为涉农生产者提供了资金管理、理财规划、投资决策等方面的知识。这些项目帮助涉农生产者强化了对金融市场的理解，使他们能够更好地管理自身的资产，做出更加理性和长远的投资决策。提升金融素养不仅提高了涉农生产者的信用水平，也激活了农村经济的内生发展动力。涉农生产者依赖外部资金支持，逐渐培养了自我融资、资金积累和风险控制的能力，从而推动农业经营方式的转型与乡村经济的可持续发展。

（四）增强农业产业韧性，推动农业"强起来"和"走出去"

美国农村信用体系通过支持农业产业的多元化发展，增强了农业产业的韧性，推动农业"强起来"和"走出去"。FCS不仅提供农业生产所需的基础贷款，还支持农业企业的创新发展和业务扩展。通过低利率贷款、资金支持和风险管理等政策支撑，农业企业能够更好地应对市场波动和自然灾害，增强产业韧性。例如，农业保险的普及帮助农民降低了自然灾害带来的风险，提高了农业生产的稳定性。与此同时，FCS和其他金融机构还支持农产品加工、农业科技、乡村旅游等新兴产业的发展，促进了农业与非农业产业的融合，推动了农业产业链的延伸和优化。这不仅增强了美国农业的全球竞争力，还为美国乡村振兴提供了强有力的产业支撑。

三 经验启示与借鉴

在美国乡村振兴的发展历程中，农村信用体系扮演了不可或缺的角色。美国建立了强有力的农村信用体系，通过提供必要的资金支持、改善治理结构、加强金融知识普及、提升农业产业竞争力，促进了美国乡村的全面发展。尤其是美国的FCS和其他金融机构协同作用，在缓解农村信贷约束、优化基层治理、激发农村经济内在活力中发挥了重要作用。

（一）完善的个人信用体系是美国乡村社会发展的基础工程

完善的个人信用体系是美国乡村社会发展的基础工程，尤其是在农村金融领域，它构成了金融信任和信贷活动的基石。

一是美国的农村信用体系以市场为主导，强调个人信用信息数据库的建设和完善。通过征信公司如Equifax、Experian和TransUnion的市场化运作，美国建立了全面的个人信用信息数据库。这些数据库不仅包含了涉农生产者的信用历史，还涵盖了资产、负债、偿还能力等多维度信息，为金融机构提供了评估客户资信的重要依据（王树礼、丛柳，2018）。个人信用体系的完善，极大地促进了农村信贷市场的健康发展，降低了金融机构的信贷风险，同时也为涉农生产者提供了更为便捷的金融服务。

二是美国完善的个人信用体系有助于优化农村地区的信用环境。在美国，农村金融机构依据完善的个人信用体系，能够更准确地识别和量化贷款风险，从而制定合理的贷款策略。这不仅提高了金融机构服务农村市场的积极性，也为农村地区提供了多样化的金融产品和服务，进一步激发了农村经济的活力。

三是美国完善的个人信用体系是提升农村居民金融素养的重要途径。美国在农村信用体系建设过程中，注重对农村居民进行金融知识的普及和教育，帮助他们理解个人信用的重要性，以及如何维护和提升自己的信用记录。这种教育和普及活动，不仅提高了农村居民对金融产品的认知度，也增强了他们利用金融工具进行生产和生活管理的能力。

四是美国完善的个人信用体系对增强农业产业的韧性和竞争力具有重要作用。在美国，良好的个人信用体系使得农民能够获得稳定的信贷支持，从而投资于农业生产现代化和技术革新。这不仅提升了农业生产效率，也增强了美国农业在全球市场的竞争力。

综上所述，美国完善的个人信用体系是其乡村社会发展的基础工程，它不仅为金融机构提供了风险评估和信贷决策的依据，也为农村居民提供了更好的金融服务，促进了农村经济的全面发展。美国的经验表明，通过市场化运作和政府的有效监管，可以建立和维护高效、透明、公正的个人信用体系，为农村金融的稳定和发展提供坚实的基础。

（二）多样化的农村信用机构是美国农村金融服务的重要主体

美国农村信用机构的多样化在全球范围内具有示范作用，它之所以被视为重要主体，源于体系内部的精细化分工与协作（龚映梅、张蕾，2017）。具体来看，这一体系涵盖了商业性金融、合作性金融和政策性金融等多个层面，每一层面都针对农村地区的特定金融需求提供定制化服务。

在商业性金融层面，美国的商业银行在联邦储备系统的指导下，为农场主提供中短期贷款服务。这些银行遍布于小城镇，成为农业信贷服务的重要提供者。它们的广泛覆盖和深入农村地区，为农业生产提供了必要的流动性支持。这种金融服务的普及，确保了即便是偏远地区的农业生产者也能够获得必要的资金支持，从而维持其经营活动的连续性和稳定性。

在合作性金融层面，美国设立了联邦土地银行、联邦中期信贷银行和合作社银行，这些机构独立运作，职责划分清晰。这些银行为农场主提供长期不动产抵押贷款和中短期动产抵押贷款，满足了农业生产者在不同阶段的资金需求，体现了合作性金融机构在资源配置中的灵活性和高效性。这种分工明确的合作性金融机构，不仅提高了金融服务的效率，也增强了农村地区对金融资源的可及性。

在政策性金融层面，农民家计局和商品信贷公司通过政府主导的资金支持和金融服务，调节农业生产规模和方向，确保了农业政策的实施和农村建设的推进。这些机构的存在，凸显了政府在农村金融体系中的关键作用，通过政策手段促进了农业和农村的可持续发展。政策性金融机构的介入，为农村地区提供了额外的金融保障，尤其是在面对自然灾害和市场波动时，能够有效缓解农业生产者的经济压力。

美国农业保险机构和社区性金融机构进一步提升了农村金融服务的多样性。它们通过提供风险管理和社区金融服务，提高了农村地区对外部冲击的抵御能力，为农村经济的稳定增长提供了额外的安全网。这些机构的存在，不仅为农业生产者提供了风险分散的渠道，也为农村社区的经济活动提供了更多的金融支持。

总体而言，美国农村信用机构的多样化确保了金融服务的全面性和深入性，满足了农村地区多元化的金融需求。这种多元化的金融服务体系不仅为农业生产提供了坚实的金融支持，也为农村经济发展注入了活力。它体现了农村信用机构在推动农业现代化和农村繁荣中不可或缺的作用，同时也展示了高效、协调的金融体系对支持农村经济发展的重要性。通过这种体系的运作，美国农村地区得以保持其生产力和竞争力，为全球农业的可持续发展提供了宝贵的经验。

（三）健全的法律制度是美国农村合作金融的关键保障

美国健全的法律体系为农村合作金融的繁荣奠定了稳固的基石。20世纪初，面对农业的萧条，美国国会通过了一系列农业金融法案，从而确立了农业信贷体系。这些法案不仅反映了政府对农村合作金融重要性的认识，也为相关机构的成立、运作和监管提供了明确的法律框架。

美国强调立法在确立合作金融基本组织制度和法人地位方面的作用。1916 年通过的《联邦农业贷款法》便是明显的例子，它规定联邦土地银行的职责是为农民提供长期不动产抵押贷款，这在当时的金融史上具有里程碑意义。此类法律不仅赋予了农村合作性金融机构明确的法律地位，还为其稳定发展提供了保障。

此外，美国通过立法明确了合作金融组织的业务范围和规模。例如，联邦中期信贷银行和生产信用合作社的职责分工，有助于这些机构在其专业领域内提供高效的服务。这种业务范围和规模的规范，确保了金融机构能够在其专业领域内提供高质量的服务，同时也避免了可能出现的无序竞争。

美国还通过立法设立监管机构，如 1933 年成立的美国农业信用管理局，为合作金融组织的稳健运营提供了监管保障。这些监管机构的设立，不仅保护了农民和其他社员的合法权益，也提高了社员对合作社这一组织的认可度和参与度。

从美国健全法律的做法中可以得到以下启示。首先，立法是确立和保护农村合作金融基础的关键。通过立法确立农村合作金融的法律地位，为其发展提供明确的指导。其次，通过立法明确合作金融组织的职能分工，可以提高金融服务的效率和专业性。最后，建立有效的监管体系对保护农民利益、维护金融稳定至关重要，建立适合本国国情的监管体系有助于农村合作金融健康和可持续发展。

综上所述，美国经验表明，健全的法律制度对农村合作金融的发展至关重要，其中包括为合作性金融机构提供明确的法律地位、规范其业务范围和规模，以及建立有效的监管体系。这些法律制度的建立和完善，不仅促进了农村合作性金融机构的健康发展，也为农业和农村经济的发展提供了坚实的金融支持。中国在农村合作金融领域的立法和监管实践，可以借鉴美国的经验，结合本国的实际情况，制定既符合国际趋势又具有中国特色的法律体系和监管机制。

第二节　德国和法国农村信用发展与乡村振兴

在全球化和区域一体化的背景下，乡村振兴已成为各国政府关注的重点。德国和法国作为欧洲农业大国，其乡村振兴的成功经验对其他国家具有重要的借鉴意义。特别是在农村信用发展方面，德国和法国通过构建独特的农村信用体系，有效地支持了农业和农村的发展。本节将分析德国和法国农村信用体系的特点、监管模式及其对乡村振兴的促进作用，探讨其对全球农村金融发展的启示。

一　德国和法国农村信用发展分析

德国的合作银行体系通过层级结构优化了资金流动和管理。法国结合政策性金融与合作性金融，提升了支农效率并降低了运营成本，通过其创新的农村信用体系，成功为农村地区提供金融服务，并为经济发展打下了坚实的基础。本小节通过分析德国和法国农村信用体系的发展、特点及其在农村经济发展中的作用，探讨德国和法国如何通过农村信用体系建设推动农业产业发展，为乡村振兴注入新动力。

（一）德国"金字塔型"与法国"半官半民型"农村信用体系

德国的农村信用体系以"金字塔型"结构而著称，这一体系由基层合作银行、区域性合作银行以及中央合作银行组成，形成了一个覆盖全国的金融服务网络（徐俊，2015）。其具体结构见图 6-2。

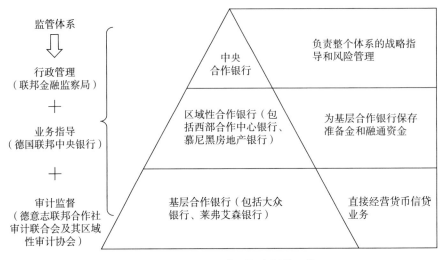

图 6-2　德国"金字塔型"农村信用体系

德国的基层合作银行主要包括由城市信用社发展而来的大众银行（Volksbank）以及由农村信用合作社演变而来的莱弗艾森银行（Raiffeisenbank），它们直接为农业生产者和社区提供金融服务，包括存款、贷款等。这些银行将吸收存款的一定比例上存至区域性合作银行，后者负责资金的清算、调配及提供其他服务。该信用体系的顶端是中央合作银行，负责整个体系的战略指导和风险管理。德国的合作银行均为独立法人实体，通过缴纳风险准备金应对潜在风险。监管机构通过行政管理、业务指导和审计监督三个维度对这些金融机构进行监管，以此保障金融系统的稳健运行。

德国的合作性金融机构通过这种层级结构实现资金的有效流动和管理，基层合作银行收集存款并将其上存至区域性合作银行，区域性合作银行再将资金上存至中央合作银行,形成了一种自下而上的资金存放和自上而下的资金融通模式。这种结构不仅加强了合作银行之间的联系,而且通过上层机构对下层机构的服务和支持,增强了整个体系的稳定性和抗风险能力。此外,德国的合作性金融机构还通过缴纳风险基金进行风险补偿,进一步增强了体系的稳健性。

"金字塔型"的组织结构和多级法人的独立运作模式,有效地支持了德国农业和农村的发展。这一体系的成功运作,为其他国家在农村金融领域的改革与发展提供了宝贵的经验和启示。通过这种结构,德国确保了农村金融服务的普及性和有效性,同时也为农村地区的经济发展提供了坚实的金融基础。

法国的农村信用体系以"半官半民型"结构为特色,该体系由三个层级的农业信贷机构组成——地方农业信贷银行、省级农业信贷银行以及农业信贷银行总行(周永锋等,2021)。其具体结构见图 6-3。

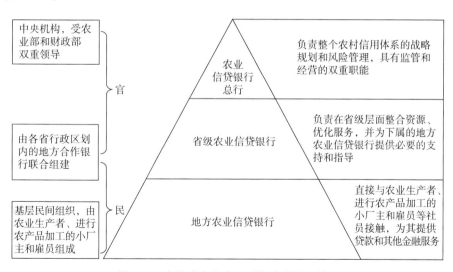

图 6-3 法国"半官半民型"农村信用体系

法国农村信用体系的基层单位是地方农业信贷银行,它们直接与农业生产者、进行农产品加工的小厂主和雇员等社员接触,为其提供贷款和其他金融服务。这些地方银行构成了农村信用体系的前线，是直接服务于农业和农村社区的金融机构。

法国的省级农业信贷银行作为中间层，扮演着协调和沟通的角色，它们将地方农业信贷银行与农村信用体系的更高层次联系起来。省级农业信贷银行负责在省级层面整合资源、优化服务，并为下属的地方农业信贷银行提供必要的支持和指导。

法国的农业信贷银行总行位于农村信用体系的顶端，具有监管和经营的双重职能，在此组织体系中占据中心地位。它不仅负责整个农村信用体系的战略规划和风险管理，还受到农业部和财政部的双重领导，体现了政府在农业金融中的积极参与和支持。

法国的农业信贷银行体系结合了政策性金融和合作性金融的特点，既提供政策导向的资金支持，又保持了合作性金融的互助和民主管理原则。这种模式提高了支农效率，同时降低了机构运营成本，使得金融服务更加贴近农业和农村社区的实际需求（周永锋等，2021）。

农业信贷银行作为法国银行业的巨头之一，以其广泛的分支布局和巨大的资产体量深入农村地区，成为促进法国农业和农村发展的主要金融支撑。这种布局确保了农村金融服务的广泛覆盖和高效运作，为农业和农村地区的经济增长提供了坚实的金融支撑。

（二）德国外部审计监管与法国自组织监管的农村信用监管制度

德国农村信用体系监管模式体现了一种多元化且全面的监管结构，涵盖行政、业务和审计三个关键领域（徐俊，2015）。在行政监管方面，德国联邦金融监察局扮演着核心角色，负责确保合作性金融机构遵守相关法律法规，并维持金融市场的整体稳定。在业务监管方面，由德国联邦中央银行负责，其职责是监督合作银行的业务活动，确保这些活动不仅符合金融法规的要求，同时也遵循稳健经营的原则。在审计监管方面，由德意志联邦合作社审计联合会及其区域性审计协会联合执行，这些机构通过独立审计合作银行的财务状况和风险管理实践，提高了体系的透明度和可信度。

德国农村合作金融的风险管理通过赫尔梅斯保险体系来实现，这一体系为合作银行提供了一种安全网，特别是在面对贷款违约风险时，其效果更为明显。当借款人无法按时偿还贷款时，合作银行能够从赫尔梅斯保险公司获得高达80%的赔付，从而减轻银行的财务压力，并保护其稳定性（徐俊，2015）。这种综合监管和风险管理机制，不仅确保了德国农村信用体系的稳健性，也保障了其服务农业部门的有效性。

与德国的多元化监管模式不同，法国农村信用体系展现了一种独特的自组织监管模式。法国的自组织监管制度是一个以合作性质为核心的多层次金融体系，它通过民主管理和社员参与来确保决策过程的透明性和社员利益的代表性，同时得到完善的法律体系和政策支持，使得农村金融服务既符合国家政策又具有市场活力（文娟，2010）。政府通过财政、信贷、税收等多种方式对农业合作社进行引导和支持，建立了农业保险法律制度，为农户提供政府补贴和再保险扶持，确保了农村金融运作的合法性、规范性和稳定性。这一制度支持了法国农业的发展，为农民提供了必要的金融服务，保持了金融体系的可持续性。

德国和法国的农村信用体系监管模式虽然在结构上存在差异，但均体现了合作金融在支持农业和农村发展中的关键作用。德国模式强调合作金融的独立性，而法国模式则体现政府在金融体系中的重要作用。这两种模式都为其他国家在农村金融领域的改革与发展提供了宝贵的经验和启示。通过这种结构，德国和法国确保了农村金融服务的普及性和有效性，同时也为农村地区的经济发展提供了坚实的金融基础。这些经验表明，一个多元化、层级分明且受到适当监管的农村信用体系，能够有效满足农村地区的金融服务需求，促进农业和农村的可持续发展。

（三）德国和法国均重视法律建设并强调信用数据保护

德国在信用数据保护方面采取了一系列措施，构建了一套全面而有效的保护体系。首先，德国《合作社法》强调成员权益的保护，合作社成员的责任有限，这有助于保护成员的信用数据不被过度使用或泄露。其次，德国合作社的非营利性质防止了成员信用数据的商业化滥用，确保了数据使用符合服务成员的初衷。最后，德国合作社各层级都具有独立法人资格，在处理信用数据时必须遵守包括《联邦数据保护法》（BDSG）和《信息和通信服务法》（TKG）在内的相关数据保护法规，加强数据安全和隐私保护。此外，政府通过《德国中央合作银行法》和《合作社法》构建的合作金融法律体系，为信用数据保护提供了法律依据，确保了信用数据的安全和合规使用（徐俊，2015）。德国还积极遵守欧盟的数据保护法规，如《通用数据保护条例》（GDPR），进一步加强对信用数据的保护。德国的监管和审计也是其数据保护机制的一部分，监管机构定期对合作社进行审计，确保其遵守数据保护法规，同时合作社内部也建立了监督机制，如监事会，以确保信用数据的处理和保护符合法律规定。这些综合措施为合作社成员提供了坚实的信用数据保护基础，为全球农村信用体系建设和信用数据保护提供了宝贵的经验和启示。

法国在农村信用体系建设中对法律法规的重视和信用数据保护的强调体现在多个方面，构成其农村金融体系的核心支柱。首先，法国通过建立和完善法律体系，如《土地银行法》，为农村信贷组织提供坚实的法律基础，确保金融活动的合法性与规范性。其次，农业保险法律制度的建立，如《农业互助保险法》，明确了农业互助保险协会的法律地位及其风险承担范围，增强了农业保险的可操作性和有效性。此外，法国政府通过财政支持和政策优惠，积极推动农村金融机构的发展，特别是在符合国家政策的项目上提供利息优惠和贴息贷款，从而降低了融资成本，提升了服务能力。与此同时，法国在数据保护方面采取严格的法律措施,如实施《法国数据保护法》(FDPA)和遵循欧盟《通用数据保护条例》,以加强个人数据安全和隐私保护。这些法律不仅保障了数据主体的权利,也促进了信用信息服务机构的建立,确保了商业银行依法向中央银行提供信用信息,构建了一个全面、准确的信用信息数据库,从而有效防范了金融风险(惠献波,2016)。综上所述,法国农村信用体系建设通过法律体系的完善、政策支持的强化以及数据保护的严格实施,形成了一个既符合国家政策又具备市场活力的农村金融服务体系,为农业经济可持续发展提供了重要保障。

在德国和法国的农村信用体系建设中,信用数据不仅为金融机构提供了信贷决策的重要依据,还在提升信贷可获得性、提高金融透明度、增强信任、支持政策制定与金融普惠,以及促进合作与创新等方面发挥了重要作用。这些因素共同推动了德国和法国农村经济的发展与繁荣,为实现农村经济的可持续发展奠定了坚实的基础。

二 德国和法国农村信用发展对乡村振兴的促进作用

德国和法国的农村信用发展对其乡村振兴具有显著影响。德国的多层次合作银行体系提高了金融服务效率,支持土地资源优化配置和村庄更新。法国的农业信贷银行体系结合政策性金融和合作性金融,提高了支农效率,降低了运营成本,为农业可持续发展提供了资金支持。

(一)德国的农村信用发展优化土地要素配置,推动村庄更新

德国的农村信用体系在优化土地资源配置和推动村庄更新方面发挥了关键作用。这一体系的成功,得益于政府的立法支持和对合作金融原则的遵循。德国政府通过立法确立了农村信用合作社的合法地位,为其提供了政策上的支持和保护。这些合作社基于合作制原则运作,强调社员之间的互助合作,使得农民能够以较低的成本获取贷款,用于购买土地和提高土地质量,从而优化土地资源配置。德国的农地抵押贷款制

度允许农民将土地作为抵押获取贷款，这为农民提供了扩大生产、改善土地和更新村庄基础设施的资金支持。政府通过提供税收优惠和财政补贴，降低了农民的贷款成本，使得土地资源得到了更有效的利用和配置。

政策性金融机构，如德国农业地产抵押银行，则为农村信用合作社提供了必要的资金支持。这些资金被用于土地购买和农业发展项目，促进了土地资源的合理配置和村庄的现代化更新。德国合作银行体系的多层次结构包括基层信用合作组织、区域信用合作中心和全国性合作银行，不仅提高了金融服务效率，还加强了合作社之间的合作，提高了资金流动性，为土地资源的优化配置和村庄更新提供了强有力的金融支持。此外，德国农村信用体系通过提供贷款支持，促进了农业现代化和村庄更新。这些贷款不仅用于农业生产，还用于农村基础设施建设，如水利、交通和能源设施的改善，提高了农村地区的生活质量，推动了村庄的更新和发展。

（二）法国的农村信用发展推动绿色信贷创新，建设生态农业

法国的农村信用体系在推动绿色信贷创新和生态农业建设方面发挥了显著作用，其历史和发展与法国农业的现代化进程紧密相关。这一体系通过政策性金融机构，尤其是农业信贷银行，为农业项目提供财政补贴和优惠贷款，这些措施旨在降低农民采用环保技术的成本，促进农业的绿色转型。政策性金融机构的作用不仅体现在资金支持上，还包括为农业可持续发展提供政策指导和市场分析，帮助农业生产者把握绿色农业的发展趋势。

法国的合作金融体系以其社员间的互助合作为特点，通过地方性和地区性农业信贷互助金库，为农业生产者提供必要的资金支持。这些金库在法律和规章的要求下，开展政策性金融业务，特别是绿色信贷产品方面的创新（袁怀宇，2017）。例如，法国农业信贷银行推出的绿色信贷产品包括为有机农业、生物多样性保护、水资源管理和可再生能源

项目提供的专项贷款，这些产品不仅促进了农业的可持续发展，也帮助农业生产者提高了对环境友好型农业实践的认识和参与度。

进一步地，法国的农村信用体系通过不断创新绿色信贷产品，为生态农业的发展提供了坚实的金融基础。这些产品涵盖了从有机农业贷款到水资源管理贷款等多个领域，旨在支持农业生产者采用更环保的耕作方法，降低对环境的负面影响。通过这些措施，法国农村信用体系不仅为农业可持续发展提供了资金支持，也为农业生产者提供了转型所需的知识和技术支持，从而推动了生态农业的全面发展。

三　经验启示与借鉴

德国和法国在农村信用体系建设上的经验提供了通过信用合作和金融创新促进乡村振兴的范例。德国的农村信用体系强调政府与私人部门的合作，优化土地资源配置；法国则通过政策性金融推动绿色信贷，促进生态农业。这些经验强调了信用体系在助力农村产业发展中的重要性，并展示了信用在推动地方经济发展中的实际作用。

（一）重视政府与基层开展信用合作，推动农村地区的经济发展和社会进步

德国农村信用体系的发展经验表明，有效的农村金融体系需要政府和私人部门的共同努力。政府的角色在于制定政策、提供资金支持和监管市场，而私人部门则负责提供创新的金融产品和服务。这种合作模式不仅能够优化土地资源配置，还能推动农村地区的经济发展和社会进步。德国的农村信用体系通过其合作制原则、政策性金融机构的支持以及与政府的紧密合作，成功地优化了土地资源配置，推动村庄更新。德国农村信用体系建设的成功经验为其他国家提供了宝贵的借鉴，特别表现在通过金融创新和政策支持来促进农村发展。随着全球化和农村地区的快速变化，德国的农村信用体系将继续在全球农村金融发展中发挥重要作用。

法国政府在农村信用体系中与基层开展信用合作的实践体现在多个层面。首先，通过立法和政策支持，法国建立了农业信贷互助金库等合作性金融机构，直接服务于基层农业生产者，为其提供贷款和其他金融服务。这些机构在《农业互助保险法》等法律框架下运作，确保了信用合作的合法性和规范性。政府还通过政策性金融机构，如农业信贷银行，提供低息贷款和财政补贴，以支持农业发展和农村地区的经济活动，同时建立农业保险制度，为农业生产提供风险保障。其次，法国政府通过农业信贷管理局等机构对农村信用合作进行监督管理，以确保信贷资金有效使用和农村信用体系稳定。政府还投资于农业教育和培训项目，旨在提高农民的金融知识水平和管理能力，使他们能够更好地利用信用合作服务。通过这些措施，法国政府在农村信用体系建设中实现了与基层的有效合作，不仅支持了农村经济的发展，也促进了农业现代化和农业生产者的福祉提升。

（二）重视信用助力农村产业发展，确保农村金融服务稳定和资金有效配置

在德国和法国的农村金融中，信用体系建设发挥了核心作用。在德国，合作金融体系是农村发展的重要组成部分，这一体系通过法律确立了其合法地位和独立法人资格，确保了合作社能够为农民提供稳定的金融服务。德国的合作银行坚持合作制原则，以服务社员为目的，不以营利为目的，这种模式不仅加强了银行与农业生产者之间的信任关系，而且通过建立信贷保证基金和严格的贷款审查制度，有效降低了金融风险，为农村产业的稳定发展提供了坚实基础。法国则通过农业信贷互助银行和政策性金融机构，结合政府政策和市场机制，为农业产业提供资金支持和风险管理。这些机构在确保政策意图得以实施的同时，也按照商业原则独立运作，确保了资金的有效利用和农村产业的健康发展。此外，德国和法国的农业保险体系同样体现了对信用的重视。德国通过合作金融体系提供的风险管理服务，以及法国的强制与自愿相结合的

农业保险体系，都为农业生产者提供了必要的风险保障，降低了不确定性，增强了农业生产者对未来发展的信心。

通过这些措施，德国和法国不仅促进了农村产业的增长，也保障了农村经济的稳定和可持续发展。这些实践表明，一个健全的信用体系能够为农村产业提供必要的资金支持和风险保障，从而促进产业的健康发展。德国和法国的经验强调信用体系在助力农村产业发展中的重要性，体现了两国对信用的重视，并展示了信用在推动地方经济发展中的实际作用。

（三）重视信用数据安全与法律建设，强化农村信用数据保护和合规使用

德国的农村合作金融体系在立法保护方面有着悠久的历史。1889年，德国颁布《德国产业及经济合作社法》，这部法律不仅规定了合作制原则，还明确了合作社通过共同业务经营来促进社员收益的合法性。2006年，德国对《合作社法》的修改进一步强化了合作社的非营利性质，这反映了德国对合作社信用数据保护的重视。从地方性合作银行到中央合作银行，德国农村合作金融体系的"金字塔型"组织结构，各层级都具有独立法人资格，这种结构有助于明确责任，并保护信用数据。此外，德国还通过设立信贷保证基金和建立严格的贷款审查制度，有效管理信用风险，保护了信用数据的安全。

法国在乡村金融建设中同样展现出对信用数据保护的重视。法国的政策性金融机构在农业金融中扮演着重要角色，政府通过这些机构提供政策性贷款，并对这些机构进行监管，确保信用数据的安全和合规使用。法国的合作银行体系与政府政策紧密相关，这些银行为与政府政策相关的项目提供信贷支持，按照商业银行的原则进行经营，其运营受到相关金融法律的约束，确保信用数据受到保护。法国的农业保险体系将强制保险与自愿保险相结合，这种体系的建立和运作都需要严格的数据管理与法律保护，进一步强化了信用数据的保护。

综上所述，德国和法国通过立法及建立完善的金融监管体系，展现了对信用数据保护的重视，并确保了农村信用和乡村金融建设的健康发展。这些措施为农村地区的经济增长提供了坚实基础，同时也避免了农业生产者、农业经营主体等农村经济参与者的信用数据遭受不当使用和泄露的风险。

第三节　日本和韩国农村信用发展与乡村振兴

在日本和韩国的乡村振兴中，农村信用体系扮演了核心角色。日本和韩国都构建了以三级农协为核心的信用合作网络，覆盖全国并提供综合性金融服务。这一体系不仅为农业生产者提供信贷支持，还涉及销售、供应、保险和生产经营指导等多元化服务，有效地促进了农业和农村的全面发展。通过内部自律与外部监管相结合的双重监管体系，日本和韩国确保了农村信用体系的稳健运行，建立了全面的风险防范机制和坚实的法律体系，保障了农村信用合作体系的稳定和可持续发展。

一　日本和韩国农村信用发展分析

农村信用发展在日本和韩国的乡村振兴中起到了关键作用。日本和韩国通过建立以三级农协为核心的农村信用体系，为农业生产者提供全面的金融服务，包括信贷、销售和供应等，增强了农业金融服务的可获得性。这一体系通过优化土地资源配置和推动村庄更新，促进了农业现代化。同时，自我监管与外部监管相结合的双重监管制度，以及健全的风险防范机制和法律体系，保障了农村金融的稳定性和可持续发展，为乡村振兴提供了坚实的金融支撑。这些措施有效地促进了农业和农村的经济增长，提升了农业生产者福祉。

（一）以三级农协为核心的农村信用体系

日本和韩国的农村信用体系均以三级农协为核心，构建了覆盖全国的信用合作网络，形成了综合性的服务体系（高强、张照新，2015）。日本的这一体系包括全国性农协联合会、都道府县农协联合会和基层综合农协，通过市町村农协合并而成，直接服务于农业生产者，为其提供信贷、销售、供应等金融服务，并由农林中央金库在全国范围内进行资金融通和清算。韩国也建立了类似的三级体系，包括农协中央会、道农协和基层农协，其金融事业部是盈利能力最强的部门，支撑着农协的运行，并实现经济事业和金融事业的独立运营。这些农协不仅为农民提供信贷服务，还涉及销售、供应、金融、保险、生产经营指导等多项业务，形成了一个综合性的服务体系，有效地支持了农业和农村的发展，为农民提供了全方位的支持。

（二）自我监管与外部监管相结合的双重监管制度

日本和韩国通过精心设计的双重监管体系，确保了农村信用合作体系的稳健运作，这一体系巧妙地融合了内部自律与外部监督。

在日本，金融厅对金融机构实施宏观监管，农林水产省金融科及各级农政局则对农林中央金库、县信联和基层农协信用合作部进行监督。日本农协内部还建立了自我监督机制，如"监察士制度"，以维护信用合作的健康与透明。

韩国亦采取了相似的监管模式，结合政府相关部门的外部监管和农协中央会及基层农协的内部自律，通过设立信用保证基金为农协贷款提供担保，有效地降低了信贷风险（高强、张照新，2015）。这种内部自律与外部监督相融合的监管机制，不仅增强了农村信用体系的安全性，也提升了其稳定性，为农业和农村的可持续发展提供了坚实的金融保障。

（三）健全的风险防范机制与法律体系

日本和韩国在农村信用合作领域都建立了全面的风险防范机制和完善的法律体系，以保障农村信用合作体系的稳定和可持续发展。

日本通过实施农村信用保险、相互援助、存款保险、农业灾害补偿以及农业信用保证保险等制度，有效提升了合作社的信用度，防范和化解了金融风险，同时维护了社员和存款人的利益。在法律层面，日本制定的《农业协同组合法》《农林中央金库法》等法律，为农村合作性金融机构的经营和监管提供了明确的法律框架。

韩国通过实施信用保证基金和呆账准备金制度等来减轻农协的经营压力，确保信用合作业务的稳定性。在法律体系方面，韩国《农业协同组合法》旨在规范和指导农协的组织结构与金融业务，保障信用合作健康运行（高强、张照新，2015）。这些措施共同促进了以防范风险、促进农业发展和保护社员利益为目的的农村金融合作体系的构建。

二　日本和韩国农村信用发展对乡村振兴的促进作用

日本和韩国的农村信用体系在乡村振兴中扮演了至关重要的角色。基层农协提供的多维度服务直接满足了农民的需求，涵盖信贷、销售、供应等多个关键领域，极大地提升了农业金融服务的可获得性。农村信用发展为政策性资金精准投入农村发展项目提供了坚实的资金保障，支持了基础设施建设和农业现代化。同时，金融产品创新为乡村产业的多元化发展注入了新动力，促进了农村经济的繁荣。这些综合措施不仅推动了农业现代化进程，还增强了农村经济的稳定性，提升了社员的福祉和生活质量。

（一）以基层农协为载体，满足会员生产和生活的多样化需求

日本和韩国的农民合作社（农协）通过基层组织为会员提供多维度的支持，以满足其生产和生活的多样化需求。农协以其综合性服务为特色，覆盖销售、供应、金融、保险、生产经营指导等多个领域，农协所提供的服务与会员的日常活动紧密相关。特别是信用合作业务的设立，为会员提供了存款和贷款服务，有效满足了其资金需求，成为农协收入的主要来源之一。

在组织结构上，日本农协建立了三级体系，包括全国性、都道府县和市町村级别的组织，信用合作体系相应分为基层农协信用合作部、县信用农业协同组合联合会、全国信用农业协同组合联合会中央会三个层次。这种分层体系使得农协更精准地服务于会员。韩国农协则实行双层经营体制，其中农协中央会负责商业化资本运营，基层农协的信用合作业务则遵循互助原则，以保本微利为目标。

为了确保信用合作的稳定性，日本和韩国都加大了监管力度，构建了多层次的风险防范制度，如农村信用保险制度、相互援助制度、存款保险制度等，这些制度不仅提高了合作社的信用程度，也有效防范和化解了金融风险。随着城市化进程的加快，日本和韩国的农协在成员资格上进行了创新设计，区分"正社员"和"准社员"，以适应非农户逐渐增多的现实。这种区分有助于农协在保持合作制基本原则的同时，应对成员身份异质性增强的挑战。

农协在运营过程中承担了部分政府经济职能，成为政府政策执行和落实的重要渠道。这种角色使得农协能够更好地满足会员的生产和生活需求，增强合作社的凝聚力和活力，提升合作社的经营能力和盈利能力。通过这些措施，日本和韩国的农协有效地满足了会员生产和生活的多样化需求，为农村社区发展做出了积极贡献。

（二）以政策性资金为补充，服务乡村振兴的重大项目建设

日本和韩国通过政策性资金的精准投入，有效地支持了农民合作社，进而推动了乡村振兴的重大项目建设。在日本，政府通过税收优惠政策，为农协提供较为宽松的财务环境，农协的税率比其他法人低10个百分点左右，这一措施显著增强了农协的资金实力。韩国自1961年起免除农协中央会的农业税和附加金，减轻了农协的财务负担，释放出更多资金用于乡村振兴项目。

在财政资金支持方面，日本和韩国政府通过直接投资于农协的基础设施建设，提升了合作社的服务能力。韩国政府对农协中央会兴建的

大型流通设施提供了一半以上的资金支持，地方政府也倾向于委托农协经营流通设施，这些直接的财政投入为乡村振兴提供了坚实的物质基础。

信用合作业务是日本和韩国农协服务乡村振兴的另一支柱。韩国农协的信用合作业务为社员提供存款和贷款服务，满足了社员的资金需求，为乡村振兴项目提供了资金支持。韩国农协接受政府委托发放农业政策性贷款，为农业和农村提供全方位的金融服务，这些政策性贷款成为乡村振兴项目的重要资金来源。合作社与政府之间的紧密合作关系是其能够有效利用政策性资金服务乡村振兴的关键。合作社参与政策制定，保护会员权益，使得政策性资金能够更精准地投入乡村振兴中。

通过农村信用体系建设，日本和韩国的农民合作社获得了大量的政策性资金支持，不仅提升了自身的服务能力，也为乡村振兴的重大项目建设提供了坚实的资金和服务体系，展现了政策性资金在乡村振兴中的重要作用。

（三）以丰富产品种类为手段，满足乡村产业发展的资金需求

日本和韩国的农民合作社通过创新金融产品和扩展服务范围，有效地满足了乡村产业发展的资金需求。在日本，农协信用合作业务的多样化发展尤为显著，特别是在证券投资领域。各级农协机构将剩余资金上存至农林中央金库，用于证券投资等业务，使证券投资金额达到发放贷款的 3 倍。这种多元化的金融服务策略不仅增强了资金吸纳能力，也为乡村产业多元化发展提供了坚实的资金基础。

韩国农协银行的独立运营，标志着其金融服务能力的进一步提升。这一改革使得农协银行能够更灵活地适应市场竞争，提供更加多元化的金融产品和服务。韩国农协强调通过信用合作支持农业生产，尤其是为低收入、无抵押品的困难社员农户提供金融服务。通过设立担保基金，可以为那些因发展农业或渔业而需要资金却缺乏抵押品的农民和

渔民社员提供信用担保，精准满足乡村产业发展中的特定资金需求。日本政府将部分国家政策性金融业务委托给农协办理，进一步强化了农协在乡村产业发展中的资金支持作用。

综上所述，日本和韩国的农村信用体系建设促进了农民合作社的发展，通过提供多样化的金融产品和服务，不仅增强了合作社自身的资金实力，也为乡村产业发展提供了有力的资金支持，促进了乡村经济的全面繁荣。这些措施体现了两国在金融创新和服务扩展方面的先进经验，为其他国家提供了宝贵的经验借鉴。

三　经验启示与借鉴

日本和韩国的乡村发展经验凸显了与农户需求精准对接的重要性。农协不仅提供全面的服务，满足农户从生产到销售各个环节的需求，还通过政策性资金的投入，促进三次产业深度融合，有效提升了农业产值和农户的收入水平。在此方面，农村信用组织发挥了关键作用。通过提供必要的金融服务，增强农业抗风险能力，助推农村经济的多元化发展。此外，日本和韩国通过立法手段加强信用体系的风险管理，建立包括农村信用保险和存款保险在内的多重保障机制，为农业和农村的金融稳定提供坚实的法律和制度保障，从而为乡村全面振兴奠定了坚实的基础。这些措施不仅保障了农户的利益，也为农业的可持续发展和农村经济的全面繁荣提供了有力支持。

（一）注重贴合农户需求侧变化，满足农户在不同发展阶段的资金需求

日本和韩国的乡村振兴精准贴合农户需求侧变化，展现了两国在农业发展上的战略协同。通过农协提供全方位服务，从生产资料供应到农产品加工流通，再到信用服务，日本和韩国全面满足了农户在不同发展阶段的资金需求。这种服务模式不仅体现了对农户需求变化的深刻理解，而且有效提升了乡村振兴的成效。

日本和韩国在促进三次产业融合方面采取创新驱动策略。两国通过技术革新和创意设计，扩展具有地方特色的产业链，并提升整个产业价值链，实现了三次产业的协同发展。这不仅增加了农业产值，也满足了农户对增加收入和提升生活质量的需求。此外，农协为提供综合性服务功能发挥了重要作用，包括农资购买、金融服务、耕作施肥、农产品分拣储藏、销售等社会化服务，这些服务配套措施有效地满足了农户的多样化需求。

韩国政府在乡村振兴中采取与农户自主发展相结合的策略，以低成本推动农村跨越式发展。这种模式鼓励农户根据自身需求进行农业生产和经营，提高了农业效率和农户收入。韩国政府在乡村振兴政策中纳入教育、福祉、保险等关乎生活质量的因素，并制定特别法和五年规划，这些政策的实施显著提升了农户生活质量和社会福利（王鹏、刘勇，2020）。近年来，韩国乡村振兴政策已从强调农业生产能力转向注重农产品的质量与安全，实现了从供给侧到需求侧的重心转移。这种转变满足了消费者对高质量农产品的需求，提升了农户的市场竞争力。

（二）注重运用基层信用组织功能，为农户提供精准的金融服务

基层信用组织功能在日本和韩国的乡村振兴中发挥着不可或缺的作用。它们为农户提供了基础的金融服务，包括存款、贷款和保险等。这些组织不仅帮助农户解决了资金短缺问题，而且通过精准的资金支持，促进了农业的发展和农村的繁荣。日本和韩国在乡村信用建设和乡村振兴中，通过有效发挥基层信用组织的作用，不仅满足了农户的资金需求，而且增强了农业的抗风险能力，促进了农村经济的全面发展。这些经验对其他国家在制定相关政策时具有一定的参考价值，展现了基层信用组织在乡村振兴中的重要作用和积极影响。

日本农协的基层信用合作组织通过吸收成员存款，为成员提供生产和生活贷款，强调服务的非营利性，帮助会员渡过资金困难时期。这

种以服务农户为核心的信用合作模式，有效地满足了农户在农业生产和日常生活中的资金需求，增强了农业的可持续发展能力。作为农村金融体系的重要组成部分，日本农协的信用合作组织按照内外监管相结合原则，建立了双重监管制度，为保护农户利益，建立了包括农村信用保险制度、相互援助制度、存款保险制度等在内的风险防范制度。

韩国农协的信用合作业务始于 1969 年，主要包括农户的自我服务和支持农协相关业务的开展。韩国政府通过信用保证基金为农协贷款提供担保，降低农协贷出资金的风险，并允许农协根据贷款风险大小自主建立呆账准备金制度。这些措施有效地提高了合作社的信用程度，防范和化解了金融风险，保障了农户的利益。同时，以基层信用部为载体，信用合作得以为社员提供金融服务，基层信用部成为韩国农协盈利能力最强的部门，支撑着农协组织的运行，为其他事业提供资金支持。

日本和韩国的基层信用组织还通过提供多样化的金融服务，促进农村经济的多元化发展。例如，日本农协通过信用合作业务，支持农产品的加工和流通，帮助农户增加收入；韩国农协则通过信用合作业务，支持农业生产，优先为低收入、无抵押品的困难农户提供金融服务，缓解了农户的资金压力，提高了农业竞争力。

（三）注重防范化解信用体系风险，保障农业和农村的金融稳定

日本和韩国在农村信用体系建设中高度重视信用风险管理，针对信贷风险、市场风险、操作风险和流动性风险，两国均通过立法和政策支持来确保信用体系的稳健性。日本通过《农业协同组合法》等法律确立风险管理和内部控制的框架；韩国则颁布新修订的《农业协同组合法》来适应金融市场变化，确保信用合作组织的稳定性。为防范风险，日本建立了双重监管制度和风险分担机制，包括农村信用保险和存款保险制度，同时实施"监察士制度"，加强内部监督；韩国则通过信用保证基金为农协贷款提供担保，并允许建立呆账准备金制度来化解

信贷风险。

日本和韩国通过多样化的金融服务和政策性金融支持来分散风险，提高资金使用效率。日本通过建立完善的信用担保制度，有效避免了农村金融信贷的可能风险和潜在经营损失。这些综合性措施有效防范和化解了农村信用风险，保障了农业和农村的金融稳定，为乡村振兴提供了坚实的金融支持。这些经验对其他国家在乡村信用体系建设中防范和化解风险具有重要的借鉴意义。

（四）注重加强信用法律体系建设，有效引导农村合作社规范发展

完善的信用法律体系是乡村振兴和农村信用发展的重要保障。日本通过《农业协同组合法》《农林中央金库法》等法律，为农村合作性金融提供了明确的法律框架。韩国多次修订《农业协同组合法》，调整农协组织结构与职能。这些经验表明，通过立法明确合作性金融的法律地位、业务范围和监管事项，可以有效引导合作社规范发展，提高农村合作性金融机构的风险防范能力。

第四节　印度及其他发展中国家农村信用发展与乡村振兴

在探索农村信用发展与乡村振兴的路径上，印度和其他发展中国家积累了丰富的经验。印度通过构建包含政策性金融和合作性金融的二元农村信用体系，满足了农村地区多样化的金融需求。印度尼西亚、巴西和肯尼亚等其他发展中国家，在贫困治理中不断探索适应本国国情的农村信用体系，以促进农业发展和农民福祉提升。通过分析这些发展中国家农村信用发展的策略及其对乡村振兴的促进作用，以及它们在提升金融服务覆盖率、增强农业竞争力和改善农民生活方面的实践经验，可以为中国农村信用促进乡村振兴提供镜鉴。

一 印度及其他发展中国家农村信用发展分析

印度建立了政策性金融与合作性金融相结合的二元结构,通过国家农业和农村发展银行(NABARD)等专门机构,为农村地区提供必要的金融服务,同时发展初级信用社等基层金融机构,直接服务于农民的日常金融需求。其他发展中国家,如印度尼西亚、巴西和肯尼亚等,在金融科技创新和政策引导下,努力提升本国金融服务的覆盖率和效率,支持其农业发展和农民增收,为全球贫困治理和农村金融发展提供了宝贵的经验。

(一)印度:借鉴多国经验下的二元农村信用体系

印度政府高度重视农业和农村发展对国家经济发展的重要作用,加快构建能够覆盖农村地区的金融服务网络。这一体系的构建不仅受到国际合作金融运动的影响,特别是德国和美国等西方国家农村金融体系发展的启发,还反映了印度独特的社会经济结构和文化背景。印度政府为了实现农村地区的经济发展,高度重视建立促进农业和农民发展的金融服务体系,包括储蓄、信贷和其他金融服务等。印度通过构建包含政策性金融和合作性金融两个层面的二元结构,满足了农村地区日益增长的金融需求(冉杰,2008)。

1. 印度设立一系列专门金融机构,落实国家农业和农村发展政策

印度政府设立专门金融机构,落实国家农业和农村发展政策。其中,国家农业和农村发展银行是最具代表性的机构。其主要职责是为农村发展项目提供长期贷款和资金支持,尤其关注农业现代化、基础设施建设和农村扶贫等领域。通过政策引导,确保资金流向农村地区,促进了农业和农村的现代化发展。此外,政府还通过设立各种补贴和优惠政策,鼓励金融机构向农业和农村领域提供信贷服务,从而提升了农村金融服务的社会价值。

2. 印度建立合作性金融机构，为社员提供多样化的金融服务

印度的合作性金融机构包括初级农业信用社（PACS）、中心合作银行（DCCBs）和邦合作银行（SCBs），它们共同构成了一个三级结构（冉杰，2008）。初级农业信用社作为基层金融机构，直接与农民接触，为其提供小额贷款和短期信贷服务，满足了农民日常农业活动和季节性资金需求，如购买种子、肥料和农药等。中心合作银行则负责协调和管理下属的初级农业信用社，并向它们提供再融资服务，参与中期贷款的发放，确保农民在农业生产周期中的资金需求得到满足。

印度设计的初级农业信用社和中心合作银行结构使得农村金融体系能够更加灵活地满足农村地区的金融服务需求，同时也体现了政府在金融政策上的引导和调控能力。通过这种二元结构，印度农村金融体系旨在实现金融服务的普及和深化，促进农村经济的发展和农民福祉的提升。此外，政府的政策支持和法律保障为这一体系的稳定运行提供了必要的基础。政府通过立法和制定政策等措施，确保金融机构能够按照既定目标运作，并保护农民的利益。

（二）其他发展中国家：在贫困治理中不断探索农村信用体系建设

1. 东南亚代表性国家——印度尼西亚的主要做法

在印度尼西亚，农村信用体系的创新成为贫困治理的关键。印度尼西亚通过构建包含印度尼西亚人民银行、商业银行及农村银行在内的多元化金融服务网络，实现了金融服务的广泛覆盖。其中，农村银行扮演着需求导向型储蓄和贷款产品体系的核心角色，有效控制了信贷风险。印度尼西亚政府的"农村金融联结"模式将正规金融部门与非正规金融部门紧密结合，拓展了农村金融服务的边界。印度尼西亚人民银行作为央行，发挥着协调和整合资金供需的政府角色，提升了市场运行

的效率。① 金融科技在印度尼西亚的广泛应用进一步推动了普惠金融的发展。政府通过成立普惠金融委员会，大力投资农村网络基础设施建设，确保金融服务能够覆盖至每一个偏远岛屿。同时，金融企业和电商平台的参与，为印度尼西亚的普惠金融发展注入了新活力。此外，政府推出的 Laku Pandai 和 KUR 计划，分别推动了银行业务的数字化转型和中小企业融资渠道的优化，进一步提升了金融服务的普及率（王小华等，2011）。这些综合性措施不仅提高了农村地区的金融服务水平，也为农业发展和农民增收提供了坚实的支撑，有效推动了乡村振兴和发展，为全球贫困治理提供了有益的参考。

2. 南美洲代表性国家——巴西的主要做法

巴西的农村信用体系是多层面、多机构参与的复杂系统，对贫困治理起到了关键作用。该体系由国家货币委员会负责农业信贷政策的制定和决策，央行负责监管，商业性银行、政策性银行和其他金融机构共同参与其中。巴西的农村金融机构以国有商业银行为主，承担着全国大部分的农业贷款，并特别设定了优惠的农业贷款利率，以支持农业基础设施建设、地区项目开发、农产品开发和项目出口、农业骨干企业发展等（谢升峰等，2014）。

1993~1998 年，巴西推动农业与农村发展政策，主要关注土地与农业改革、小农信贷问题等。1996 年，巴西政府推出了"家庭农业支持计划"（PRONAF），这是一项针对小农的信贷支持政策，旨在解决小农缺少信贷的问题，促进农业生产和农民增收。② 巴西在 20 世纪 90 年代农业信贷体系坍塌之后，成功恢复其农业融资，这得益于"农业信贷票据"（Cedula de Produto Rural，CPR）的使用。CPR 作为一种融资

---

① 张霞：《国外农村金融模式简介》，中国金融法治研究中心网站，2018 年 7 月 9 日，https://cfr. swupl. edu. cn/xsdt/252837. htm。

② 《塞尔吉奥·施奈德：巴西的农业现代化与农村发展》，乡村发现网站，2017 年 11 月 22 日，https://www. zgxcfx. com/sannonglunjian/105169. html。

工具，可以帮助农业生产者获得资金支持，规范和引导民间融资发展，丰富农村金融市场产品。

进入 21 世纪后，巴西继续推进普惠金融制度，有效减少了贫民窟现象，城乡差距逐渐缩小。巴西中央银行与多个部门合作，在推动普惠金融制度框架建设、发展小微金融等方面开展广泛合作，其内容包括推广代理银行业务模式，允许代理银行扩大其金融服务的覆盖面，实施小额信贷，加强对中小企业的扶持和培育。

3. 非洲代表性国家——肯尼亚的主要做法

肯尼亚在构建乡村信用体系方面展现了显著的创新性与积极行动，致力于提升农村地区的金融服务质量，进而推动农业的繁荣和农民收入的增加。在这一过程中，肯尼亚特别重视利用金融科技的力量（温信祥等，2014）。例如，Apollo Agriculture 和 Agri-wallet 两家农业金融科技公司运用机器学习、遥感技术和移动通信平台，为农民提供个性化的农业保险和信贷解决方案。Apollo Agriculture 通过分析卫星图像、土壤条件、农民行为和作物产量等数据，精准评估农民的信用状况，使他们能够获得贷款购买优质种子和肥料，从而提升农业生产效率。Agri-wallet 则专注于为偏远地区的小农户提供供应链融资，通过数字账户简化购买农业生产资料的流程，增加农民的收入（王小华等，2011）。

肯尼亚政府实施"农业信贷计划"等政策，为农民提供低利率贷款和金融支持，帮助他们购买必要的农业投入品。鼓励金融机构拓展农村市场，扩大金融服务的覆盖范围。为了克服农村地区金融服务的障碍，肯尼亚加大对农村基础设施的投资，提高电力和互联网服务的普及率。同时，强化金融机构的监管，建立健全的信用评估和风险管理体系。此外，肯尼亚政府还积极推广金融教育和培训项目，提升农民的金融知识水平，使他们能够更有效地利用金融服务。

二 印度及其他发展中国家农村信用发展对乡村振兴的促进作用

印度和其他发展中国家的农村信用发展在其乡村振兴中发挥了重要作用。农村信用不仅能够为农户提供必要的资金支持，提高农业生产效率和农户收入，还有助于减少社会矛盾和冲突，维护乡村治安。农村信用通过赋能农户生计资本、稳定农业产量，以及降低社会矛盾和冲突发生概率等，对这些国家的乡村振兴产生了积极影响。

（一）农村信用持续赋能农户生计资本，实现贫困治理

农村信用对农户生计资本的赋能作用显著，特别是在印度、印度尼西亚、巴西和肯尼亚这样的发展中国家。在印度，微金融模式的成功实施对农村地区贫困人口提高收入和生活水平起到了非常重要的作用。微金融机构通过提供必要的资金支持，帮助农户购买种子、肥料等农业投入品，从而提高农业产量和农户的生计资本。在印度尼西亚，尤其是在在线借贷领域，金融科技发展为农村地区提供了更多的经济机会，减少了贫困和失业导致的社会矛盾和冲突。在巴西，农业现代化和农村发展政策，尤其是"零饥饿"计划和"家庭补助"项目，通过提供收入补助和信贷支持，提高了农户的生计资本，有效减少了农村地区的贫困现象。肯尼亚通过 M-Pesa 手机银行业务改善农村金融服务环境，使得农户能够更便捷地进行小额汇款转账，从而提高了其金融资本和生计资本。

（二）农村信用持续稳定农业产量，保障农户收入

农村信用在稳定农业产量方面发挥了重要作用。在印度，商业银行在农业贷款方面的投入比例较高，通过实施"自助小组-银行联结"（SHG-Bank Linkage）模式，为贫困人口提供微金融服务，有助于农户在价格波动时保持收入稳定。在印度尼西亚，金融科技发展为

农业企业提供资金融通服务，保障了农业产量的稳定。巴西的农业现代化和农村发展政策，特别是对家庭农场的信贷支持，提高了农业生产效率和产量稳定性。肯尼亚的 M-Pesa 业务模式通过移动支付改善了农村金融服务环境，使得农户能够更有效地管理资金，保障了他们的收入稳定。

（三）农村信用持续降低社会矛盾和冲突发生概率，维护乡村治安

农村信用的发展有助于降低社会矛盾和冲突发生概率，维护乡村治安。在印度，微金融模式通过为低收入人群提供金融服务，减少了贫困和失业导致的社会矛盾和冲突。印度尼西亚金融科技发展为农村地区提供了更多经济机会，有助于减少社会矛盾和冲突。巴西的"零饥饿"计划和"家庭补助"项目通过提供收入补助和信贷支持，增强了社区凝聚力和自我发展能力，减少了社会矛盾。肯尼亚的 M-Pesa 业务模式通过提供便捷的金融服务，增强了农村社区的凝聚力，有助于维护乡村治安。

三　经验启示与借鉴

印度、印度尼西亚、巴西、肯尼亚等发展中国家根据本国实际，构建多层次农村金融服务体系，有效提升了金融服务的覆盖率和农业竞争力。这些国家的政策支持、金融服务创新和国际合作对巩固脱贫成果、增加农户生计资本、提高农业生产效率至关重要。印度、印度尼西亚和巴西等发展中国家持续完善农村信用法律体系，加强监管和金融教育，对保护农民权益、促进金融创新和实现政策目标具有重要意义。这些经验为中国农村信用体系建设、促进乡村振兴提供了宝贵的经验借鉴和启示。

（一）充分借鉴发达国家成功经验，因地制宜发展本国农村信用

美国、德国、法国、日本、韩国等发达国家在农村信用发展方面积

累了丰富的经验，其特点包括健全的法律法规、多样化的金融服务和有效的风险管理。例如，美国通过立法确立信贷联盟制度，为农村地区提供低成本贷款；德国则建立以合作银行为主体的农村金融服务体系，有效支持农业和农村发展。这些成功案例为发展中国家提供了可借鉴的模式。

印度、印度尼西亚、巴西、肯尼亚等发展中国家借鉴发达国家经验，通过发展本国农村信用，在促进农村经济发展方面取得了显著成效。巴西农业现代化与农村发展的经验表明，通过实施一系列政策，巴西成功推动了农业现代化和农村"三代"发展过程。巴西政府推出"家庭农业支持计划"（PRONAF）为小规模农户提供信贷支持，以增强生产能力和市场竞争力，从而提高农业生产效率，促进农村经济的多元化发展。

印度农村金融体系比较健全和完善，其农村金融机构网点多、覆盖率高，且有为农民贷款服务的担保、保险等支持系统。印度的"自助小组-银行联结"模式将贫困妇女组织成自助小组，使她们能够获得小额贷款，这一模式极大地提高了金融服务的覆盖率和可及性。这些自助小组不仅帮助成员获得贷款，还为其提供分享经验、交流信息的平台，从而提高了整个社区的经济活力。

印度尼西亚通过推广小额信贷和建立农村银行，提高了农村地区的金融服务覆盖率。印度尼西亚人民银行（BRI）推出的农村银行创新模式，通过在农村设立银行网点，为农村居民提供便捷的金融服务。这一模式不仅增强了农村地区的金融包容性，还促进了印度尼西亚当地经济的发展。

印度、印度尼西亚、巴西、肯尼亚等发展中国家的实践证明，通过借鉴发达国家发展农村信用的经验，结合本国实际情况进行适应性调整，可以有效地构建多层次农村金融服务体系，提高金融服务覆盖率。这不仅推动了农村金融服务发展，还促进了农村经济稳定增长和社会全面进步。未来，发展中国家应继续探索适合本国国情的农村信用发展模式，同时加强国际合作，共同推动全球农村信用健康发展。

（二）巩固贫困人口脱贫成果，促进社会的公平与可持续发展

在全球范围内，巩固脱贫成果对实现社会公平、缩小贫富差距以及推动可持续发展至关重要。这一努力不仅关乎个体和家庭的福祉，更是社会长期稳定与和谐发展的关键。分析印度的微金融模式以及巴西的"家庭农业支持计划"，可以提炼出对全球脱贫工作具有启示性的经验。

全球贫困人口的脱贫工作取得了一定的进展，但挑战依然存在。印度的"自助小组－银行联结"模式通过组织贫困人群成立自助小组，有效地减少了信息不对称问题，大大增加了农户获得小额贷款的可能性，增强了小额信贷机构的可持续发展能力。巴西的"家庭农业支持计划"为小规模农业提供了信贷支持，增加了农户生计资本，帮助他们提高了农业生产效率。

综合上述经验，巩固贫困人口脱贫成果需要综合考虑政策支持、金融服务创新和国际合作。微金融模式的推广是提高贫困人口生活水平的关键，通过降低信贷门槛，提高金融服务的覆盖率和可及性。政策支持与立法是成功脱贫的重要基础，为农村信用发展提供了坚实的基础。国际合作与技术转移在分享最佳实践和提升小规模农业生产力方面发挥着重要作用。发展农村信用，可以有效地为贫困人口提供金融服务，帮助其巩固脱贫成果。展望未来，应继续关注贫困人口的需求，不断优化和创新扶贫策略，确保脱贫成果的可持续性。同时，应通过持续的监测和评估，准确把握扶贫政策的效果，及时调整和完善措施，实现全球范围内的减贫目标，促进社会的公平与可持续发展。

（三）持续完善农村信用法律体系，推动整个农村地区的经济发展

在发展中国家，特别是在农村地区，农村信用发展对经济全面振兴

具有至关重要的作用。这些地区的农村经济活动是国家整体发展水平和贫困减少程度的直接影响因素。有效的农村信用能够为农业生产和农业经济活动提供必要的资金支持，促进技术创新，提高农业生产效率，进而推动整个农村地区的经济发展。

印度尼西亚和巴西等国家的案例展示了农村信用在促进经济增长中的积极作用。印度尼西亚通过小额信贷项目，尤其是与非政府组织的合作，成功地将金融服务扩展到农村地区，增强了这些地区的经济活力和社会稳定性。例如，印度尼西亚人民银行创新推出的无须抵押的小额贷款等金融服务，既增强了农村地区的金融包容性，也促进了当地经济的发展。巴西通过普惠金融政策，特别是对小微金融的支持，促进了农村地区的经济发展。巴西政府实施小额信贷政策，通过提供低成本贷款，帮助农村地区中小企业和农户扩大经营规模，提高生产力。例如，巴西政府推出的"生产者支持计划"通过提供优惠贷款，帮助农户购买农业机械和改善灌溉系统，显著提高了农业生产效率和农户收入水平。

综合上述经验可以看到，有效的农村信用对促进农村地区的经济发展和社会稳定至关重要。这些发展中国家通过创新金融模式和提供政策支持，成功地将金融服务扩展到农村地区，增强了金融包容性，并促进了当地经济发展。这些经验提供了重要启示：发展中国家应当高度重视农村信用，通过立法和政策支持，引导更多的金融资源流向农村地区，实现经济均衡发展和社会长期稳定。

因此，广大发展中国家应当采取积极措施，加强金融监管，制定和修订适应农村金融发展的法律，通过建立合作机制，共同推动农村信用发展，为实现可持续发展目标做出贡献。同时，持续完善农村信用法律体系，为农村金融服务提供坚实的基础，保护农民和小微企业权益，促进金融创新，实现政策目标。

第五节　国外农村信用发展与乡村振兴
对中国的启示

在国际视野下，国外农村信用发展经验为中国乡村振兴提供了有益的借鉴。例如，法律制度的完善、信用市场供需的精准匹配、农民福祉提升的追求，以及现代数字技术的融合，推动了农村信用创新和发展。这些经验对构建和完善中国农村信用体系、促进乡村全面振兴具有重要的借鉴价值，尤其是在提升金融服务效率、扩大服务覆盖面、增强农业竞争力和实现农村可持续发展等方面。通过深入分析和借鉴这些实践经验，中国可以在农村金融服务领域实现新的跨越，为农村经济持续健康发展和农民福祉提升提供坚实的金融支持，促进乡村全面振兴。

一　重视农村信用法律法规，保障农村金融稳定和农村经济全面发展

在农村信用发展过程中，法律制度的保障作用至关重要。完善的农村信用体系不仅是确保农村金融供需有效对接的关键，也是实现资源优化配置的基础。农村信用是农村金融的核心组成部分，与乡村振兴战略的实施密切相关。中国的农村信用体系在法律保障方面存在不足，主要表现为中国缺乏全面规范农村金融活动的法律。为了扎实推进乡村振兴工作，促进农村经济全面发展，加快农村信用体系立法和农村金融市场立法刻不容缓。

一是加快制定和完善农村信用法律法规，为农村信用发展提供法律保障。完善农村信用法律法规，促进国家政策文件在各地落细落实。构建具有法律保障的监管体系，实行柔性监督机制，营造良好的信用环境和公平高效的市场环境，保障金融机构顺利进驻农村市场，引导金融

机构开展信贷投放，缓解农村"金融排斥"现象，全面推进乡村振兴战略的实施。通过完善相关立法拓展农村信用应用场景，实现从局部到整体的覆盖，建立"稳定—安全—可持续"的农村信用发展模式，打造契约型现代乡村，为乡村振兴奠定基础。

二是制定和完善农村金融法律法规，确立农村合作金融的法律地位。借鉴美国《农业信贷法》，确立农村金融的法律基础，为农村金融活动提供明确的指导，增强金融体系的稳定性和预测性，促进农村金融市场健康发展，为乡村振兴提供坚实的法律制度保障。借鉴德国的《合作社法》，加强农民合法权益保护，维护农村地区稳定。借鉴法国的《农业互助保险法》，确保农村信用合作的合法性和规范性。通过立法明确合作金融组织的职能分工，提高金融服务的效率和专业性，确保金融服务能够根据农业的实际需求适时调整，从而更好地服务于农业和农村社区的发展。

三是用法律规范涉农信用信息的归集和使用，保护涉农信用数据安全。借鉴德国和法国的经验，建立全国性的信用信息平台，强化省级平台效用，创新农村信用信息采集模式，整合农民和农业企业的信用历史、资产状况、还款能力等信用信息，促进信用信息在供需双方之间的流通，为金融机构提供准确的信用评估依据，降低信贷风险，提高农民获取贷款的可能性，提升农业经营主体信用体系建设质效。

二　瞄准农村信用市场，满足农村金融市场供需平衡和多元化发展需求

农村信用体系建设是乡村振兴战略中的关键一环，它直接关系到农村金融市场的健康发展和农业经营主体融资难题的缓解。国外农村信用发展的成功经验表明，瞄准信用市场供需是实现农村金融供需平衡的重要途径。

一是满足农村市场的信用需求，提供精准的金融服务。瞄准农村信

用市场供需，是国外农村信用发展的经验。政策制定者和金融机构深入了解农村市场的信用需求，提供与农业经营主体信用状况相匹配的金融服务，注重信用评价体系建设，提高信用贷款的可获得性，有效促进农村金融市场供需平衡，为乡村振兴提供有力的金融支撑。同时，发展农村数字普惠金融，加强对以县域信贷业务为主的金融机构的精准货币政策支持，推进农村信用体系建设。

二是构建强有力的金融服务体系，满足农村经济的多元化需求。借鉴美国的复合信用型模式，构建由农村政策性金融体系、农村合作性金融体系、农村商业性金融体系以及农村保险体系组成的全方位、多层次、多元化的金融服务体系，满足不同农业经营主体的融资需求，实现政策性金融机构主要办理商业银行和其他贷款机构不愿提供或无力提供的贷款业务，以及合作性金融机构为农业生产者和农业经营者提供长期可持续的商业贷款业务，以弥补商业性金融服务缺位的运行模式。

三　关注农民增收，提高农业生产效率和农民获取金融服务的能力

农村信用在促进农业增收、发展农村经济方面发挥着重要作用。它不仅能够为农民提供必要的资金支持，增强经济实力，还能提升抗风险能力，推动农业生产现代化和农村经济持续增长。推进农村信用体系建设，必须高度关注农民增收和农村经济的发展。

一是发展农村金融市场，提高农民获取金融服务的能力。参考美国和德国农村信贷系统的做法，建立和完善以政策性金融机构为核心的农村金融服务体系。建立产权清晰的农村金融体系，确保政策性金融机构、农业信贷担保与保险体系以及农村合作性金融机构能够自主运作、独立核算，并在业务上形成相互协作的工作机制。通过政府补贴、增加农业贷款、发展农村金融市场等措施，为农业提供全面的金融服务，提高农民获取金融服务的能力，以满足不同农户的需求，为农民增收提供

金融支持。

二是消除农民区域差别，提供全面金融服务。借鉴法国农业信贷互助银行模式，明确中国农业发展银行的职能，扩大其业务范围，特别是在支持农业现代化、农村基础设施建设等方面。巩固农村信用社改革成果，确保其主要服务于农村和农民。通过政府补贴、税收优惠等措施，激励金融机构增加对农业和农村发展的贷款，特别是对小农户和弱势群体的信贷支持，以缩小城乡金融服务差距。此外，因地制宜发展农村金融市场，激励金融机构为"三农"服务，解决信贷投放不均问题，促进农村经济均衡发展，为农民增收、农村经济全面发展提供资金保障。

三是构建政府支持的农业保险体系，降低农业经营风险。参考日本农业保险制度，对农业保险予以政策扶持，减轻农民负担。降低农业生产经营风险，保护农民免受自然灾害等不可预见风险的影响，鼓励农民加大对农业的投入，提高农业生产效率，促进农民增收，为实现农民增收和农村经济全面发展提供风险保障。

四　发展数字普惠金融，增强农村金融服务的便捷性和普惠性

随着信息技术的飞速发展，现代数字技术成为推动农村信用体系现代化的关键力量。运用现代数字技术是中国农村信用体系建设的重要方向，通过数字化转型，中国农村信用体系将会更好地适应新时代农村经济的发展要求，为乡村振兴战略提供强有力的金融支持。

一是加快数字化转型，发展数字金融。参考美国农业信用管理局的监管框架，搭建全国性的农村数字金融平台，整合各类金融机构的服务，提供统一的数字化接口，实现金融资源的灵活配置，精准对接农村需求。强化数据分析、风险评估和信用评分功能，通过分析农业生产数据、市场趋势和农民的交易记录，为农民提供更准确的信用评分，降低金融机构的信贷风险。

二是运用现代数字技术，降低农村交易成本。通过移动支付、大数据分析、云计算等，改善农村金融服务环境，扩大金融服务的覆盖范围，提高金融服务的可达性和便捷性，提升金融服务效率。加强农村地区，尤其是偏远农村地区的网络基础设施建设，提升互联网覆盖率，推广数字金融服务。

三是开发数字化风险预警系统，加强农村金融风险管理。通过数字化技术创新，拓展农村金融服务的边界，使农村地区的金融服务更加普惠。开发数字化风险预警系统，利用卫星图像、气候数据和市场动态等信息，实时监控农业生产风险和金融市场变化，为农业生产者和金融机构提供早期预警，为农村地区提供更加精准和高效的金融服务，进而提高农村金融服务的效率。

第七章

研究结论与政策建议

第一节　研究结论

本书旨在深入探讨农村信用在推进中国乡村振兴战略中的重大意义与重要作用，从理论与实践两个维度，系统分析农村信用体系构建、发展、完善，以及在促进农村经济、社会、文化和生态全面发展中的关键作用。农村信用体系的建设和完善是实现乡村振兴战略的关键，需要政府、市场和社会的共同努力，以促进农村经济的全面发展和农民的共同富裕。

一　中国农村信用发展水平仍需持续提升

近年来，中国农村信用虽然得到了一定发展，但整体上仍处于较低的水平，与乡村振兴战略的要求以及农村经济社会发展的需求相比，还存在较大的差距。因此，仍需持续发展提升。

农村信用信息的采集、整理和共享面临诸多挑战。从当前情况看，尽管农村信用体系建设引起了广泛关注并在逐步推进，但仍面临诸多挑战。一方面，农村地区的信用信息分散且不规范，涉及众多部门和机构，数据整合难度较大，导致信息孤岛现象较为普遍，难以形成全面、准确的信用画像。这使得金融机构在评估农村经济主体信用状况时面临信息不充分的困境，增大了信贷风险，进而限制了金融资源在农村的有效配置。另一方面，信用评价标准的科学性和合理性有待进一步提高。目前的信用评价体系未能充分考虑农村经济的特殊性，如农业生产的季节性、风险性以及农村经济主体的多样性等，导致信用评估结果与实际情况存在偏差，无法精准反映农村经济主体的信用风险，不利于农村信用市场的健康发展。

农村信用环境的培育也需要持续加强。在部分农村地区，诚信意识尚未深入人心，失信行为仍时有发生，信用文化建设相对滞后。这种信用环境不仅影响了金融机构对农村地区的信心，也制约了农村经济社会的可持续发展。例如，一些农户和农村企业对信用的重视程度不够，存在违约、欺诈等不良行为，破坏了市场秩序，使得金融机构在提供信贷服务时更加谨慎，甚至出现惜贷现象，进一步加剧了农村融资难、融资贵的问题。

农村信用应用场景的创新不足。这是制约农村信用发展水平提升的重要因素。虽然信用在一些传统领域如农业贷款方面有所应用，但在新兴产业和领域的拓展还不够广泛，未能充分挖掘信用在推动农村产业升级、农村电商发展、农村消费升级等方面的潜力。这使得农村信用体系的功能未能得到充分释放，无法为农村经济的多元化发展提供全方位的支持。

与国外一些发达国家相比，中国农村信用发展水平的差距更为明显。发达国家在农村信用体系建设方面积累了丰富的经验，如美国拥有完善的个人信用体系、多样的农村信用机构以及健全的法律制度规范，为农村金融市场的稳定和发展提供了坚实保障；德国和法国通过政府与基层的有效信用合作，推动了农村产业发展和村庄更新；日本和韩国注重基层信用组织功能的发挥，为农户提供多元化的金融服务。这些国家的成功经验为中国农村信用发展提供了有益的借鉴，同时也凸显了中国农村信用体系建设水平尚需进一步提升。

中国农村信用发展水平的提升是一个系统且长期的工程，需要政府、金融机构、农村经济主体以及社会各界的共同努力。只有持续加强信用体系建设、优化信用环境、创新信用应用场景，才能不断提升农村信用发展水平，为乡村振兴战略的实施提供有力支撑，推动农村经济社会高质量发展。

二 中国农村信用在全方位助力乡村振兴中发挥了重要作用

在推进中国乡村振兴的进程中，农村信用发挥了不可替代的关键作用，全方位地助力乡村实现全面振兴。

农村信用发展在产业兴旺方面展现出强大的推动力量。金融机构通过建立健全的信用体系，能够更精准地评估农村经济主体的信用状况，从而为农业生产、农村产业融合提供充足且及时的资金支持。例如，各地积极开展的"整村授信"工程为农户和农村企业开辟了便捷的融资渠道，有力地促进了特色农业产业的蓬勃发展。许多地区凭借信用贷款，大力发展乡村旅游、农产品加工等多元化产业，延长了农业产业链，提高了农产品附加值，实现了农村产业的兴旺发达，为乡村经济增长注入了源源不断的活力。

在生态宜居建设方面，农村信用也贡献着积极力量。一些地方将信用与生态保护相结合，通过绿色信贷等创新金融产品，引导农村资金流向生态农业、环保项目等领域。例如，为鼓励农户采用环保生产方式，金融机构为实施绿色种植、养殖的农户提供低息贷款，推动农村生态环境持续改善。同时，信用体系建设也促使农村企业更加注重环保责任，在生产经营过程中积极推进节能减排，共同营造生态宜居的乡村环境，提升了乡村的整体品质和吸引力。

农村信用对乡风文明的培育意义深远。信用积分制度在广大农村地区的推行，将诚信行为与村民的实际利益挂钩，极大地激发了村民的诚信意识和参与乡村治理的积极性。村民在日常生产生活中更加注重自身的信用行为，积极遵守村规民约，踊跃参与志愿服务等社会公益活动，形成了良好的社会风尚。这种文明乡风不仅促进了乡村社会的和谐稳定，还为乡村振兴提供了强大的精神动力和智力支持，增强了乡村的凝聚力和向心力。

乡村治理的有效推进离不开农村信用的助力。信用数据在乡村治理中的应用，使政府部门能够更加精准地了解农村社会经济发展状况，为制定科学合理的政策提供了有力依据。同时，信用监管机制的不断完善，有效地规范了农村市场秩序，提升了农村社会治理的效能和水平。例如，一些信用建设示范村通过建立信用奖惩机制，对守信主体给予政策优惠和表彰奖励，对失信行为进行惩戒约束，营造了公平公正、诚信守法的社会氛围，推动了乡村治理体系和治理能力现代化。

农村信用发展在促进农民生活富裕方面成效显著。一方面，信用体系的完善为农民提供了更多获得金融服务的机会，帮助他们解决创业、生产经营等方面的资金难题，增加了农民的收入。另一方面，通过信用赋能农村产业发展，带动农村就业，让农民在家门口就能实现就业增收，切实提高了农民的生活质量和幸福感，助力农民逐步实现共同富裕的目标。

中国农村信用发展在乡村振兴的各个维度均发挥了重要作用，充分展现出助力乡村全面振兴的强大力量。但在未来的发展进程中，仍需不断优化和完善农村信用体系，进一步拓展信用应用场景，加强信用文化建设，更好地推动乡村振兴战略的深入实施，让广大农村地区焕发出更加蓬勃的生机与活力。

三 中国农村信用的数字化转型亟须加快推进

在数字化浪潮下，中国农村信用的数字化转型已成为推动农村经济社会发展、实现乡村振兴目标的关键任务，需进一步加快农村信用数字化转型进程。

农村信用数字化转型对解决信息不对称问题具有重要意义。当前，农村地区信用信息分散且获取难度较大，传统的信用评估方式难以全面、准确地反映农村经济主体的信用状况。加快数字化转型，借助大数据、云计算、区块链等技术手段，可以整合来自多个部门和渠道的信用信息，构建更加全面、精准的信用评价体系。通过数字化平台，能够实时采集和更新农户及农村企业的生产经营数据、交易记录、纳税信息等，为金融机构提供更加丰富、可靠的信用依据，从而降低信贷风险，提高金融资源配置效率。例如，一些地区已经开始探索利用物联网技术监测农业生产过程，将农作物生长数据、气象数据等纳入信用评估范畴，为农业贷款提供了更加科学的决策支持。

数字化转型有助于创新农村信用产品和服务模式。随着农村经济的多元化发展，传统的金融服务模式已难以满足农村经济主体日益多样化的需求。通过数字化手段，可以开发出更加个性化、定制化的信用产品，如基于农产品供应链的金融服务、农村电商信用贷款、农业科技创新专项贷款等。同时，数字化平台能够提供便捷的线上金融服务，打破时间和空间限制，让农民和农村企业能够随时随地获取金融支持。例如，移动支付技术在农村的普及，不仅方便了农民的日常消费和交易结算，还为农村金融服务的拓展提供了新渠道，如通过手机银行实现小额贷款的申请、审批和发放，大大提高了金融服务的便利性和可及性。

农村信用数字化转型对提升农村信用管理效率和风险防控能力至关重要。数字化系统能够实现信用信息的自动化处理和分析，减少人工干预带来的误差和降低主观性，提高信用评估的准确性和及时性。同时，建立风险预警机制，利用大数据分析技术对信用风险进行实时监测和预警，能够及时发现潜在风险点，并采取相应措施进行防范和化解。例如，在面对自然灾害等不可抗力对农业生产造成的影响时，数字化平台可以迅速评估风险程度，为金融机构调整信贷政策提供依据，避免因风险集中爆发而引发系统性金融风险。

此外，加快农村信用数字化转型也是适应数字经济发展趋势、缩小城乡数字鸿沟的必然要求。在城市地区，数字化金融服务已经得到广泛应用，而农村地区在这方面相对滞后。推进农村信用数字化转型，有助于提升农村地区的数字化水平，促进城乡一体化发展。同时，数字化转型还能够吸引更多的金融科技企业和社会资本参与农村信用体系建设，为农村信用市场注入新的活力。

中国农村信用的数字化转型是一项具有深远意义和紧迫性的任务。只有加快推进这一进程，充分利用数字技术的优势，才能构建更加完善、高效的农村信用体系，为乡村振兴提供有力的金融支撑，推动农村经济社会实现高质量发展。在未来的发展中，政府、金融机构、科技企业等各方应加强合作、加大投入，共同推动农村信用数字化转型取得实质性进展。

四　中国农村信用发展的地方实践应持续探索

中国广袤的农村地区在地理、经济、文化等方面存在显著差异，这使得农村信用发展无法遵循单一模式，而地方实践的持续探索则成为推动农村信用体系不断完善、适应各地实际需求的关键路径。

东部地区经济相对发达，金融资源较为丰富，其农村信用发展的地方实践呈现创新多元的特点。以江苏省为例，宿迁市通过信用赋能农村普惠金融和社会治理的"信用＋N"模式，将信用与融资、农旅融合、富民增收等紧密结合，在制度创新、载体创新和应用创新方面取得了显著成效，为其他地区提供了可借鉴的范例。连云港市研发的信息采集微信小程序和搭建的信用惠农融资服务平台，充分利用科技手段解决了农村征信难题，实现了信息采集的高效化和融资对接的便捷化，有力地推动了当地农业经济的发展。昆山市的"大数据＋积分制＋网格化"信用格局，将数字化技术与社会治理深度融合，通过量化积分标准、发挥网格化力量和搭建大数据平台，构建起乡村治理共同体，在提升乡村治理水平和农民幸福感方面发挥了积极作用。

中部地区在农村信用发展的地方实践中，注重结合自身农业产业优势，以服务产业发展为核心。以山西省为例，大同市充分发挥中国人民银行大同市分行和大同市发展改革委的"双牵头"作用，加强与征信机构合作，扩大征信有效供给，通过"整村授信"等方式推动农村信用体系建设，为智慧农业发展提供有力支持。运城市实施"百县千村"信用示范工程，搭建乡村资产数字化服务平台，聚焦特色优势产业创新信贷产品及服务模式，针对运城果业推出一系列特色贷款产品，有效地促进了当地特色产业做大做强。晋中市以信用县创建为契机，搭建涉农大数据信用信息共享平台，推进"信用审批"改革，创新综合监管模式，实施"百乡千村"治理行动，全面提升了社会信用体系建设水平，助推乡村振兴发展。

西部地区在农村信用发展的地方实践中，积极探索适合本地的信用建设模式，以应对自然条件和经济发展水平等方面的挑战。以重庆市为例，巴南区利用金融科技打造"一站式"涉农信贷服务平台，推动农村地区金融环境持续优化，助力产业绿色化发展。云阳县通过构建涉农数据字典、开展动态核查清洗和建立多维评价模型，实现了"三农"融资的降本增效，为金融服务乡村振兴提供了新样板。以四川省为例，甘孜州将农村信用体系建设与精准扶贫相结合，创新金融产品和服务，为脱贫攻坚和乡村振兴的有效衔接提供了有力支撑。绵阳市则聚焦农村集体经济发展，夯实信用基础，创新金融服务模式，为村级集体经济提质增效注入了强大动力。

东北地区在农村信用发展的地方实践中，紧密围绕农业生产特点和农村发展需求，探索具有地方特色的信用建设路径。以黑龙江省为例，牡丹江市以"整村授信"为抓手，创新"三精"模式，即精准评级、精准授信和精准匹配政策，有效地解决了农户"贷款难""贷款慢""贷款贵"等问题，助力当地乡村振兴。鹤岗市创新"信用+智慧监管"模式，在林业和草原领域实行"清单+告知+承诺"、推行"互联网+政务服务"、强化信用分级分类监管，实现全流程动态监管，提升了监管效能。以吉林省为例，延边朝鲜族自治州搭建农村金融供应链综合服务平台，创新"信用+农村金融"模式，为保障国家粮食安全和助力乡村振兴发挥了重要作用。

中国农村信用发展的地方实践虽已取得了丰硕的成果，但各地区仍需持续探索。应充分挖掘自身优势，结合当地农村经济社会发展的实际情况，不断创新信用建设模式、拓展信用应用场景、完善信用监管机制，以适应不断变化的农村发展需求，为农村信用体系的持续健康发展提供源源不断的动力，共同推动乡村振兴战略的全面实施。

第二节　政策建议

在乡村振兴的宏伟蓝图中，农村信用体系是关键基石，其重要性不言而喻。随着中国乡村振兴战略的深入推进，农村信用体系建设的紧迫性日益凸显。从理论层面而言，完善的农村信用体系能够有效整合农村资源，优化资源配置，为农村各类经济活动提供坚实的信用支撑，促进金融资源向农村地区的合理流动。农村信用体系建设的实践表明，良好的信用环境有助于激发农村市场活力，推动农业产业升级，提升农民的创业积极性与参与度。为更好地构建、发展和完善农村信用体系，需要政府、市场与社会协同发力，为农村信用体系的蓬勃发展筑牢根基，进而为乡村振兴战略的全面实施开辟广阔道路，引领农村走向经济繁荣、社会和谐、文化兴盛、生态美好的新未来。

一 持续推动数字乡村与信用乡村融合发展，实现农村信用数字化转型

数字化转型是农村信用助力乡村全面振兴的重要方向，需持续推动数字乡村与信用乡村的融合发展。

（一）数字化转型对农村信用助力乡村全面振兴的积极影响

在信用评估与风险防控方面，数字化技术能够整合多源信用信息，如农户经营数据、企业财务信息等，通过大数据分析构建精准信用画像，金融机构借此能够更加准确地评估风险，降低信息不对称。实时监测功能可及时察觉信用风险变化，如农户遭遇自然灾害影响还款能力时，系统会提前预警，便于金融机构调整策略，保障金融稳定，为乡村振兴筑牢风险防线。

信用产品与服务模式因数字化转型得以创新。个性化定制的信用产品应运而生，如针对农村电商的专属贷款，可依据其交易数据和信用评级精准投放，满足多样化需求。线上服务平台打破了时空限制，农户可随时申请贷款、查询信用，提高了金融服务的可得性，加速了农村经济活动的运转。

数字化转型有助于优化信用环境与加强社会治理。通过网络广泛传播信用文化，以信用积分激励村民守信，让守信者在贷款额度和利率上获得优惠，使失信者受限，促进乡风文明。信用数据能够辅助政府精准决策，提升乡村治理效能。政府通过信用数据分析确定产业扶持重点，实现资源高效配置。

在产业发展层面，数字化信用体系引导资金流向农村特色产业，助力产业升级，如为农产品加工企业提供信贷支持、引进新技术。同时，打破产业信息壁垒，促进三次产业融合，以信用为纽带加强产业链上下游合作，如农产品供应商与电商基于信用合作拓展销售渠道，增加农民收入，推动农村经济多元化发展。

（二）推动农村信用数字化转型的相关建议

第一，加强数字基础设施建设。一方面，提升网络覆盖率与通信质量。加大对农村地区网络基础设施建设的投入，扩大高速宽带和移动网络的覆盖范围，特别是偏远地区。提高网络通信质量，确保数据传输的稳定性和高效性，为农村信用数字化转型提供坚实的网络基础。另一方面，建设数据存储与计算中心。在农村地区或其周边合理布局数据存储和计算中心，以满足农村信用数据的存储、处理和分析需求。提升数据中心的运算能力，保障信用信息系统的顺畅运行，降低数据处理延迟的不利影响，确保信用评估和决策的及时性。

第二，完善信用数据采集与整合机制。一方面，拓展信用数据来源渠道。鼓励政府部门、金融机构、农村企业和社会组织等多方参与信用数据采集，整合农业生产、农村电商、乡村治理等多领域数据。除传统的信贷数据外，纳入农产品交易记录、土地流转信息、农村社保缴纳情况等非传统数据，丰富信用数据维度，更全面地反映农村经济主体信用状况。另一方面，建立数据标准化与共享平台。制定统一的数据标准和规范，确保不同来源的数据能够有效对接和整合。搭建农村信用数据共享平台，实现政府部门之间、金融机构之间以及政府部门与金融机构之间的数据共享和互通，打破信息孤岛，提高信用数据的利用效率。

第三，推动信用评估模型与算法创新。一方面，引入先进技术优化评估模型。运用大数据分析、人工智能、机器学习等技术，构建更精准、动态的信用评估模型。例如，通过机器学习算法对海量农村信用数据进行挖掘和分析，识别影响信用风险的关键因素，自动生成信用评分，减少人为主观因素干扰，提高信用评估的准确性和客观性。另一方面，结合农村特点定制评估算法。充分考虑农村经济的季节性、地域性和产业特殊性，开发适用于农村信用评估的个性化算法。例如，针对农业生产周期长、受自然因素影响大等特点，在信用评估中引入气象数据、农产品市场价格波动等因素，使信用评估结果更贴合农村实际情况。

第四，培养数字化专业人才队伍。一方面，加强农村金融科技人才培养。与高校、职业院校合作，开设农村金融科技相关专业或课程，培养既懂农村金融又具备数字技术能力的复合型人才。通过线上线下培训、专题讲座等方式，对现有农村金融从业人员进行数字化技能培训，提升其业务水平和数字化素养。另一方面，引进外部人才与借鉴成功经验。积极吸引城市金融科技人才投身农村信用体系建设，鼓励金融科技企业与农村金融机构开展人才交流与合作。借鉴城市数字化转型的成功经验，引进先进的管理理念和技术应用模式，为农村信用数字化转型注入新活力。

第五，强化政策支持与监管保障。一方面，制定鼓励政策，实施财政补贴。政府出台专项政策，鼓励金融机构加大对农村信用数字化转型的投入，对积极参与农村信用数字化建设的金融机构给予税收优惠、财政补贴等支持。设立农村信用数字化发展专项资金，用于支持相关技术研发、平台建设和试点项目推广。另一方面，加强监管与风险防范。金融监管部门应建立健全农村信用数字化监管框架，明确监管规则和标准，加强对信用数据安全、算法合规性、金融消费者权益保护等方面的监管。同时，制订风险防范预案，应对数字化转型过程中可能出现的数据泄露、模型偏差、网络攻击等风险，确保农村信用体系安全稳定运行。

二 不断强化农村信用对农村金融的基础作用，实施农村信用精准化融资

精准化融资是农村信用助力乡村全面振兴的重要路径，需不断强化农村信用对农村金融的基础作用。

（一）精准化融资对农村信用助力乡村全面振兴的提升作用

在产业振兴方面，精准化融资能够依据农村不同产业的特点和需求精准投放资金。对于特色农业产业，如高附加值农产品种植、现代化

养殖等，能够提供定制化的信贷支持，帮助其引进先进技术、扩大生产规模，提升农产品质量和市场竞争力。同时，精准的资金扶持有助于乡村旅游、农村电商等农村新兴产业蓬勃发展，推动农村产业结构优化升级，实现产业多元化发展，为乡村经济增长奠定坚实基础。

乡村人才振兴受益于精准化融资。通过提供优惠贷款、创业扶持资金等精准化金融服务，吸引和培育各类人才投身农村建设。一方面，鼓励农村本土人才返乡创业，为他们提供启动资金和发展资金，支持其开展农业创新项目、发展农村新业态。另一方面，吸引外部人才，如农业科技人才、经营管理人才等流入农村，其带来的先进理念和技术与农村信用体系协同作用，能够提升农村产业的科技含量和管理水平，为乡村振兴提供智力支持和人才保障。精准化融资对农村生态振兴意义重大。针对生态农业、绿色产业项目，如有机农业、生态修复工程等，精准配置资金，助力其发展壮大。这不仅能够推动农村生态环境的改善，实现农业可持续发展，还可以通过绿色产业的发展带动农民增收致富。例如，为生态农业企业提供低息贷款，用于购置环保设备、推广绿色种植技术，既能够提高农产品的品质和市场认可度，又可以保护农村生态环境，实现经济效益与生态效益的双赢。

精准化融资有助于优化乡村治理体系。通过精准评估农户和农村企业信用状况，可以为乡村治理提供数据支持。在此基础上，精准化融资可以与乡村治理有效结合，对信用良好的主体在公共服务、基础设施建设等方面给予优先支持，激励村民和企业积极参与乡村治理，提升乡村治理效能，营造良好的乡村发展氛围。

（二）实现农村信用精准化融资的相关建议

第一，完善信用评估体系，精准识别融资需求。一方面，建立多维度信用评价指标。除了传统的财务指标外，纳入农业生产经营数据、社会信用记录、环保合规情况等非财务指标，全面评估农村经济主体信用状况。例如，考量农户的土地耕种面积、农产品产量稳定性、参与乡村公益活动情况以及是否遵守环保规定等因素，构建更加科学、全面的信用评价体系。另一方面，运用大数据与人工智能技术。利用大数据分析农村经济主体的消费行为、交易记录等数据，挖掘潜在融资需求。借助人工智能算法对信用数据进行深度分析，实现信用评估的自动化和精准化，提高融资需求识别的准确性和效率。

第二，创新金融产品与服务，精准匹配融资供给。一方面，开发多样化金融产品。根据农村不同产业的特点和发展阶段，设计个性化金融产品。例如，针对农业生产周期长的特点，推出中长期低息贷款；为农村电商企业提供基于线上交易数据的信用贷款；为农村新兴产业如乡村旅游、农村康养等开发特色融资产品，满足不同主体的多样化融资需求。另一方面，提供定制化金融服务。金融机构应深入农村调研，了解农户和农村企业的实际需求，为其提供一对一的融资方案。例如，根据农产品加工企业的季节性资金需求，制订灵活的还款计划；为农村创业者提供创业辅导与金融服务一体化的综合服务，提高融资的匹配度和有效性。

第三，加强信息共享与协同，精准对接融资供需。一方面，构建农村信用信息共享平台。整合政府部门、金融机构、农村企业和社会组织的信用信息资源，打破信息壁垒，实现信息的互联互通。通过该平台，金融机构可以及时获取农村经济主体的信用状况和融资需求，农村经济主体也能了解金融产品信息，促进融资供需双方的精准对接。另一方面，加强部门协同合作。政府部门、金融监管机构、农村金融机构等应加强协作，共同推动农村信用精准化融资。政府部门应完善政策支持体系，提供政策引导和财政补贴；金融监管机构应加强监管，规范融资市场秩序；农村金融机构应积极创新服务模式，优化融资流程，提高融资服务质量。

第四，提升农村经济主体金融素养，精准引导融资行为。一方面，开展金融知识普及教育。通过举办培训班、开展宣传活动等方式，向农村居民普及金融知识，提高其对金融产品和融资流程的认识。例如，向农户讲解贷款政策、信用的重要性以及如何合理使用贷款资金等，增强农村经济主体的金融意识和风险防范能力。另一方面，培养农村金融人才。鼓励高校和职业院校开设农村金融相关专业课程，培养农村金融专业人才。加强对农村基层干部和农村企业负责人的金融培训，提高其在融资规划、财务管理等方面的能力，引导农村经济主体合理融资、科学用资。

第五，强化政策支持与风险防控，精准优化融资环境。一方面，加大政策扶持力度。政府出台税收优惠、财政贴息、风险补偿等政策措施，降低农村经济主体融资成本，调动金融机构服务农村的积极性。例如，对涉农贷款的金融机构给予税收减免，对涉农贷款利息进行财政补贴。另一方面，建立风险分担与预警机制。建立农村信用风险预警机制，通过实时监测信用数据变化，及时发现潜在风险，提前采取措施防范和化解信用风险，保障农村信用融资环境的稳定。

三　有序拓展农村信用对农民增收的致富渠道，推动农村普惠性共富

普惠性共富是农村信用助力乡村全面振兴的重要目标，需有序拓展农村信用对农民增收的致富渠道。

（一）普惠性共富对农村信用助力乡村全面振兴的重要意义

普惠性共富在农村信用助力乡村全面振兴中具有深远且关键的意义，是推动乡村可持续发展、实现全面振兴目标的重要支撑。

从经济层面来看，普惠性共富确保了农村信用体系的服务对象覆盖广大农民群体，尤其是低收入群体和弱势群体。这有助于打破传统金融服务的局限，使更多农民能够获得公平的融资机会，促进农村经济的均衡发展。例如，通过为小农户提供低门槛、低成本的信贷支持，帮助其扩大生产规模、引进新技术，提高农业生产效率和农户收入水平，缩小贫富差距，实现共同富裕。

从社会层面来看，普惠性共富体现了农村信用体系的公平性和包容性。它有助于增强农村社会的凝聚力和稳定性，减少贫富分化可能引发的社会矛盾。当农民普遍受益于农村信用体系建设带来的发展机遇时，会激发其积极参与乡村建设的热情，从而形成互帮互助、共同发展的良好氛围，促进乡村社会的和谐进步。

对于乡村振兴战略的整体推进，普惠性共富是不可或缺的重要环节。它与产业兴旺、生态宜居、乡风文明、治理有效等目标相互关联、相互促进。农村信用助力普惠性共富，能够为农村产业发展提供广泛的资金支持，推动产业升级和多元化发展，也能够为改善农村生态环境、培育文明乡风、提升乡村治理效能提供坚实的经济保障和社会基础，使乡村振兴战略得以全面、协调、可持续的实施。

此外，普惠性共富还能提升农村信用体系自身的可持续性和发展活力。当更多农民在信用体系中获得实惠时，他们会更加注重自身信用的维护和提升，从而形成良好的信用环境。这种良性循环将进一步促进农村信用体系的完善和发展，使其在乡村振兴中发挥更大的作用。

（二）以农村信用发展带动普惠性共富的相关建议

第一，加强农村信用体系建设，扩大金融服务覆盖面。一方面，加强信用信息采集与整合。全面收集农户和农村企业的信用信息，包括生产经营、交易记录、社会信用行为等方面。建立统一的信用信息平台，整合政府部门、金融机构、电商平台等多渠道数据，确保信用信息的准确性、完整性和及时性，为普惠金融服务提供坚实的数据基础。另一方面，推进信用评价体系优化。构建科学合理、符合农村实际的信用评价指标体系，降低对传统抵押物的依赖，注重信用记录、经营能力、发展潜力等软信息评估。创新信用评价方法，运用大数据分析、人工智能等技术手段，实现信用评价的自动化和精准化，提高信用评级的公正性和客观性，使更多农村经济主体能够获得合理的信用评分，从而有机会享受到金融服务。

第二，创新农村金融产品与服务，满足多样化需求。一方面，开发具有针对性的金融产品。根据农村不同产业的特点和农民群体的需求差异，设计多样化的金融产品。例如，针对农村种植养殖大户，推出期限灵活、额度适中的生产经营贷款；针对农村电商创业者，为其提供基于线上交易数据的信用贷款；面向农村低收入群体，开发小额信贷产品，用于发展特色农业或家庭手工业，帮助其增收致富。另一方面，提供综合性金融服务。金融机构突破传统信贷服务模式，提供集融资、理财、保险、咨询等于一体的综合性金融服务。例如，为农户提供农业生产保险与贷款相结合的套餐，降低农业生产风险；为农村企业提供财务咨询和市场信息服务，帮助其提升经营管理水平，增强盈利能力，从而更好地实现普惠性共富目标。

第三，加强政策支持与引导，优化农村信用环境。一方面，出台扶持政策。政府制定出台一系列鼓励农村信用发展和普惠金融服务的政策措施，如税收优惠、财政贴息、风险补偿等。对积极开展农村信用业务、服务普惠群体的金融机构给予税收减免或财政补贴，降低金融机构服务成本，调动其服务积极性；设立风险补偿基金，对不可抗力等因素导致的信用风险损失进行补偿，增强金融机构的风险承受能力。另一方面，加强信用文化建设。加强乡村诚信文化宣传教育，通过举办信用知识讲座、开展诚信示范村创建活动等方式，提升农民的诚信意识和信用观念。营造诚实守信的社会氛围，让信用成为农村社会的价值追求和行为准则，为农村信用发展和普惠性共富创造良好的信用环境。

第四，提升农村经济主体金融素养，增强金融服务可获得性。一方面，开展金融知识普及培训。组织专业人员深入农村，针对农民和农村企业主开展金融知识培训，普及金融基础知识、信贷政策、信用维护等方面的内容。通过案例分析、现场答疑等形式，提高农村经济主体对金融产品和服务的认知度与运用能力，使其能够根据自身需求合理选择金融服务，提升金融服务的可获得性和有效性。另一方面，培养农村金融人才。鼓励高校和职业院校开设农村金融相关专业课程，培养一批懂农业、爱农村、熟悉金融业务的专业人才。同时，加强对农村基层干部和金融服务人员的培训，提高其在金融服务推广、信用体系建设等方面的能力和水平，为农村信用发展带动普惠性共富提供人才支撑。

第五，促进金融科技应用，提高金融服务效率与公平性。一方面，推动数字金融服务下乡。鼓励金融机构加大对农村地区金融科技的投入，推广移动支付、网上银行、数字货币等数字金融服务，提高金融服务的便捷性和可及性。利用大数据、区块链等技术，优化信贷审批流程，降低金融服务成本，提高金融服务效率，使更多农村经济主体能够享受到高效、公平的金融服务。另一方面，探索金融科技助力信用建设新模式。通过金融科技手段创新信用数据采集方式，如利用物联网技术获取农业生产数据、基于电商平台交易数据构建信用评价模型等，拓展信用信息来源，丰富信用评价维度。同时，运用区块链技术提高信用数据的安全性和可信度，确保信用信息真实可靠，为普惠性金融服务提供更加精准的信用依据，促进金融资源的公平分配。

四 继续创新农村信用在区域发展中的不同路径，促进农村经济差异化发展

差异化发展是农村信用助力乡村全面振兴的重要原则，需继续创新农村信用在区域发展中的不同路径。

（一）农村信用差异化发展的重要价值

在乡村振兴的宏伟蓝图中，农村信用的差异化发展具有不可忽视的作用，是实现乡村全面振兴的关键原则之一。不同地区的农村在自然条件、经济基础、文化传统等方面存在显著差异，这就决定了农村信用体系建设不能搞"一刀切"，必须因地制宜，创新发展路径，以适应各区域的独特需求。

本质上，农村信用的差异化发展需要突破传统金融模式的路径依赖，并且要求在发展过程中体现基于乡土文化的价值取向。将信用建设深入乡土社会的现实条件中，能够有效激活乡村要素与资源配置优化的潜力，进而为实现共同富裕提供强有力的支撑。通过适应不同区域的独特需求，形成符合地方特色的农村信用发展路径，不仅能够为推动农村经济发展提供助力，还可以为农村社会的公平与和谐发展创造条件。

（二）农村信用在不同区域的优化路径

从区域经济差异来看，东部地区经济相对发达，产业结构多元化，农村信用发展可侧重于支持农村产业的创新升级和城乡融合发展。例如，在农村电商蓬勃发展的地区，信用体系可以与电商平台深度合作，为电商企业和农户提供基于线上交易数据的信用贷款，助力其拓展市场、提升品牌影响力，推动农村产业向高端化、智能化迈进。同时，利用东部地区的资金和技术优势，加强农村信用与城市金融资源的对接，吸引城市资本投向农村基础设施建设、生态农业等领域，促进城乡要素的双向流动。

中部地区作为农业主产区，农业资源丰富，农村信用应聚焦服务农业现代化和产业化发展。通过创新信用产品，如农产品供应链金融服务，为农业生产、加工、销售等环节提供全链条的资金支持，保障农产品的稳定供应和附加值提升。加强农村信用与农业科技的结合，为引进和推广先进农业技术的农户和企业提供优惠贷款，提高农业生产效率和质量。

西部地区自然条件多样，部分地区生态环境脆弱，农村信用发展需在生态保护的前提下，助力特色产业发展和乡村生态振兴。例如，在旅游资源丰富的地区，构建以生态信用为核心的旅游金融服务模式，为乡村旅游从业者提供融资支持，鼓励其发展绿色旅游项目，推动乡村旅游产业的可持续发展。同时，加大对生态农业、生态修复等领域的信用支持力度，实现经济发展与生态保护的良性互动。

东北地区是我国重要的商品粮基地，农村信用应围绕保障国家粮食安全和农业现代化建设发力。针对大型农场和农业合作社，提供规模化、长期化的信贷资金，支持其购置先进农业机械、改善农田水利设施，提高粮食生产能力和农业综合生产能力。同时，利用信用手段引导农业产业结构调整，发展农产品精深加工，延长产业链条，提高农产品附加值。

继续创新农村信用在区域发展中的不同路径，充分发挥农村信用助力乡村全面振兴的作用。根据各地实际情况，精准定位农村信用的发展方向和重点，创新信用产品和服务模式，让农村信用更好地融入区域经济社会发展大局，为乡村振兴提供有力支撑，实现农业强、农村美、农民富的美好愿景。

五 批判性吸收国际对比的有益经验，保障农村信用体系健康发展

批判性吸收是农村信用助力乡村全面振兴的重要经验，需充分借鉴国际对比的有益经验。

（一）批判性吸收国际对比有益经验的重要价值

不同国家在农村信用体系建设方面积累了丰富的经验，涵盖法律制度、信用机构设置、监管模式等多个方面。以美国为例，其完善的个人信用体系和多元化的农村信用机构为农村金融市场提供了坚实基础。我们不能盲目照搬，必须批判性地分析中国与美国在国情、农村经济结构、社会文化背景等方面的差异。我国农村地区人口众多且分散，农业生产经营方式多样，信用体系建设过程中需充分考虑这些特点，有选择地吸收美国经验中适合我国国情的部分内容，如加强信用数据安全保护、推动信用机构多元化发展等，同时摒弃不适用的做法。

在借鉴国际经验时，还需关注不同国家在农村信用发展过程中遇到的问题及应对策略。例如，德国和法国在信用监管方面各有特色，德

国的外部审计监管模式与法国的自组织监管模式都为保障农村信用体系稳定运行发挥了重要作用。对比分析两种模式的优缺点，结合我国农村信用监管现状，探索构建适合我国国情的监管体系，既要注重政府监管的权威性，又要发挥行业自律的灵活性。

（二）批判性吸收国际对比有益经验的基本原则

批判性吸收国际对比的有益经验，要求我们以客观、理性的态度去甄别和筛选经验，取其精华、去其糟粕，将先进理念与本土实际相结合，不断创新和完善农村信用体系，为乡村全面振兴注入强大动力，推动农村经济社会迈向更高质量的发展阶段。

在批判性吸收国际对比有益经验的过程中，应当注重以下几个方面。一是保持对市场经济环境和乡村振兴政策的敏感性，确保农村信用能够有效地融入地方经济发展战略；二是注重发挥地方特色，因地制宜，创新适应不同地区需求的金融服务模式；三是注重加强制度建设，提升农村信用的法律保障水平，确保金融风险得到有效防控；四是通过加快金融科技的应用，提升农村信用的精准服务能力，以更好地满足农村发展日益多元化的需求。

六　持续探索乡风文明与现代信用的结合模式，创新农村信用系统性治理

系统性治理是农村信用助力乡村全面振兴的重要保障，需持续探索乡风文明与现代信用的结合模式。

（一）系统性治理对农村信用助力乡村全面振兴的保障功能

从信用体系构建角度看，系统性治理确保了农村信用环境、信用体系和信用应用的协调发展。它促使各方共同努力，建立健全信用信息采集、共享与评价机制，形成全面、准确的信用画像，为金融机构提供可靠的决策依据，从而有效缓解农村金融市场的信息不对称问题。例如，

通过政府部门、金融机构、社会组织等多主体协同，整合各类信用数据资源，构建统一的信用信息平台，实现信用信息的互联互通，使农村信用体系得以健康运行。

在风险防控方面，系统性治理尤为关键。它建立了完善的风险预警、监测与处置机制，能够及时识别和化解信用风险，保障农村金融稳定。通过制定严格的信用监管规则，加强对金融机构和农村经济主体的行为规范，防止恶意欺诈、违约等不良行为的发生，维护农村信用市场秩序。例如，运用大数据分析技术对信用数据进行实时监测，一旦发现风险信号，及时采取措施，降低风险损失，确保农村信用体系的可持续发展。

此外，系统性治理还能促进农村信用与乡村振兴各方面工作的有机融合。它将信用建设贯穿于产业振兴、人才振兴、文化振兴、生态振兴和组织振兴的全过程，形成协同效应。在产业振兴方面，以信用为纽带引导金融资源向农村产业集聚，推动产业升级；在人才振兴方面，凭借良好的信用环境吸引和留住人才；在文化振兴方面，通过信用文化的培育营造诚信文明乡风；在生态振兴方面，利用信用手段激励农村经济主体积极参与生态保护；在组织振兴方面，借助信用体系提升乡村治理效能，增强农村基层组织的凝聚力和公信力。

（二）完善农村信用系统性治理的相关建议

第一，加强顶层设计，构建协同治理框架。一方面，制定统一规划。政府应站在宏观角度，制定全面、长远的农村信用体系建设规划，明确各阶段目标、任务和重点领域，确保农村信用发展与乡村振兴战略紧密结合，实现整体协同推进。另一方面，明确部门职责。清晰界定政府各部门、金融机构、社会组织等在农村信用体系建设中的职责分工，建立有效的沟通协调机制，避免职能交叉和推诿扯皮现象，形成工作合力。例如，金融监管部门负责制定监管政策，规范金融机构信用业务；农业农村部门负责组织农村信用信息采集，推动信用在农业产业中的应用；社会组织则发挥桥梁纽带作用，开展信用宣传教育活动等。

第二，优化信用信息管理，夯实数据基础。一方面，完善信息采集标准。统一制定农村信用信息采集标准和规范，涵盖农户、农村企业、农村集体经济组织等各类主体的基本信息、生产经营信息、信用记录等内容，确保信息的准确性、完整性和可比性。另一方面，加强数据安全保护。建立健全农村信用数据安全管理体系，运用加密技术、访问控制等手段，加强对信用数据存储、传输和使用全过程的安全保护，防止数据泄露和滥用，维护农村经济主体的合法权益。同时，完善数据备份和恢复机制，确保信用数据的稳定性和可靠性。

第三，健全信用评价体系，确保公平公正。一方面，科学设置评价指标。综合考虑农村经济特点和信用主体实际，构建多元化、动态化的信用评价指标体系。除财务指标外，充分纳入社会信用行为、环保责任履行、乡村治理参与等非财务指标，全面客观地反映信用主体的信用状况。另一方面，规范评价流程与方法。制定明确、透明的信用评价流程和操作方法，引入专业信用评级机构或建立专家评审机制，加强对评价过程的监督管理，确保信用评价结果的公平性、公正性和权威性。定期对信用评价体系进行评估和调整，不断适应农村经济社会发展变化。

第四，完善信用监管机制，防范信用风险。一方面，加强事前、事中、事后监管。建立全流程信用监管机制，在信用业务开展前，严格审查金融机构和信用服务机构的资质条件；在信用业务开展过程中，加强对信用信息真实性、信用产品合规性的监督检查；在信用业务完成后，及时跟踪评估信用效果，对失信行为进行惩戒。另一方面，完善风险预警与处置机制。运用大数据分析、风险模型等技术手段，建立农村信用风险预警系统，实时监测信用风险变化趋势，及时发出预警信号。同时，制订完善的风险处置预案，明确风险处置责任主体和处置措施，提高风险应对能力，确保农村信用体系安全稳定运行。

第五，培育信用文化，营造良好氛围。一方面，开展信用宣传教育活动。通过多种渠道和形式，如举办信用知识讲座、开展诚信文化下乡活动、利用新媒体平台宣传等，广泛普及信用知识和诚信理念，提高农村经济主体的信用意识和诚信素养，营造"守信光荣、失信可耻"的社会氛围。另一方面，树立诚信典型示范。在农村地区挖掘和培育诚信经营企业、诚信农户等典型案例，通过宣传表彰先进典型，发挥示范引领作用，引导广大农村经济主体积极参与信用建设，共同维护良好的信用环境。

第六，促进区域间合作与交流，共享经验成果。一方面，加强区域间经验分享。鼓励不同地区之间开展农村信用体系建设经验交流活动，分享成功经验和有效做法，互相学习借鉴。通过举办区域信用论坛、实地考察学习等方式，促进区域间信息流通和资源共享，推动全国农村信用体系建设水平整体提升。另一方面，推动跨区域信用合作。在条件成熟的地区，探索开展跨区域农村信用合作项目，如跨区域信用信息共享、联合信用惩戒、信用服务协同等，打破地域限制，拓展农村信用服务的广度和深度，实现区域间优势互补、共同发展。

参考文献

陈海盛，沈满洪，汪锦军.2024.绿色信用监管制度对绿色经济效率的影响［J］.华东经济管理，38（03）：99-107.

陈珏颖，徐邵文，钱静斐.2023.农产品质量安全信用体系建设的国际经验及启示［J］.世界农业，（08）：5-12.

陈松友，卢亮亮.2020.自治、法治与德治：中国乡村治理体系的内在逻辑与实践指向［J］.行政论坛，27（01）：17-23.

陈熹，张立刚.2021.激发内生秩序：数字普惠金融嵌入乡村治理的路径优化［J］.江西社会科学，41（10）：58-67.

邓郁.2017.国外农村金融体系的构建与启示［J］.农业经济，（09）：95-97.

杜运周，刘秋辰，陈凯薇，等.2022.营商环境生态、全要素生产率与城市高质量发展的多元模式——基于复杂系统观的组态分析［J］.管理世界，38（09）：127-145.

杜运周，贾良定.2017.组态视角与定性比较分析（QCA）：管理学研究的一条新道路［J］.管理世界，（06）：155-167.

杜赞奇.2008.文化、权力与国家［M］.江苏：江苏人民出版社.

方凯丰，周毅敏.2024.嵌入与互动：农村信用体系建设的机理阐释与推进策略——基于扎根理论的质性分析［J］.农村金融研究，（04）：

57-68.

费孝通 . 2012. 乡土中国 [M] . 北京：北京大学出版社 .

冯兴元，李铖，燕翔 . 2024. 乡村振兴视角下全面推进农信机构为农服
务能力研究 [J] . 财经问题研究，（02）：90-104.

付玮琼 . 2020. 供应链金融视角下中小农业企业信用风险预警及防范研
究 [J] . 贵州社会科学，（04）：158-168.

甘肃省金融学会秘书处课题组 . 2019. 农村信用社改革绩效评价及改制
策略研究——以甘肃省某农村商业银行为例 [J] . 金融理论与实
践，（08）：106-112.

高强，张照新 . 2015. 日本、韩国及中国台湾信用合作运行模式、发展
经验与启示 [J] . 中国农村经济，（10）：89-96.

龚映梅，张蕾 . 2017. 多元复合型美国农村金融体系发展综述及对我国
农村金融改革的启示 [J] . 江苏商论，（01）：62-65.

郭磊，付剑茹 . 2010. 国外农村金融体系发展的经验与启示 [J] . 财会
月刊，（11）：33-34.

郭峰，王靖一，王芳，等 . 2020. 测度中国数字普惠金融发展：指数编
制与空间特征 [J] . 经济学（季刊），19（04）：1401-1418.

国家金融监督管理总局浙江监管局课题组，包祖明 . 2023. 农户家庭资产
负债表编制和融资应用研究——如何提高农户融资可得性和精准性
[J] . 金融监管研究，（12）：1-23. DOI：10.13490/j. cnki. frr. 2023.
12.002.

胡学东，黄宝珍，邹利林 . 2023. 村庄信用对集体经营性建设用地流转
效率的影响路径——基于江苏省多个村庄的组态分析 [J] . 中国
土地科学，37（10）：71-80.

胡俊波，熊若希，唐张雨青 . 2021. "信用评价" 能缓解农村小微企业
"融资难" 吗？[J] . 农村经济，（02）：77-86.

胡伟斌，黄祖辉 . 2022. 集体产权改革与村庄信任增进：一个实证研究

[J]．浙江大学学报（人文社会科学版），52（08）：28-46.

黄于幸．2024．浅析中国农村金融市场体系存在的问题及对策［J］．中国市场，（12）：39-42.

黄卓，陶云清，王帅．2023．社会信用环境改善降低了企业违规吗？——来自"中国社会信用体系建设"的证据［J］．金融研究，（05）：96-114.

黄宗智．2020．小农经济理论与"内卷化"及"去内卷化"［J］．开放时代，（04）：126-139+9.

惠献波．2016．法国、日本农村金融法制化经验及对中国的启示［J］．海南金融，（12）：61-64+70.

景欣，陈耿宣，李雨珈．2022．农地融资中信用担保的功能异化与治理［J］．农村经济，（12）：28-38.

贾晋，李雪峰，申云．2018．乡村振兴战略的指标体系构建与实证分析［J］．财经科学，（11）：70-82.

焦瑾璞，黄亭亭，汪天都，等．2015．中国普惠金融发展进程及实证研究［J］．上海金融，（04）：12-22.

李德荃．2020．农民专业合作社信用互助模式的内在机制及其优化研究［M］．北京：经济科学出版社．

李善民，宁满秀．2024．数字信用平台是否促进了农户融资可得性——来自国家首个农村金融改革试点县的经验证据［J］．现代财经（天津财经大学学报），44（10）：109-127.

李建军，彭俞超，马思超．2020．普惠金融与中国经济发展：多维度内涵与实证分析［J］．经济研究，55（04）：37-52.

李帅，魏虹，倪细炉，等．2014．基于层次分析法和熵权法的宁夏城市人居环境质量评价［J］．应用生态学报，25（09）：2700-2708.

李延敏，章敏．2016．农业产业化龙头企业信用风险评价的改进——基于农村金融联结视角［J］．农林经济管理学报，15（05）：532-538.

梁富山 .2013. 基于 AHP 和熵权法的税收收入质量评价——基于国税系统 2011 年数据的实证研究 [J]. 税务与经济，（05）：70-78.

梁伟森，温思美 .2019. 涉农中小企业贷款违约风险评估研究——基于"新三板"农林牧渔类企业数据 [J]. 农村经济，（11）：93-100.

刘亦文，丁李平，李毅，等 .2018. 中国普惠金融发展水平测度与经济增长效应 [J]. 中国软科学，（03）：36-46.

刘波，王修华，李明贤 .2021. 气候变化冲击下的涉农信用风险——基于 2010—2019 年 256 家农村金融机构的实证研究 [J]. 金融研究，（12）：96-115.

刘晨冉，耿伟栋，刘冲，等 .2024. 小农户与现代农业衔接的机制和关键因素研究——基于合作社和供应链金融的视角 [J]. 管理世界，40（10）：103-120.

刘启超，王亚华 .2024. 稻作文化对农民工同乡聚居的影响——基于社会网络视角 [J]. 中国农村经济，（08）：107-124.

刘盛 .2018. 乡风文明与乡村振兴：重要意义、现实难点与关键举措 [J]. 农林经济管理学报，17（05）：629-634.

刘岳平，文余源 .2023. 数字人民币赋能乡村振兴：理论机制与现实进路 [J]. 南方金融，（09）：3-14.

罗剑朝，曹璨，罗博文 .2019. 西部地区农村普惠金融发展困境、障碍与建议 [J]. 农业经济问题，（08）：94-107.

马慧洁，李勇坚 .2024. 金融服务体系创新助力农业强国建设探析 [J]. 改革，（01）：133-143.

马建斌 .2024. 数字赋能农村信用体系建设推进乡村振兴的青海实践与思考 [J]. 征信，42（04）：57-63.

马九杰，亓浩，吴本健 .2020. 农村金融机构市场化对金融支农的影响：抑制还是促进？——来自农信社改制农商行的证据 [J]. 中国农村经济，（11）：79-96.

马九杰，吴本健，周向阳．2013．农村金融欠发展的表现、成因与普惠
　　金融体系构建［J］．理论探讨，（02）：74-78．

〔德〕马克斯·韦伯．新教伦理与资本主义精神［M］．阎克文译．上
　　海：上海人民出版社，2018．

马勇．2011．系统性金融风险：一个经典注释［J］．金融评论，3（04）：
　　1-17+123．

倪楠．2015．城乡一体化下农村金融发展的法律建议［J］．西北农林科
　　技大学学报（社会科学版），15（06）：137-143．

农业农村部对外经济合作中心．2021．金融支持新型农业经营主体模式
　　研究［M］．北京：中国财政经济出版社．

潘妍，余泳泽．2023．社会信用体系建设促进了农户创业吗？——基于
　　失信信息公开视角［J］．金融研究，（12）：169-187．

庞悦，刘用明．2023．乡村振兴背景下农村金融资源配置困境与破解路
　　径——以成都"农贷通"模式为例［J］．农村经济，（03）：58-68．

彭澎，周月书．2022．新世纪以来农村金融改革的政策轨迹、理论逻辑
　　与实践效果——基于2004—2022年中央"一号文件"的文本分析
　　［J］．中国农村经济，（09）：2-23．

彭艳玲，彭一杰，周红利，等．2024．基于机器学习的农户农地经营权抵
　　押贷款信用风险识别及其损失度量［J/OL］．系统工程理论与实践，
　　1-17［2024-12-18］．http：//kns．cnki．net/kcms/detail/11．2267．N．
　　20240614．1143．004．html．

亓浩，周月书，何立峰．2024．数字化转型与农村金融机构双重绩效提
　　升［J］．中国农村观察，（01）：108-126．

钱瑜．2017．我国农村信用体系建设模式的国际比较与启示［J］．农业
　　经济，（04）：104-105．

钱水土，吴卫华．2020．信用环境、定向降准与小微企业信贷融资——
　　基于合成控制法的经验研究［J］．财贸经济，41（02）：99-114．

权飞过，王晓芳.2021.信用环境、金融效率与农村经济增长［J］.财经问题研究，（12）：105-111.

乔惠波.2018.德治在乡村治理体系中的地位及其实现路径研究［J］.求实，（04）：88-97+112.

冉杰.2008.印度农村信用合作机构改革及其对我国的启示［J］.南亚研究季刊，（01）：66-70+1.

石宝峰.2024.推进农村信用体系建设的方向与策略［J］.人民论坛，（11）：84-87.

石宝峰，王静.2018.基于ELECTRE Ⅲ的农户小额贷款信用评级模型［J］.系统管理学报，27（05）：854-862.

苏岚岚，彭艳玲，周红利.2024.共同富裕背景下农户数字经济参与的收入效应及作用机制［J］.中国农村经济，（08）：145-165.

孙光林，李金宁，冯利臣.2021.数字信用与正规金融机构农户信贷违约——基于三阶段Probit模型的实证研究［J］.农业技术经济，（12）：109-126.

孙玉栋，王宣桦.2023.数字普惠金融赋能乡村振兴的实践价值、现实挑战与政策因应［J］.北京行政学院学报，（01）：112-120.

田侃、夏杰长，2010.信用环境构建与现代服务业发展研究［M］.北京：经济管理出版社.

涂圣伟.2016.中国农村土地金融发展的机理与风险［J］.宏观经济研究，（06）：34-42.

王怀勇，罗丽琳.2018.方法与路径：我国农村信用制度的变革与发展［J］.新疆社会科学，（04）：54-60.

王露璐.2020.从"熟人社会"到"熟人社区"——乡村公共道德平台的式微与重建［J］.湖北大学学报（哲学社会科学版），47（01）：25-31.

王鹏，刘勇.2020.日韩乡村发展经验及对中国乡村振兴的启示［J］.

世界农业，(03)：107-111+121.

王淑芹.2015.诚信道德正当性的理论辩护——从德性论、义务论、功利论的诚信伦理思想谈起 [J].哲学研究，(12)：72-77+124.

王曙光.2019.农商行的制度变革与品牌文化建设 [J].中国金融，(12)：44-46.

王树礼，丛柳.2018.美日德三国农村信用建设启示 [J].中国信用，(04)：118-119.

王小华，田庆刚，王定祥.2011.东南亚国家农村扶贫信贷制度的比较与启示 [J].上海金融学院学报，(02)：93-102.

王修华，刘锦华.2023.金融科技能否缓解农村信贷服务的"三角困境"？——基于农村金融机构与金融科技公司合作的视角 [J].金融研究，(12)：150-168.

王妍，孙正林.2022.乡村振兴背景下我国农村金融资源高效配置研究 [J].苏州大学学报（哲学社会科学版），43（03）：138-148.

王一鸣，宋夔娜.2017.社会资本与农村信用环境制度供给研究 [J].农村金融研究，(04)：14-18.

王三川，范从来.2021.社会保障、社会信用水平与家庭金融财产结构的多元化 [J].中国经济问题，(05)：37-52.

温涛，向栩.2024.农村金融服务农业强国建设：基础能力、薄弱环节与创新路径 [J].经济学家，(04)：56-66.

温信祥，王昌盛，张晓东.2014.从肯尼亚移动货币看移动支付在中国农村金融服务中的应用前景 [J].国际金融，(11)：17-22.

文洪朝，王常柱.2024.我国平台经济发展的多维审视 [J].经济与管理评论，40（05）：32-41.

文娟.2010.法国农村合作金融的发展及其对中国的借鉴意义 [D].硕士学位论文.暨南大学.

吴本健，罗玲，王蕾.2022.农信社商业化改革对县域内城乡收入差距的动态影响——基于农信社改制为农商行的准自然实验分析 [J].
中国农村经济，（04）：83-105.

吴俊丽.2007.海外合作金融对我国农村信用合作的借鉴 [J].北京农
业职业学院学报，21（1）：44-48.

吴庆田.2012.信用信息共享下农村金融供求均衡与帕累托最优配置的
实现机制 [J].管理世界，（01）：174-175.

吴寅恺.2020.脱贫攻坚和乡村振兴有效衔接中金融科技的作用及思考
[J].学术界，（12）：147-153.

肖荣辉.2023.信用赋能社会治理创新的逻辑、需求与路径 [J].学术
交流，（06）：162-172.

谢升峰，朱小梅，许宏波，等.2014.普惠金融统筹城乡发展的国际经
验及启示——以日韩模式与印巴模式为例 [J].国家行政学院学
报，（04）：112-115.

徐俊.2015.发达国家农村合作金融立法经验及其启示——以美国、德
国为例 [J].农业经济，（05）：108-109.

徐雪，王永瑜.2022.中国乡村振兴水平测度、区域差异分解及动态演
进 [J].数量经济技术经济研究，39（05）：64-83.

徐子尧，马俊峰，陈百助，等.2022.信用环境与股市参与 [J].财贸
经济，43（12）：113-127.

行伟波，张思敏.2021.财政政策引导金融机构支农有效吗？——涉农
贷款增量奖励政策的效果评价 [J].金融研究，（05）：1-19.

杨大鹏.2022.数字赋能乡村振兴实现共同富裕的实践路径和对策 [J].
中国软科学，（S1）：71-75.

杨帆.2022.平台信用治理：信用分规则的利益失衡及其破解路径 [J].
南京社会科学，（07）：93-102.

杨莲，石宝峰，迟国泰，等.2022.非均衡数据下基于 BPNN-LDAMCE 的
信用评级模型设计及应用 [J].数量经济技术经济研究，39（03）：

152-169.

殷继国 . 2009. 农户征信法律制度初探 [J]. 农村金融研究，（09）：76-79.

尹庆伟，田倩 . 2015. 美国农村金融体系建设对中国农村资金互助社发展的借鉴意义 [J]. 世界农业，（09）：92-96.

尹志超，彭嫦燕，里昂安吉拉 . 2019. 中国家庭普惠金融的发展及影响 [J]. 管理世界，35（02）：74-87.

印子 . 2022. 乡村社会诚信建设中的连带责任机制 [J]. 中国农村观察，（06）：38-55.

郁建兴，高翔 . 2009. 农业农村发展中的政府与市场、社会：一个分析框架 [J]. 中国社会科学，（06）：89-103+206-207.

袁怀宇 . 2017. 基于国外经验的中国农村金融发展路径与对策分析 [J]. 理论探讨，2：84-88.

曾福生，胡特 . 2024. 金融科技创新的行动者网络与农村普惠金融发展——以蚂蚁金服为例 [J]. 湖南农业大学学报（社会科学版），25（02）：1-10.

曾刚 . 2020. 农信社改革的逻辑与深化路径 [J]. 银行家，（07）：11-14.

曾艺，周小昶，冯晨 . 2024. 税收中性与产业链重塑：基于企业专业化视角 [J/OL]. 世界经济，（06）：124-148 [2024-12-18]. https://doi. org/10. 19985/j. cnki. cassjwe. 2024. 06. 005.

张海军，周胜男 . 2021. 金融支持乡村振兴的国际经验与完善路径研究 [J]. 领导科学，（18）：79-82.

张珩，罗博文，程名望，等 . 2021. "赐福" 抑或 "诅咒"：农信社发展对县域经济增长的影响 [J]. 中国农村经济，（03）：86-105.

张珩，罗剑朝，郝一帆 . 2019. 农村信用社发展制度性困境与深化改革的对策——以陕西省为例 [J]. 农业经济问题，（05）：45-57.

张洁 . 2011. 关于我国农村信贷制度的几点思考 [J]. 长春理工大学学报（社会科学版），24（03）：56-57+70.

张宁，何贵，喻晓芬 .2022a. 信用评级对农户正规信贷需求及可获性的影响——基于湖南省 1125 户农户的调查［J］. 东南大学学报（哲学社会科学版），24（03）：61-74+147.

张宁，吴依含 .2024. 信用评级与农村家庭消费——基于典型试验区准自然实验的研究［J］. 会计与经济研究，38（02）：110-125.

张宁，羊泽寅，喻晓芬，等 .2024. 信用评级与农户内部收入差距——基于准自然实验的追踪研究［J］. 农业技术经济，（02）：128-144.

张宁，张兵，吴依含 .2022b. 农户信用评级对农村商业银行绩效的影响——基于典型试验区的追踪调查［J］. 中国农村经济，（10）：102-123.

张三峰，卜茂亮，杨德才 .2013. 信用评级能缓解农户正规金融信贷配给吗？——基于全国 10 省农户借贷数据的经验研究［J］. 经济科学，（02）：81-93.

张燕，刘福临 .2018. 互联网金融下农村征信体系的优化与机制构建［J］. 宏观经济研究，（08）：131-141+175.

张一帆 .2024. 探索农牧地区信用体系建设［J］. 中国金融，（08）：94-97.

张轶 .2024. 数字普惠金融助力乡村振兴的内在机理、现实困境与路径选择［J］. 贵州社会科学，（05）：144-151.

张正平，董晶 .2023. 金融科技赋能农村金融高质量发展的机制与路径［J］. 农业经济问题，（09）：81-95.

张正平，夏海，毛学峰 .2020. 省联社干预对农信机构信贷行为和盈利能力的影响——基于省联社官网信息的文本分析与实证检验［J］. 中国农村经济，（09）：21-40.

张珩，罗剑朝，郝一帆 .2017. 农村普惠金融发展水平及影响因素分析——基于陕西省 107 家农村信用社全机构数据的经验考察［J］. 中国农村经济，（01）：2-15+93.

张龙耀，袁振 .2022. 金融科技会影响农村金融机构贷款的信用结构吗［J］. 农业技术经济，（10）：4-19.

张明，杜运周 .2019. 组织与管理研究中 QCA 方法的应用：定位、策略和方向［J］. 管理学报，16（09）：1312-1323.

张挺，李闽榕，徐艳梅 .2018. 乡村振兴评价指标体系构建与实证研究［J］. 管理世界，34（08）：99-105.

章政，张丽丽 .2019. 论从狭义信用向广义信用的制度变迁——信用、信用经济和信用制度的内涵问题辨析［J］. 征信，37（12）：1-8.

中国人民银行金融稳定分析小组 .2019. 中国金融稳定报告［M］. 北京：中国金融出版社 .

钟献兵，潘华 .2014. 农村信用制度构建与农村金融创新路径选择［J］. 经济问题探索，（08）：79-83.

周丽君 .2024. 晋中分行多措并举助农兴农促振兴［N］. 中国城乡金融报，11-22.

周林洁，韩淋，修晶 .2022. 数字普惠金融如何助力乡村振兴：基于产业发展的视角［J］. 南方金融，（04）：70-78.

周孟亮，李向伟 .2022. 融入社区治理的普惠金融高质量发展新思路［J］. 社会科学，（06）：128-136.

周群力，丁骋骋 .2013. 姓氏与信用：农户信用评级中的宗族网络［J］. 世界经济，36（08）：125-144.

周雨 .2024. 农村信用体系建设的历史演进与路径选择［J］. 宏观经济管理，（04）：53-62.

周雨 .2023. 乡村振兴“新基建”［M］. 北京：中国金融出版社 .

周雨，陈海盛 .2024. 农村信用体系建设的政策梳理、实践经验与发展趋势［J］. 征信，42（09）：63-70.

周永锋，张晓宁，李天峰，等 .2021. 国外农村合作金融发展对我国的启示［J］. 西部金融，（09）：19-25.

朱莉，李天德，贾立 .2015. 城乡差异背景下农村征信体系的建构对策［J］. 农村经济，（11）：86-91.

祝红梅.2024.以农村金融高质量发展支持乡村振兴［J］.中国金融，（05）：60-61.

朱丽萍，杨绪彪，李程.2022.数字金融助推乡村产业兴旺［J］.宏观经济管理，（08）：42-49.

朱太辉，张彧通.2021.农村中小银行数字化转型研究［J］.金融监管研究，（04）：36-58.

朱羿锟，张宝山.2024.社会信用治理模型选择：由风险预测制迈向行为积分制［J］.求实，（04）：68-85+111.

庄腾跃，李顾杰，罗剑朝.2024.获得农业信用担保贷款促进了农户从事农业创业？［J］.西北农林科技大学学报（社会科学版），24（01）：124-138.

Fiss, P. C. 2011. Building Better Causal Theories：A Fuzzy Set Approach to Typologies in Organization Research ［J］. Academy of Management Journal, 54 (2)：393-420.

Lang, R., Fink, M. 2019. Rural Social Entrepreneurship：The Role of Social Capital within and across Institutional Levels ［J］. Journal of Rural Studies, 70：155-168.

Qian, M., Huang, Y. 2016. Political Institutions, Entrenchments, and the Sustainability of Economic Development：A lesson from Rural Finance ［J］. China Economic Review, 40：152-178.

Yu, L., Li, X., Tang, L., et al. 2015. Social Credit：A Comprehensive Literature Review ［J］. Financial Innovation, 1：1-18.

Zhang, J., Zhao, Z. 2015. Social-family Network and Self-employment：Evidence from Temporary Rural-Urban Migrants in China ［J］. IZA Journal of Labor & Development, 4：1-21.

图书在版编目（CIP）数据

乡村振兴战略中的农村信用：理论与实践 / 田侃著 .
北京：社会科学文献出版社，2025.4. --ISBN 978-7
-5228-5170-9

Ⅰ. F832.43

中国国家版本馆 CIP 数据核字第 2025QS4708 号

乡村振兴战略中的农村信用：理论与实践

著　　者 / 田　侃

出 版 人 / 冀祥德
组稿编辑 / 恽　薇
责任编辑 / 冯咏梅
责任印制 / 岳　阳

出　　版 / 社会科学文献出版社·经济与管理分社 (010) 59367226
　　　　　地址：北京市北三环中路甲 29 号院华龙大厦　邮编：100029
　　　　　网址：www.ssap.com.cn
发　　行 / 社会科学文献出版社 (010) 59367028
印　　装 / 三河市龙林印务有限公司

规　　格 / 开本：787mm × 1092mm　1/16
　　　　　印　张：20.5　字　数：277 千字
版　　次 / 2025 年 4 月第 1 版　2025 年 4 月第 1 次印刷
书　　号 / ISBN 978-7-5228-5170-9
定　　价 / 128.00 元

读者服务电话：4008918866